国家出版基金项目 "十三五"国家重点出版物出版规划项目

恐怖主义心理学

〔美〕约翰·霍根 著

王 睿 译

知识产权出版社

全国百佳图书出版单位

—北 京—

图书在版编目（CIP）数据

恐怖主义心理学/（美）约翰·霍根（John Horgan）著；王睿译. —北京：知识产权出版社，2021.9
（社会治理丛书/但彦铮，胡尔贵主编. 第二辑）
书名原文：The Psychology of Terrorism
ISBN 978 - 7 - 5130 - 6838 - 3

Ⅰ. ①恐… Ⅱ. ①约… ②王… Ⅲ. ①恐怖主义—心理学 Ⅳ. ①D55 - 05

中国版本图书馆 CIP 数据核字（2020）第 061499 号

责任编辑：常玉轩		责任校对：王　岩	
封面设计：陶建胜		责任印制：刘译文	

恐怖主义心理学
［美］约翰·霍根　著
王　睿　译

出版发行：知识产权出版社 有限责任公司		网　　址：http：//www. ipph. cn	
社　　址：北京市海淀区气象路 50 号院		邮　　编：100081	
责编电话：010 - 82000860 转 8572		责编邮箱：changyuxuan08@ 163. com	
发行电话：010 - 82000860 转 8101/8102		发行传真：010 - 82000893/82005070/82000270	
印　　刷：三河市国英印务有限公司		经　　销：各大网上书店、新华书店及相关专业书店	
开　　本：720mm×1000mm　1/16		印　　张：14	
版　　次：2021 年 9 月第 1 版		印　　次：2021 年 9 月第 1 次印刷	
字　　数：208 千字		定　　价：78. 00 元	

ISBN 978-7-5130-6838-3
版权登记号：01-2017-5996

献给米娅

分析政治暴力之心理不仅极其困难，而且非常危险。

爱玛·高曼（Emma Goldman），《无政府主义及其他论著》
（*Anarchism and Other Essays*），1917

关于作者

约翰·霍根（John Horgan），博士，美国马萨诸塞大学洛威尔分校（University of Massachusetts Lowell）犯罪与司法研究学院教授，兼任该校反恐与安全研究中心（Center for Terrorism and Security Studies，CTSS）主任，专业从事安全研究。他起初是一位应用心理学家，自 1995 年起一直从事恐怖分子行为研究。约翰·霍根教授著作颇丰，如独著《分而傲立：爱尔兰异见恐怖分子之策略及心理》（*Divided We Stand：The Strategy and Psychology of Ireland's Dissident Terrorists*）。此外，他还与其他学者合作，出版了多部学术著作，其中包括：《走出恐怖主义，远离恐怖主义》（*Walking Away from Terrorism，Leaving Terrorism Behind*）［与托里·博约戈（Tore Bjørgo）合著］；《恐怖主义研究读本》（*Terrorism Studies：A Reader*）［与科特·布兰德克（Kurt Braddock）合著］。约翰·霍根教授还是《恐怖主义与政治暴力》（*Terrorism and Political Violence*）特别版编辑，《失衡冲突之驱动机制》（*Dynamics of Asymmetric Conflicts*）副编辑，并担任多个相关领域学术期刊的编委，如《法律及犯罪心理学》（*Legal and Criminological Psychology*），《冲突及恐怖主义研究》（*Studies in Conflict and Terrorism*），以及《战略安全研究》（*Journal of Strategic Security*）等。他还是美国联邦调查局国家暴力犯罪分析中心下属研究小组成员。约翰·霍根教授还曾在多个研究机构任职，如宾夕法尼亚州立大学（Penn State University）（担任恐怖主义国际研究中心主任），英国圣·安德鲁斯大学（University of St. Andrews，UK）以及爱尔兰考克大学（University College Cork，Ireland）等。其研究成果曾被多家知名媒体报道，如《纽约时报》（*The New York Times*），美国有线新闻网（CNN），《滚石》（*Rolling Stone*），以及《高等教育纪事报》（*Chronicle of Higher Education*）等。约翰·霍根教授现居美国马萨诸塞州波士顿市。

第二版前言

2005 年，在本书第一版的最后，我提出了一个令人感到悲观沮丧的结论：恐怖主义心理学在其最好的时候也不过是一门无法得到充分发展的学科，而最差的时候，则注定受制于那些希望迅速、简单地解决恐怖主义问题的人们不切实际的期望。如果你去问反恐人士恐怖主义学术研究对他们的帮助，得到的可能更多的是言不由衷的答案。诚然，目前不乏高水平的研究，但各种源源不绝的"胡言乱语"使得这些研究大都淹没其间。此话虽不中听（在学术上更加糟糕，类似酸葡萄效应），但确实反映了当时的状况。恐怖主义研究的驱动力多半是一时的危机，其应对措施和建议的作出速度太快，甚至够不上"现实分析"的标准。对比，我一直心存疑虑，为何部分恐怖主义专家明知现实情况极其复杂，却又如此迅速地通过简单对比就可以提出问题的解决方案。

如果上述描绘的是一幅令人悲观的画卷，那一定是因为这是对现实准确、诚实的再现。因此，究竟发生了什么变化？在这八年间，有太多值得称道的地方。首先，这个领域不再被一小部分研究者垄断，他们通常将其研究领域称为"恐怖主义研究"（并不将其视为一个"学科"）。

幸运的是，随着社会及行为科学对该领域关注的兴趣渐浓，许多实实在在的高质量研究成果应运而生。实际上，针对恐怖分子行为的系统性、跨学科研究缓慢前行，这已经向我们昭示：如今已经越来越容易区分观点和分析，以及放之四海皆准的万金油理论和基于实证主义证据的分析。我们已经发现（尤其是看到联邦基金给予恐怖主义社科研究的资金投入不断攀升之后），学界开始着手将学术研究成果转化成反恐行动的指导方针。在动辄洋洋数万言的学术论文结尾，恐怖主义研究者们不再习惯于得出结论称:"倘若政策制定者能意识到本篇论文的重要意义,他们会做得更好。这些意义如下……"如今,这同一批反恐实践者们(不只包括政策制定者)会与学者们同坐在一张桌前,共同磋商,以期将研究成果应用到真实的决策制定过程中。学者们不再需要揣测反恐应对人士每天最关心的问题究竟是什么。考虑到他们工作的特殊性,只要在许可范围内,他们都会知无不言,言无不尽。更令人欣喜的是,他们已开始乐于求诸学界帮助其设计更有效的应对方案。恐怖主义研究这一学术单行道终于得以双向通车。

尽管如此,对一些人来说,这种变化并非一帆风顺。当然,学术界一种颇为流行的观点认为:与潜在研究赞助方关系密切(对美国研究者来说,赞助方包括国土安全部、国防部等)等同于某种形式的职业妥协。也就是说,学者一旦接受来自这些机构的资金或赞助,就会自动丧失自己的独立、自主和学术自由,随即打着"反恐怖主义研究"的旗号,沿着政府的既定计划从事研究(因为接受了其资助),看似只关注非国家恐怖主义(而并非自上而下逐一考量)。

实际上,这种观点完全不符合事实:正是这同一批赞助者,常常会就理论、方法和数据向自己委托研究项目的学者们提出质询和批评意见。毕竟,他们内部的资金流也依赖于高质量的研究产出,因此他们不能不也不得不仔细审查学者们的研究成果。在我的经历中,就常常听到不少学者推测他人有这样的妥协或所谓的"丧失原则"(也读到过这样的话),但发现这些学者往往自己就不愿考虑与官方机构进行严肃的、开诚布公的对话。事实上,这种对更广范围"恐怖主义研究"努力的敌视已愈演愈烈,以至于在英国出现了专门倡导"批判性"恐怖主义研究的运动(具有讽刺意味的是,其倡导者仍然肆意使用一些引人厌恶的词汇来帮助自己确认身份)。类似运动在英国好几所大学迅速发展,促使其倡导者认定他们的责任就是监管"正统"恐怖主义研究学者的工作(倘若这些学者的工作不符合其"批判性"模式的话)。真正具有讽刺意味的是:2001年"9·11"恐怖事件之后的恐怖主义研究人数增加,不仅包括研究恐怖分子行为的学者,还包括研究上述学者本身的其他人。

或许这一切都在意料之中。毕竟,"恐怖主义研究"尚处于幼年,虽然学界在这一当代最复杂、最困难的社会科学研究领域已经取得了不少令人兴奋的原创性进步，其中一些质量上乘的研究更是为该领域的发展做出了贡献。如今，恐怖主义研究比以往更加活跃。最具雄心、最有价值的研究敢于直面恐怖主义的复杂性，而不是避而不谈。我坚信，不少人在读完类似本书的反恐读物后都期望得到一份"神奇清单"：如列举恐怖分子主要特点的画像式清单；抑或容易受到激进分子侵扰的"高危"社区，危险的激进分子潜伏在这些不断变幻的阴影之下，随时准备发起攻击。

对那些期望得到简便答案的人来说，可能会使他们失望。至少，他们在本书中是找不到类似清单的。和第一版一样，《恐怖主义心理学》（*The Psychology of Terrorism*）第二版的首要目标是鼓励更多的学者思考恐怖分子的行为，尤其是恐怖分子的发展问题。直至今日，我们仍没有找出解决这一问题的灵丹妙药，而且基本问题仿佛变得比以往更加复杂。当然，今日充满威胁敌意之环境最典型的特征就是其复杂性和多样性。2012年，任职于美国外交政策研究院（Foreign Policy Research Institute）的克林特·瓦茨（Clint Watts）撰写的一篇报告，深刻地指出了这种复杂性。瓦茨注意到，开赴阿富汗、伊拉克及其他地区的外籍战士数量仿佛呈下降趋势，然而与此相反的是，分析家指出美国国内的"本土极端主义"（即美国居民或公民煽动或直接参与的恐怖主义）呈上升趋势。

我始终确信，不应该对恐怖主义威胁的复杂性和多样性视而不见。相反，在使用手头的任何理论、概念和方法论工具时，我们都应当深刻领悟这一点。

一旦我意识到要使自己的作品涵盖自2005年以来所有恐怖主义心理研究的综合、全面记述纯属徒劳无功时，撰写新版就变得非常简单。第二版中，我决定着重关注每个恐怖分子都会面对的恐怖主义涉入、参与和脱离三阶段。我不会向大家承诺能够得出简单易行的解决方案，但由于许多章节的内容均在第一版基础上大幅度修订和扩展，我还是希望本书能在如何考量恐怖分子行为以及最终如何有效地应对恐怖主义方面贡献一些有用的办法。

致　谢

　　或许很少有人会关注本书的致谢，但我依然要在此对您购买拙作表示由衷的感激。在市场竞争激烈的当下，十分感谢您在拙作上的花费——无论时间还是金钱。真诚地道一句：谢谢！

　　按照惯例，应说没有其他人的许多帮助，本书就无法完成，事实的确如此。在这里首先要感谢我的编辑安德鲁·汉弗莱斯（Andrew Humphrys），得益于他的"监督"，我终于履行了自己当初的诺言（我曾向他提及："当然，我很有兴趣写一个修订版！"）。否则的话，我估计会再等十年。

　　话虽如此，目前还没有一本恐怖主义心理学的著作如我理想中的那样综合而全面。尽管学界现在的相关研究已然很多，可是增长的好像只是数量。我要对本书并未涉及其著作的学者们道歉，并恳请他们不要感到困扰。然而更新文本真正的挑战在于从 2005 年以来发表的海量新作中进行筛选，找寻合适的素材。我从这项工作中学到了不少东西：作为涉足恐怖主义研究的学者，我们应当擅长于分辨积极研究和权威意见。我们要迅速完成此项工作，否则对恐怖主义问题的研究将会一直尴尬地置身于更宏观的学术努力之中。

　　我很幸运能够持续不断地向许多受人尊敬的知名学者学习，这些学者包括：马克思·泰勒（Max Taylor），克拉克·麦考利（Clark McCauley），布鲁斯·霍夫曼（Bruce Hoffman），艾瑞·米拉利（Ariel Merari），杰瑞·珀斯特（Jerry Post），嘉里·拉弗里（Gary LaFree），托德·桑德勒（Todd Sandler），马克·塞格门（Marc Sageman），玛莎·克伦肖（Martha Crenshaw），亚历克斯·施密德（Alex Schmid），沃尔特·拉克尔（Walter Laqueur），费尔南多·雷纳瑞斯（Fernando Reinares），以及大卫·拉波波特（David Rapoport）等。冒着让他们感觉自己"年事已高"的危险，我想在此说明：他们对学界应当如何思考恐怖主义的贡献历久弥新：无论是在十年前，二十年前，还是现在，都是一样。这究竟是我们研究领域的宿命还是他们思想复杂性的明证，还不得而知（或许两者均有）。我个人倾向于后者，这在本书开篇四章表现得非常清楚，我不断地从他们的研究成果中汲取营养。

我对新一代恐怖主义研究学者亦充满敬畏，他们正在开创崭新领域并且已经取得不少原创性成果，其中包括：迈克尔·威廉姆斯（Michael Williams），吉尔伯特·拉姆齐（Gibert Ramsay），唐纳德·霍尔布鲁克（Donald Holbrook），卡奥恩·尼克拜赫德（Caoimhe NicDhaibhéid），约翰·莫里森（John Morrison），保罗·吉尔（Paul Gill），爱玛·莱昂纳德（Emma Leonard），思科提·弗劳尔（Scotty Flower），奥拉·林奇（Orla Lynch），丹妮拉·皮叟（Daniela Pisoiu），亚历山德罗·奥尔西尼（Alessandro Orsini），以及许多其他年轻学者。此外，还有一些学者让我受益匪浅：杰西卡·斯坦恩（Jessica Stern），约翰·博杰（John J. M. Berger），约翰·莫纳汉（John Monahan），费尔·马德（Phil Mudd），胡默拉·可汗（Humera Khan），克里斯蒂·费尔（C. Christine Fair），威尔·麦坎茨（Will McCants），克林特·瓦茨（Clint Watts），艾瑞卡·切诺韦思（Erica Chenoweth），杰克·西格尔（Jack Segal），理查德·英格利奇（Richard English），图里·贝约阁（Tore Bjørgo），塞缪尔·亨特（Samuel Hunter），维克多·阿萨尔（Victor Asal），海蒂·爱丽斯（Heidi Ellis），吉娜·利根（Gina Ligon），迈克尔·波义耳（Michael Boyle），卡尔·瑞塞米娅（Karl Rethemeyer），杰夫·维克托罗夫（Jeff Victoroff），安东尼·勒米厄（Anthony (Tony) Lemieux），詹利弗·乔丹（Jennifer (Jenna) Jordan），迪帕克·古普塔（Dipak Gupta），库马尔·罗摩克里希纳（Kumar Ramakrishna）和杰夫·卡普兰（Jeff Kaplan）。还要感谢源源不断为我提供资料的@intelwire，它为我的基础研究提供了莫大的便利。另外，虽然素未谋面，但我还是要感谢基于推特（Twitter）的研究支持：@azelin，@Charles_Lister，@Phillip Smyth，希望你

们继续为我提供支持。

在感谢反恐与安全研究中心（CTSS）的各位同事的同时，我还要感谢马萨诸塞大学洛威尔分校（UMass Lowell）这个学术大家庭。尽管单独提及可能会"得罪"他人，但我还是要特别感谢詹姆斯·弗瑞斯特（James Forest）：他不仅录用了我，还是我的知心好友，一直给我帮助。他是公认的恐怖主义研究领域的第一号好人。搬来马萨诸塞以后，我从许多朋友那里获益良多，他们有：杰西卡和切特（Jessica and Chet），卡罗尔和约翰（Carol and John），以及无畏的荣·斯考滕（Ron Schouten）。还要感谢马萨诸塞的司机朋友们，不过下次请将速度放慢，转弯时记得打转向灯。

还要送给爱玛（Emma），查尔斯（Charles），卡伦（Karen），科伦（Kiren），阿利森（Allison），丹尼尔（Danielle），马克·罗森（Mark Rossin），斯考特·斯坦利（Scott Stanley），约翰·皮卡瑞利（John Picarelli），艾维·伊斯特布鲁克（Ivy Estabrook），哈罗德·霍金斯（Harold Hawkins），艾琳·菲茨杰拉德（Erin Fitzgerald），约珥·罗德里格斯（Joel Rodriguez），瑞克·勒高特（Rik Legault），菲娅（Fia），拉菲娅（Raffia），莎迪娅（Sadia），以及萨巴翁教习所（Sabaoon）的所有职员特别的感谢。

马克思·泰勒（Max Taylor）一直是我的友谊支撑和工作灵感的源泉。我还十分感谢远在爱尔兰的同事和家人［尤其是基利安（Killian），伊万（Evan），鲁比（Ruby）和索菲（Sophie）］。当然，最应感谢的还是我美丽、温柔、聪慧、贤淑、耐心（等等）的妻子米娅（Mia）。若非她的允许，我无法在过去四个月里的周末和夜晚潜心写作，本书也将无法完成。现在终于大功告成！

目　录

引　言 *1*

第 *1* 章　心理战 *12*

第 *2* 章　理解恐怖主义 *36*

第 *3* 章　恐怖主义心态 *56*

第 *4* 章　涉入恐怖主义 *94*

第 *5* 章　参与恐怖主义 *126*

第 *6* 章　脱离恐怖主义 *165*

第 *7* 章　面向恐怖主义行为科学 *189*

引　言

　　我们该从何处下手理解恐怖主义行为？事实上，又为何要试图去理解它？是否真的必要？也许单单严厉谴责一下会对我们更好。试图理解类似事件的努力或许会减弱我们面对此类事件的愤怒和震惊，而这仿佛才是更合适、更合道理的反应，比所谓的"学术争论"要强得多。当知名学者乔治·斯坦纳（George Steiner）被问及面对血腥屠杀的最佳反应时，他回答称唯一恰当的反应就是沉默。斯坦纳说，语言、文字、意见、观点都太容易被"收买"（正如纳粹所示），无法完整展示发生之事。斯坦纳担心，以上记述的结果过于简单化，会歪曲亵渎对过往恐惧的准确描述。

　　时间到了2014年，斯坦纳的这番评论仿佛变得完全不合时宜。围绕恐怖主义的戏剧性效果和世界各地的学者和研究者关注该话题的高效迅捷联合成就了这一研究领域（许多人称其为"恐怖主义产业"，这是一个稍显委婉礼貌的称呼）。如今，业已出版的恐怖主义研究著作足以让最勤勉的学生阅读一生，而社交媒体推特（Twitter）上出现的各种关于恐怖主义话题的帖子极其晦涩，一个人一天也读不过来。因相关书籍、论著、文章、报道、简报、新闻条目、影像片段及其他信息来源太过庞杂，要想整理哪怕是某一方面的文献综述（即使是最简单的概要）也非常困难，就算是最刻苦勤勉者也是如此。实际上，尽管数据体量庞大，或者说正因如此，我们发现关于恐怖主义行为的真正科学离我们仍有相当距离。令人惊讶的是，虽然关于恐怖主义的信息比以前多，但这并不一定意味着我们对该问题理解得更透彻。

　　今天，恐怖主义研究中仍旧是以信息误导、政治敏感、目光短浅、以偏概全的分析居于主流，粗浅草率的分析更是大行其道。这种现象十分严重，以至于自诩为"严肃学术研究"的成果都倍感压力：在如何找出基地组织活动特征的讨论中，泽维尔·劳斐尔（Xavier Raufer）[①]早在2003年就警告称：被误读的事实信息潮险些将我们溺亡。十多年后，劳斐尔所称的信息潮汐已赫然演化成了海啸。然而具有讽刺意味的是，学界所谓的"阿伯塔巴德文件"（Abbottabad documents）公布的涓涓细流式的信息竟也从另一侧面佐证了我们以往关于基地组织"上层"运作的想法是多么缺乏想象力，何等狭隘甚至错误。

法国恐怖主义学者劳斐尔的观点在更广层面上依然成立。在恐怖主义研究内部，研究理论好像变得越发抽象，同时，研究数据也变得越来越不可靠（多半是二手数据，或者是缺乏透明度的一手数据）。在现今学术环境下，最令人担忧的还是学界尚未充分理解现有知识的价值，也不清楚当前有哪些可用策略，能够帮助我们有效地干扰、破坏恐怖主义组织网络。我们并不缺少刻画恐怖主义及对其潜在回应的精妙比喻，但如何知道这些比喻能与未来的现实相吻合？或者与一年后的现实吻合？如果反对暴力极端主义代表一种潜在公认的反恐政策和战略，那么倘若我们能更加细致地评估现有研究，我们就一定会做得更好。因为这些研究可以指导我们如何反对暴力极端主义，并进一步告诉我们通过谁、在何种层面、如何知晓反恐策略是否有效。

我们对恐怖主义过程和恐怖分子行为的理解深受恐怖主义本身关键特征的影响：它的极端暴力，或者从广义上讲，它的各种策略。我们经常将恐怖行为贴上"懦夫"的标签，因为它具有隐秘、非法、颠覆性强且无法预知的本质特点。虽说不一定准确，但由于针对非重点恐怖组织的可证实数据少之又少，对这些组织的了解还存在较大局限性。对普通读者来说，这可能有些出乎意料，虽说过去十年，学界对恐怖主义现象的关注逐步上升，但我们对非国家恐怖主义行为的理解仍然相当滞后。

尽管如此，我们还是有一些出发点可以依靠。虽然表述含混不清，使用起来也前后不一，但"恐怖主义"这一术语仍是一个广为接受的概念。如果本书主题是理解何为恐怖主义或如何定义恐怖主义，那么我们可能马上就要开启一场耗时（可能数十年）冗长的争论，并着手创建一种系统分析，客观、批判地研究这个问题。虽然本书并非关于如何定义恐怖主义［其他学者如布鲁斯·霍夫曼（Bruce Hoffman）和亚历克斯·施密德（Alex Schmid）在这方面已做出了不少卓越有效的尝试］，但我们仍有一种意识：我们的工作应在既有框架下展开。

写作本书的主因不仅仅是为了解释为何迄今为止心理学在恐怖主义研究中仍未起到太大作用，也是为了试图解答恐怖主义心理学广泛存在的一些困惑。长期以来，学界普遍推定可能存在某种恐怖分子人格，许多学者也尝试从技术角度用心理学构建刻画恐怖分子发展的轨迹轮廓［如描述特定类型的恐怖分子，如自杀式恐怖分子、劫机者等；近年来也出现了一些对比研究，如比较恐怖分子和实施大规模屠杀的凶手（像校园枪击案涉案枪手）之间的异同］。然而作为一门独立学科，心理学很少介入恐怖主义行为分析。当代关于"恐怖分子心理"的讨论方式掩盖了现有研究缺乏数据驱动的实证主义分析的现状。

总体来说，这种现象的产生有一些重要原因。正如第一、二章即将向我们展示的，恐怖主义行为科学的发展面临的挑战之一就是其糟糕的描述现状：即便是针对恐怖主义或恐怖分子最简单的批判分析，也会出现大量含混且前后不一的用法。此外，由于恐怖主义是非法活动，要想接触实际参与者或真实场景，获取用于研究和分析的真正有价值的信息，也是一种挑战。恐怖主义的本质就是这样：它以一种潜在有力的方式冲击国家政权，引发一系列的安全和其他焦虑。这可能会限制我们分析这一问题的性质和范围。在此处只是简要提及另一个关切，但它可能是心理学要面对的一个更普遍的问题：恐怖主义内在过程仿佛与涉及社会运动和政治进程的高层活动密切相关，心理学对类似议题好像没有什么发言权，这些话题一直以来仿佛都是其他学科独享的领域（尤其是政治科学）。学者们就非政府恐怖组织及其反对的国家层面政治势力之间的关系有一个重要关切点：考察前者行为的研究常常对后者没有任何关照。这种做法造成的结果是：研究者对某些案例中驱动和维持非政府组织行为的因素理解得相当狭隘。

关于恐怖分子行为的科学？

本书的中心议题就是探讨依据现有的关于心理学和心理过程的研究可以如何帮助我们提升对恐怖主义的认识。虽然笔者着重强调恐怖主义过程的某些特定方面（尤其是笔者个人认为的、代表恐怖主义核心周期的三个阶段：至少是个体恐怖分子经历的三个阶段），但除此主要工作以外笔者并未提出其他论点。首先我们必须承认，这一研究项目可以通过多种方式进行。例如，我们可以很快确认能够从心理学角度介入恐怖主义研究的四个主要领域。

第一，个体恐怖分子及其参与过程使得暴力行为得以出现并且延续（连同其相关活动），我们将其称为"恐怖主义"。迄今为止，这是大部分心理研究关注的焦点，从某种意义上讲，它反映了学界对维系恐怖主义行为的个体因素的重视：这些吸引原因、加强因素以及支撑性特质，为最初涉入恐怖主义和后续参与恐怖主义行动提供了动力（这可能也会深刻影响非暴力政治或支撑行为在维系暴力行为中扮演的角色）。

第二，可以从心理角度探讨个人与其所处政治、宗教或意识形态环境之间的关系。这种考察常常要求我们考虑恐怖主义运动组织方面的问题，尤其是组织对于处在各个层面的个人行为的深刻影响，或者个体在更广范围运动中扮演的任何角色。此处应当提及：以上两个方面构成了本书的焦点，反映出我们急需努力厘清围绕上述议题的含混和误解。

第三，对恐怖主义活动产生影响的评估。从某种意义上说，这是所有恐怖主义分析的固有任务，因为我们尚无法将对恐怖主义的反应和研究者试图理解和概念化恐怖主义的努力截然分开。所有针对恐怖主义和恐怖分子的研究都将反映对此问题的关切。但大部分心理学研究好像都把重点放在恐怖主义对两个关键领域的影响：公众层面（考察其如何成为直接受害者，如恐怖袭击后或目睹恐怖袭击后造成的创伤性精神紊乱）；以及恐怖主义如何影响政治体制及那些处于体制高层（即处于普通民众之上）的人。

第四，可以从心理角度探讨的就是方法论问题，以及我们需要考虑并创建的研究恐怖主义的新途径。本书贯穿始终的中心论点就是：不能全盘接受基于权威或信仰的恐怖主义知识。当代学术争论充满了各式"恐怖主义专家"，他们甚至在恐怖袭击发生几分钟后就开始愚蠢地大肆"分析"，这些分析统统让人困惑，同时还具有误导性。这种做法给人的感觉就是好像争第一比恰当正确还重要，尤其是当恐怖事件证明思考性记述失实，它们很难自圆其说的时候。任何学术研究都需要用证据来解决争端。如果我们希望恐怖分子行为研究成为严肃科学，就必须将自身研究与现有学术领域的理论方法紧密结合起来。好的研究总是始于好的描述，然而作为恐怖主义研究团体，我们却并未遵循这一原则，反而急于去创建一种理论试图解读恐怖主义，或者按如今时髦的做法，试图解释"激进主义"（后续将有更多解读）。

现有恐怖分子研究存在一个特殊问题：缺乏重要的多样化实证主义数据链，无法对特定观点提供有效支撑。研究者能够得到的数据大都源自二手途径：学术书籍，新闻报道，恐怖分子的公报、声明、讲演、遗嘱以及自杀式袭击者的遗嘱视频、自传等。当然，对经验老到的恐怖主义研究者来说，他们还可以从安全部门或政府机关获取信息。虽然有迹象表明这种情况可能正在改观（但必须承认改变速度较慢），但从常规来讲，我们还是很少花工夫聆听恐怖分子自己的陈述。这种做法听起来似乎令人难以接受，但为了更好地理解恐怖主义行为的形成和发展，我们必须和那些已经或正在涉入恐怖暴力的人会面、交谈，这是不可避免的。对学术取向的读者而言，这一点可能尚有争议，但实际情况却不那么清楚：学界不愿涉足暴力领域的倾向比以往任何时候都要明显。对大多数人来说，围绕恐怖事件的戏剧性效果往往左右了我们对恐怖事件过程及其煽动者的认知。我们的出发点其实应当是对独立、透明、数据驱动的知识的渴求，而不是古板与充满陈词滥调的学术愿望：希望某一天我们可以一劳永逸地解决所有问题。

为何有第二版？

证据表明，恐怖分子行为研究已显著增加。伴随着心理学家和社会科学家共同的坚实努力，我们已看到其研究成果能够在多个层面指导我们回应恐怖主义的措施。研究资金充裕易得，至少在短期内促进了多研究部门的跨学科协同合作，同时也带来了可喜的进步。把概念和理论争辩与防止和干扰恐怖主义活动的实际操作考量相结合已不再只是奢望。虽然依旧任重而道远，但我们不再需要哀叹恐怖主义研究的匮乏。或许这根本就不是一个真正的问题。借用 1989 年亚伯拉罕·米勒（Abraham Miller）在《恐怖主义与政治暴力》（*Terrorism and Political Violence*）第一期上提出的警告：恐怖主义学术研究者像新闻记者一样匆忙付梓的做法现在已不仅仅是一种忧虑。随着社交媒体推特的流行，这种情况时刻都在出现。不，正如亚历克斯·施密德（Alex Schmid）② 于 2011 年在非常全面的《恐怖主义研究手册》（*Routledge Handbook of Terrorism Research*）中提到的那样，现在主要的问题不是关于恐怖主义的研究过多，而是这些东西大多数不配被称为研究。

毋庸置疑，事情已经好转。2005 年起，已有两家知名学术期刊开始刊登恐怖主义研究的作品。如今，至少有四家同行评议学术期刊正在发行，还有至少十余家网络杂志也在运营，这些杂志所刊发文章的立场、视角、观点等均允许作者随时修正、更改或精炼。

恐怖主义行为的实证主义研究越来越受欢迎，其明证之一就是相关著作明显增加。一些老问题仍然存在，但（至少现在）已经越过了通过恐怖分子个体类型解读恐怖主义的议题。尽管如此，我们在回答一些相关问题上的努力仍然不够。恐怖主义分析人士经常老调重弹的一个观点就是：在适当的环境下，任何人都可能成为恐怖分子。这种观点完全正确吗？可能未必。即使那些确实希望加入恐怖组织的人，也不一定全部都想涉足暴力。事实上，过去七年恐怖分子心理研究的最大收获可能就是，我们终于更加深刻地理解了恐怖主义涉入、参与和脱离的复杂性，及其对恐怖主义干预策略可能产生的影响。

截至 2013 年年底，我们已经可以说：未能抓住恐怖主义涉入复杂性的现实，对相关研究产出的质量产生了极大影响，使我们无力完成关于恐怖主义全面的、有价值的文献综述。我们越来越擅长于提出合适的问题，并采用合适的方法找寻答案。虽然恐怖主义研究领域仍旧充满了自说自话式的专家，他们对恐怖主义的各个方面似乎都"颇有研究"，且喜欢四处宣扬，但我们还是应当承认已经取得的进步。显然，只有通过这种方式，才能推动一个尚处于幼年的领域尽快成熟起来。

2011 年，劳特利奇出版社（Routledge）建议我考虑写作第二版，起初被我婉拒。虽然在 2011 年和 2012 年，英国和美国的心理学研究均取得了长足进步，但我深知，只有参与新型创新项目的研究队伍也参与进来，这项研究才能最终完成。可以说，本书完成之日，正是这类研究崭露头角之时。笔者相信，上述两者将彻底改变我们对恐怖分子行为的认知。此外，我并不想简单地完成一部经过东拼西凑的"扩展和更新校正"版，或是仅仅新瓶装旧酒。当然，有不少新研究需要纳入其中，但我觉得没有太大必要重复 2005 版，除非我有机会再次重温自己在书中提出的原创观点（有些情况下我会将其去除）。我提出的好几个（事实上有很多）论点已经经受住了时间的考验，但仍有其他观点需要进一步打磨。在本书中，我希望自己展现给读者的是在原来关于恐怖主义涉入、参与、脱离三过程观点的基础上（此观点由本人于 2005 年提出），经过打磨而成的更为精细的版本，通过各种项目及与美英两国同事的通力合作，这一观点已取得了长足发展。

当然，今天写就的任何一部关于恐怖主义的论著都不得不谈及"激进主义"问题，而在 2001 年之前，人们在恐怖主义研究中却很少提及这一术语。笔者相信，学者们当下对理解"激进主义"的执着甚至偏执，其实并不像我们想象中的那样有助于恐怖主义研究。事实上，笔者的观点是：对"激进主义"研究的偏爱，其代价是我们未能深刻理解人们为何以及如何涉入恐怖主义行为。而在恐怖主义涉入的另一端，笔者认为我们近乎魔怔地关注"去激进主义"非常具有误导性，其代价是我们未能积累关于脱离恐怖主义行为的实用知识（这类知识极具反恐价值）。虽然我们对恐怖主义这一过程和阶段的研究已经有了可喜的进展，但我们仍有很长的路要走。

我想借本书给予之机会重新整理和澄清第一版的一些批评意见。为了达到预期效果，笔者引用了许多来自不同恐怖组织的案例和论述。虽然基地组织仿佛逐渐衰落（尽管还远未终结），但本书使用的不少关键案例仍源自近年来的基地组织成员（基地总部及其分支机构）。此外，我与如今所在单位（马萨诸塞大学洛威尔分校反恐与安全研究中心，

Center for Terrorism and Security Studies at the University of Massachusetts Lowell）同事合作进行的研究以及我与以前所在单位（宾州恐怖主义研究国际中心）同事合作进行的研究也为本书提供了素材和帮助。我还尽量使本书避免过于专业化、学术化，力求平实易懂，以回应读者的需求。我希望自己在不影响思想质量的前提下能够成功地做到这一点。

在最后章节，有关反恐经验的内容也进一步延伸。虽然我始终不愿在一本书杀青时，谈及一些"也许"或"应该"被身负应对复杂的恐怖威胁重任的相关部门纳入考虑范围内的规定性准则，然而通过与执法机关、情报部门和政府机构的多次会面交谈，我越发感到有必要将极其复杂的研究发现升华提炼，将其变成可操作的建议提供给他们。当我刚刚做完简报，美国国土安全部的一名高官对我开玩笑说，在华盛顿，每个人都是文盲，难怪学术界也费尽心机要为自己的研究找到受众。他这番话道出了一个现实：如今，反恐机构被各式材料、简报、展示、建议、报道等狂轰滥炸，以至于任何试图化繁为简的努力都会受到热烈欢迎。

提炼庞杂繁复之研究成果，使其成为易于消化（即容易识记）之信息，这种工作与其说是科学，不如说是艺术。这对大多数时候习惯于向同行展示"方法""结果"和"讨论"的学者来说，的确是不小的挑战。然而，对学者们来说，化繁为简（即使之通俗易懂）也有一定的风险：它最多能将恐怖主义谜题的复杂性化简为摘要和比喻；而如果处理不当，它就会误导受众，使之对理论、研究和可行性措施之间的现状关系理解不清，这对那些不仅需要理解恐怖主义，更需要在日常工作中应对恐怖主义的人来说尤其危险。

也有许多专家从不犹豫给相关部门提供所谓"应做之事"的建议，同时也会提供一些基本证据支撑这些建议。这种做法代表了验证和评估研究成果以及专业知识的第一步。所以我想对在反恐领域工作的同仁们说：不要只是抱怨恐怖主义专家"泛滥"，你们的责任是向他们提出合适的问题，并为他们的设想找出依据。

因此，有些事情自第一版开始就没有变化，比如我们的研究原则：依靠基于证据的实证主义研究途径，回答关于恐怖分子行为的问题。首版末尾弥漫的悲观情绪不仅反映了理想主义反恐研究者对严峻现实的预判，而且印证了他们希望尽快拨乱反正的愿望。此外，笔者认为它还反映了过去二十多年里我们在恐怖分子心理学研究方面所犯的错误。令我深感痛惜的是：我们过去一直执拗于确认恐怖分子心理画像是否存在，这倒不是我觉得它不值得为之付出学术努力，而是因为其他原因，我认为片面关注恐怖分子心理画像使得我们无暇涉入更有价值的研究领域，得出对恐怖主义应对机构更有效的结论。我一直纳闷，我们为何要关注无形的、精神层面的概念，而对那些可以扰乱恐怖分子生活模式、打破其诱惑力的因素熟视无睹（事实上，它们可以帮助我们理解为何并不是人人都适合恐怖主义）？反过来，找出并确认这些诱惑因素能够帮助我们完善反恐策略，防止更多的人被吸纳进入恐怖组织。从某种角度讲，这种方法为我们提供了一个切实可行的出发点，有利于进一步探讨"反暴力极端主义"的各种策略。

总体来讲，本书旨在告诉读者：心理学知识和理论能怎样帮助我们更好地理解恐怖主义这个复杂的问题，并通过这种方式进一步指出，这些知识和理论只能基于我们对恐怖主义现实的清楚判断。而这种清楚判断本身就依赖于首先要对问题进行积极的、可验证的、数据驱动下的描述。一位资深学者提出，这种描述理应成为恐怖主义学术研究者的首要任务：帮助他人了解事件真相。尽管如此，对某些人来说，心理学途径意味着诊断性。考虑到恐怖主义的性质，我们有理由推测那些犯下恐怖罪行的人员（如枪击、爆炸或斩首的实施者）至少在某些方面比较特殊（如果他们不是和我们其他人在更为广泛的心理层面不同的话）。

2012 年，美国精神病学会（American Psychiatric Association）的年会在美国费城召开，其间我担任论坛主席，与同事米娅·布隆姆（Mia Bloom）、杰瑞·珀斯特（Jerry Post）以及其他学者一道，同大家讨论政治暴力议题。讨论结束后，一位听众（一个职业精神病专家）站起身来，声称我们将恐怖分子描述为不同于变态或心理病态的做法让他"很受伤"，甚至深感失望。正是出于这个原因，我决定不删除讨论恐怖分子思维模式的早期方法。或许这一章节主要是用于历史性的参考，但无论如何，它都始终是本书的一部分。

调整恐怖主义心理学研究范围，使其瞄准更广泛的焦点，发现更多途径来理解恐怖主义涉入和参与，这种方法可能十分有用。本书后续章节的结构深受这种需求的影响，需要坦承恐怖主义的复杂性及其影响，因而我们决定用单列章节分别评述恐怖主义涉入（第四章），恐怖主义参与（第五章）和恐怖主义脱离（第六章）。直到最近，我们才开始承认：诱引人们加入恐怖组织的因素与他们成为恐怖分子后的所作所为关系不大，起不到解读阐释的作用。当我们考察是什么因素维系恐怖分子涉入，又是什么因素可能导致恐怖分子最终脱离恐怖组织时，我们发现这些因素也是这样。

虽然本书的写作方式适合各种受众，但笔者尤其关注批判性读者：包括那些对以心理视角切入恐怖主义研究缺乏信心的读者，他们可能认为用心理学方法研究恐怖主义并不见得比传统的系统分析恐怖行为本身高明。我参加过不少有关恐怖主义的研讨会和学术会议，也意识到，人们对恐怖主义心理分析的误解一方面源于我们在恐怖主义心理学领域进展缓慢，另一方面源于学术领域之间原有的隔阂冲突。即使在经验丰富的研究者眼中，恐怖主义心理学也显得模糊、局限，但通过科学的心理途径介入恐怖主义研究，为反恐部门提供可操作的建议以预防、扰乱、管控恐怖活动的范围，这种学术理想仍然深植于学者们心中。我希望读者能占据更佳位置，深刻理解恐怖主义的心理分析模式为何可以使恐怖主义和恐怖分子行为去神秘化，以便帮助我们拟定更好的研究计划，并制定更明智的应对策略。这并不是说我们已经有了清晰明确的答案，但较之 2005 年，我们确实已经进步不少。我们拥有多种方式可以就这一复杂议题提出适当疑问，这本身就意味着我们能放开手脚更加现实地理解恐怖主义，而后者对于我们如何应对恐怖袭击后的惊恐和困惑将大有裨益。

2005 年，在本书第一版付梓之后，我强烈地感觉到：虽然此书并不能展示一种乐观愿景，但它的确反映了当时的现状。2014 年，我可以更加骄傲地宣布：我们在记录、描述、理解恐怖分子行为方面已经有了长足进步，并已经开始指导恐怖主义应对措施的制定，这是以往没有的。恐怖主义研究方兴未艾，我们不能骄傲自满、裹足不前。尽管我们已经取得了不少成果，但仍然任重而道远，必须为之继续努力。

参考文献

① X. Raufer，"Al Qaeda：A Different Diagnosis"，*Studies in Conflict and Terrorism*，26，6（2003），pp. 391 – 398.

② A. P. Schmid，*The Routledge Handbook of Terrorism Research*，London：Routledge，2011.

第1章 心理战

引　言

谈及任何一场关于恐怖主义的争论，你都会发现，无论自己选择什么观点，都势必陷入无休止的争议、论辩和似是而非中。争辩如此之多，以至于路易丝·理查德森（Louise Richardson）信心满满地宣称，恐怖主义的唯一确凿之处就是我们在使用这个词的时候，带有明显的贬义。①维特根斯坦（Wittgenstein）的名言"让词的用法教会你它的含义"在这里显得尤为贴切。但是，当我们听说一些年轻人对老年人冷嘲热讽、威逼恐吓，而另一些年纪轻轻的孩子虐待、折磨无助的动物时，我们也不大可能将其视为"恐怖分子"。这个词语我们是专门留作他用的。

一般来说，恐怖主义将使用暴力或威胁使用暴力作为其实现某种社会或政治目的的途径。尽管是一种描述的口吻，但这可能是目前就什么是恐怖主义所能达成的最广泛的共识。然而当我们越过这一边界，问题就出现了。从心理学角度看，要区分恐怖主义和其他各种由个人原因引发的涉及凶杀和暴力的犯罪（如情杀、强奸等），一个最显著的特点就是恐怖主义行为有政治目的和考量。

大部分恐怖主义运动由规模相对较小的秘密组织或半秘密组织发起，这类组织建立在反现有社会政治体制和宗教意识形态基础之上，通过使用武力或威胁使用武力向政府施压，企图推翻或至少动摇、影响目标政权（不管它是国内政权还是外国政权）。从这个意义上看，恐怖主义具有工具性。常见的情况是，通过恐怖袭击，恐怖主义制造大面积恐慌、引发民众不安和社会动荡。但这仅仅是其短期目的，他们的长远目标是要借此影响政治进程及其正常社会功用。他们精心设计，确保各种短期行动的"成果"都能契合其长远目标。然而，恐怖主义运动怎样达成这些目标（或者他们是否可以成功；因为很少有恐怖分子如愿以偿）取决于很多因素，其中重要的包括组织意识形态、可用的资源、知识和技术以及其他各种条件。对于全球各地的恐怖组织来说，枪炮和炸弹是一个象征，象征着他们为了摆脱"压迫"，为自由而战。

这些关于恐怖分子的常见看法通常有据可查，但我们也必须面对一些令人不快的事实。就其实施的行为来看，那些被称为"恐怖分子"的人绝不孤单，其他某些团体也可以配得上这个标签（当然，我们预设恐怖主义的实质由恐怖分子使用的方法定义），这不仅仅是究竟谁垄断暴力使用的问题。并非所有的暴力都有政治性，但使用暴力的非政府组织往往容易被贴上"恐怖分子"的标签。

在 2011 年和 2012 年，我们多次目睹了由国家或政府实施的、更加令人愤慨的血腥暴力行为，其规模之大远非普通恐怖主义组织所能企及。尽管事实再清楚不过，但我们仍然选择将自下而上（而并非自上而下）的暴力行为贬损、标记为"恐怖主义"。在所谓的"常规战争"中，这种做法还不是主流，但近来少数国家为了平息本国公民社会抗议，已开始将其作为除法律之外的另一回应手段。2013 年 12 月 11 日，一发由无人机发射的导弹命中了也门的一个车队，造成 52 人死亡，这些人原本是去参加婚礼庆祝活动的。[2]不出所料，这一行为引发了众怒，旁观者都将其视为另一形式的"恐怖主义"。

作为对此的回应，非国家恐怖主义具备另一典型特征：对恐怖分子来说，他们需要区分暴力的直接目标和恐怖的远景目标，区分其直接受害者（平民和局外人）和自己真正的对手（政府和统治集团）。有时，恐怖分子会绕开具有象征意义的中间人，直接瞄准实权人物（比如暗杀），但正是由于这种灵活多变，恐怖主义一直被视为一种表达方式：一种企图通过直接、蛮横的暴力行为以实现某种远期政治目标的方式。尽管基地组织发动的"9·11"恐怖袭击造成了近 3000 人死亡，但对于那些负责策划、组织这次袭击的恐怖分子来说，最有力、最直接、最深远的奖赏包括使美国政府蒙羞，引发更广大民众的心理震荡，以及在镇压恐怖主义的背景之下，美军匆忙入侵伊拉克带来的灾难性后果。在任何一起类似事件中，恐怖袭击的直接受害者都和恐怖分子的真正对手几乎毫不相干。当我们设想基地组织的额外企图是利用极端主义思想刺激和动摇西方利益时，那些一无所有的极端主义分子将恐怖主义视为心理战术和政治工具的目的便昭然若揭。仅仅把恐怖主义解释为文明冲突是很容易的，但这种解读将暴恐袭击背后复杂多样的原因过于简单化，夸大了宗教的力量，许多人认为这会引发当代政治恐怖主义，或导致无关民众出现流动。

对于那些寻求改变的秘密团体来说，恐怖主义作为一种战术工具无疑颇具吸引力。弗里德兰和米拉利（Friedland and Merari）指出[③]，当明显随机的恐怖主义行为能够引发公众关注，继而推动恐怖组织的计划安排；抑或面对长期持续的恐怖主义活动，公众最终选择妥协，并接受恐怖分子提出的要求时，恐怖暴力就近在咫尺了。然而奇怪的是，向对方使用恐怖主义并不能保证对方随后愿意与之对话，或让步于恐怖分子。这种情况在现实恐怖主义活动中比比皆是，反映出在处理长期计划和短期决策的关系方面，恐怖主义显得无所适从。恐怖主义的这种特点常常被提及，但理解者寥寥：恐怖活动引发的敏感和动荡与恐怖分子实际制造的或未来企图的威胁极不相符。人们常常引用布莱恩·詹金斯（Brian Jenkins）[④]的名言来阐明这一点："恐怖分子并非愿意很多人死亡，他们只想很多人看到。"然而，这只是第一步。接下来，为了保持足够的控制力，暴恐集团不只要营造、更要维持一种使民众心里不安、动荡的氛围。维持这种状态是恐怖组织的首要任务，甚至当停火或总体局势趋稳时亦是如此，因为此时他们的直接目标已无法实现。1984年，在对英国保守党大会发动炸弹袭击（企图刺杀当时的英国首相玛格丽特·撒切尔）之后，爱尔兰临时共和军（PIRA）发表了一份声明："请记住，幸运只要光顾我们一次就够了，而你们非得一直幸运下去不可。"[⑤]显而易见，维持这种强势的状态对于稳定恐怖主义支持者至关重要。2010年至2012年，基地组织的网上支持者对其最大的批评就是，在此期间基地领导层既不对外部敌人，也不对内部成员发布任何消息。

施密德（Schmid）⑥将恐怖主义力量的核心特征归结为：看似随机的暴恐活动使民众极度恐慌，生怕成为下一个受害者。恐怖组织充分预计并利用了这种心态。这一点对于评估恐怖主义的影响至关重要，弗里德兰和米拉利（Friedland and Merari）⑦对其进行了延伸扩展，阐述了自己眼中恐怖主义的两个最突出特点：（1）对于恐怖分子造成威胁的设想预估与基于其能力考量的实际威胁极不相称；（2）相信恐怖主义有能力影响除暴恐行为直接受害者以外的更广大民众。对于恐怖分子来说，相较于其终极目的（依他们的观点来看，一般是实现政治变革，这种愿望常被融入恐怖组织的意识形态和奋斗目标），恐怖暴力的直接目的和结果（恐吓、伤害、死亡，以及在目标人群中制造恐慌和不安情绪）往往是第二位的。

依这种观点来看，恐怖主义常常被视为一种复杂的心理战（这也算恐怖主义的特点之一）：超越暴恐事件本身，人们可能将恐怖主义视为反映引发暴恐活动的其他相关事件的加强版。例如，孩童的画作（比如炸弹爆炸、武器、士兵等）反映了他们的所思所想，但同时我们可以推定，孩子们的视角同样反映了成年人的关切。因此，用心理学术语来讲，我们要应对的并非恐惧本身，而是由其激发的情绪。随着时间推移，习惯会消磨这种情绪。所以，当恐怖分子使用恐怖手段来推进其可实现的短期政治进程时，它就会推动暴力升级。这种人为激发的情绪造成的后果是：针对恐怖暴力做出的政治性回应通常只是暂时干预，是权宜之计。这种回应后来往往被证明既没有仔细考量，也没有认真执行。倘若恐怖分子能够聪明地充分利用这些所谓"干预"，它们甚至还能帮助恐怖组织继续得到支持。然而，人们很少意识到这一点。

尽管我们随时可以认定自己眼里恐怖主义的核心特征，然而默认的情况是，考虑到恐怖主义已经成为当代政治行为的一般特点，关于恐怖主义的学术和政策定义差异巨大。糟糕的是，我们都太过熟悉那句反复使用的陈词滥调："一方的恐怖分子，另一方的爱国者。"⑧事实上，各种系统的、尽其所能希望定义恐怖主义的努力都未见成功。⑨当然，考虑到讨论开头我们给出的一般性描述，使用修饰限定词语来定义恐怖主义（即使用"通常""大致"等词语描述恐怖主义）几乎贯穿了对该词语的讨论，以至于我们都开始怀疑，继续使用"恐怖主义"一词的价值何在？[10]现在，我们已经开始理解理查德森（Richardson）在本章开篇所述评论的合理性，也开始对"恐怖主义"一词现实的或潜在的误用有了一些大致的推测。从本质上讲，只要开始谈及"恐怖分子"的所作所为，对于许多人来说（不仅在恐怖分子自己眼里），就已经有了价值判断，这些判断甚至出现在对其实际行为描述之前。[11]当然，倘若我们仅仅依靠先前给出的标准（将使用武力或威胁使用武力作为实现政治变革的手段）指导判定恐怖主义，那各种工作定义就不会出现，更别说发展演化了。这是因为即使在最基本的层面，恐怖主义涉及的广泛范围甚至涵盖、适用于一些我们并不愿称为恐怖分子的群体之行为（例如常规军事组织：国家的军队）。

当我们比较恐怖暴力事件在全球发生的频率和数据时，分歧和困惑出现了。大家不仅对界定恐怖主义本身存有分歧，对于何种行为应被视为恐怖主义也有不同的标准。早在全球恐怖主义数据库（GTD）建立之前，美国马里兰大学就开发了记载恐怖主义事件的数据库：兰德·圣安德鲁斯恐怖主义年表。该年表是第一批记录恐怖主义事件的大型数据库之一，登载了一系列"国际恐怖主义事件"。他们将"国际恐怖主义"定义为：

> 恐怖分子至海外袭击其目标，选择有外国背景的受害者或目标（如外交人员、外国商人、外国公司办事机构等），或通过攻击国际航班旅客、机组人员和航空设备，制造国际恐怖事件。[12]

因此，该数据库并未包含"恐怖分子在本国实施、针对本国民众的暴力活动；以及由政府幕后策划、针对本国公民的暴力活动"[13]。这些恐怖事件不仅本身就是一系列复杂行为的最终结果（其中一些行为自身就构成了恐怖事件，造成了伤害），而且，在随后章节我们可以看到，如果将其与数据库中成功实施的恐怖主义事件结合考虑，人们很容易高估或完全误读这些数据的意义。

对恐怖主义的态度

有一个议题隐含在恐怖主义的定义中，我们现有的文献未对其充分挖掘，更别说意识到它对建立系统性政策的重要性，这个议题就是：我们应当自觉、清楚地意识到，人们都倾向于忍受模棱两可且前后不一致的观点。自 2001 年起，部分现代恐怖主义出现了重大演变。恐怖主义不可避免包含着死亡与伤害的现实，以及对法律和道德的践踏，然而恐怖主义或恐怖分子的公众形象却几乎不受这些影响。相反，当媒体添油加醋地炒作危机时，公众在短期内对各种反恐行动报道描述的臆想和揣测简直变得无以复加。典型的例子包括 1980 年英国特别空勤团（SAS）在伦敦王子门于伊朗大使馆人质事件 6 天后采取的行动（6 名伊朗籍枪手冲入使馆，绑架人质，要求伊朗政府释放 91 名在押的霍梅尼反对者）；还有最近英勇的美国海军海豹突击队在巴基斯坦阿伯塔巴德对奥萨马·本·拉登（Osama bin Laden）住所展开的突袭。在上述两起事件中，这些反恐部队都消灭了目标激进分子，且英国特别空勤团的那次行动还是在周围环境不稳定的情况下完成的。

一些人指出，我们为何在谴责暴力活动，尤其是恐怖主义时会有不同标准，十分虚伪。泰勒和奎尔（Taylor and Quayle）[11]注意到，由秘密的非国家组织犯下的暴力案件仿佛更容易触痛民众的公平神经和正义感。这一点和炸弹不长眼睛的特点不无关系，恐怖分子将其视为帮助他们营造不安氛围的有力工具（人人自危的心理普遍出现："我，或是我认识的人，会成为下一个袭击目标吗？"），他们暗示如果引入心理学中的"正义世界"理念，我们就能理解这种前后不一致。这种理念深植于社会心理学，描述的是我们期望世界公平有序的普遍心理。毫无疑问，未能看到公平正义的结果是人们对恐怖分子及受害者的典型心理反应。这种暴力活动的受害者明显是随机的，任何人都可能被任意选中甚至死亡。对此，人们十分震惊、愤怒。这种出其不意导致人人都认为恐怖事件仿佛就是针对个人。民众无法接受，因此将其视为非正义、不公平：只要出现在错误的时间、错误的地点，哪怕对恐怖分子们的诉求闻所未闻，这些手无寸铁的局外人就可能成为恐怖袭击的牺牲品。

恐怖主义战术最适于袭击手无寸铁或毫无防备的民众（如执勤下班的警察或士兵）。这种行为会引发民众强烈反应，他们将恐怖分子斥为"懦夫"，因为后者滥杀无辜仅仅是为了表明立场，而受害者们甚至连投降或者反击的机会都没有。事实证明可能正是出于这种原因，加上媒体夸张报道后产生的个人化效应，几乎人人都能认定什么是恐怖主义，什么不是。[15]作一个不恰当的类比：恐怖主义就像色情作品，很难定义和描述，但只要我们一见到它，就会认出它。[16]

语言和标签

与以上所述相关，人们时不时把"政治暴力"一词当成恐怖主义的代名词。正如赫斯金（Heskin）[17]指出的，恐怖主义是一个贬义词，用以描述非官方团体犯下的带有政治目的的暴力行为；而政治暴力则似乎是对同一现象进行描述的委婉表达，另外，它还暗指那些引发民众普遍同情的行为或原因。在一次讨论恐怖主义意义演化和用法的讨论中，布鲁斯·霍夫曼（Bruce Hoffman）[18]也同意上述看法：

> 大家至少就一点达成了共识，那就是，恐怖主义是个贬义词。它是一个本身就带有负面内涵的词汇，通常用于敌人和对手，或者那些与自己意见不一，我们故意选择漠视的群体。

当然，这种贬义并非仅限于标定哪些是恐怖主义诱因，哪些不是；它还可以用于对政治暴力参与者的评判。霍夫曼（Hoffman）援引詹金斯（Jenkins）[19]的话，写道："倘若一个政党在其对手身上成功地贴上了'恐怖分子'的标签，那他们一定会暗示大家都认可这种道德判断。"

美国前总统罗纳德·里根（Ronald Reagan）曾这样描述尼加拉瓜反政府武装（Nicaraguan Contras）："他们的道德操守和我们的建国领袖并无二致"。然而，援引一份历经三年、针对反政府武装参与的可证实事件的研究报告，施密德（Schimid）和郎曼（Jongman）写道，他们（反政府武装）凶狠残暴："一名教师被当着全班学生的面残忍杀害；妇女们被轮奸，而后开膛破肚；一位母亲眼睁睁看着自己的婴儿被斩首；一个反政府武装士兵甚至喝下受害人的鲜血。"两位学者认为，这些冷血行为，没有任何道义准则可言。施密德和郎曼认为，这些记述与西方主流媒体用头版历数的反西方恐怖主义罪行和残暴毫无二致，它向我们展示了当权者对于人类苦难的选择性关注和双重标准。

于此，在我们对恐怖主义的有限认知中，这算得上是它的又一特征。根据赫斯金（Heskin）[20]的观点，民众对恐怖主义和政治暴力所持态度的内涵和外延主要由两个因素决定：一是个人对特定群体正义的主观判断；二是我们暴露在恐怖主义直接威胁下的时空距离。因此，除非我们自己或那些与我们亲近之人受到随机（所谓"随机"，是指尽管恐怖分子预料到会有伤亡，但直接受害者的身份无法预测，的确是随机的）暴力行为的直接威胁，否则我们对所谓"恐怖主义行为"也不会强烈谴责。正如泰勒和奎尔（Taylor and Quayle）[21]发现的：

> 我们如何经历恐怖主义暴力，我们如何看待相关事件的正义性，以及我们能在多大程度上接受结果决定手段的理念，这三点对于我们如何审视政治进程中的暴力使用问题至关重要。

许多学者都认同一个基本观点：恐怖主义是一个贬损标签，其主要作用是表达谴责，或许顺带还有助于将一些存有疑问的回应合法化。当我们仔细审视恐怖主义错综复杂的本质时，这种对恐怖主义的模糊就变得更加明显。考察世界现存的各类恐怖组织，我们可以发现各种目标策略及其配套辅助行动。其中一个例子就是动物解放阵线（ALF）的活动，这是一个总部设在英国的保护动物权利极端组织。动物解放阵线不仅将矛头对准猎户（寄送邮包炸弹、设置刀片陷阱和其他致命装置），据维内斯（Veness）[22]描述，集约化农场主、肉类经销商、马戏团、制药厂、动物实验员以及动物皮毛贸易商、快餐店、海洋资源保护者和渔民也是其袭击目标。即使在动物保护事业广受赞誉的今天，上述做法也使动物解放阵线陷入被动、饱受诟病。[23]

此外，恐怖组织还经常参与各种犯罪活动，如敲诈勒索、盗窃、抢劫、伪造货币和洗钱等。然而，他们通过上述手段筹款的主要目的还是为了协助恐怖组织进一步推动其政治主张，这也是恐怖组织与"普通"有组织犯罪集团的主要区别（如意大利黑手党也经常利用恐怖手段达到自己的目的）。

恐怖分子做什么？

恐怖分子会使用暴力，强势要求政治变革，虽然恐怖分子和恐怖组织动机各异，但他们的主要手段还是惊人的相似。伴随着现代科技的进步，尽管他们也时时担心政府会对其使用大规模杀伤性武器，尽管世界政治秩序早在 20 年前就开始发生深刻变化，但上述情况仿佛没有改变。"9·11"事件向世界发出了信号：恐怖主义袭击的目标规模有大幅上扬的趋势，恐怖组织的惯用伎俩已不再是使用非常规技术或方法，而是利用安保漏洞、民众麻痹懈怠以及情报分享不力，劫持飞行途中的航空器，且事实证明这种办法屡试不爽。事实上，和大多数恐怖事件一样，"9·11"恐怖袭击之前也有一系列可辨识、可预测的前奏事件，这些事件本身只有到了最后恐怖袭击实施阶段才显示出价值，但在执法部门眼中，它们是可以被预先识别和挫败的，这一点我们在后续章节也会提到。

与我们的直觉背道而驰的或许是，长期来看，恐怖主义暴力实际上并没有我们想象中那样富有创意。实施恐怖袭击的武器仍然是传统的枪械和炸弹［后者在 2002—2003 年有大幅度改进，尤以简易爆炸装置（IED）大量出现为特点］，而前者一直以来仿佛都是革命解放的象征。尽管恐怖主义的手段多年来一直变化不大，但技术进步意味着恐怖主义暴力的宣泄途径和方式也大大增加了。虽然恐怖袭击造成的结果具有不同的有效性（比如一个完全依赖互联网信息的炸弹袭击者和一个在经验丰富的制弹专家手下当学徒的炸弹袭击者自然不可同日而语），这些敏感信息如今在网上唾手可得，但我们却看到，恐怖袭击并没有越来越多的花样。

令人遗憾的是，尽管为了应对恐怖主义威胁，各国在防卫项目上耗资数百亿美元，然而用于制造恐怖主义暴力的各种手段和器材却越来越廉价。1995 年，美国俄克拉荷马市遭遇美国右翼极端分子炸弹袭击；1996 年，爱尔兰临时共和军（PIRA）也用炸弹袭击了英国曼彻斯特（除伤亡人数不同，上述两起事件均属于重大恐怖事件）。这两起袭击事件都使用了由化肥原料制成的简易炸弹，而 2013 年波士顿马拉松恐袭中的炸弹装置，结构则更加简单。上述案例中涉及的爆炸装置，在购买其主要部件时均没有任何限制，而且花费不大。今天，恐怖分子使用的炸弹多由容易获得的原料和部件制成，如塞姆汀塑胶炸药（Semtex）和其他商用塑胶炸药。如此一来，恐怖主义不仅从商业角度看成本低廉，而且成为政治极端主义的便捷途径：对于政治极端主义来说，要么其他常规渠道都已失效，要么他们的政治主张缺乏民众支持。炸弹一旦成功引爆，恐袭制造者们就势必会被媒体大肆报道，尽管他们此时并没有什么实际、直接的目标，但事件本身至少可以激发民众对恐怖分子所持政治愿望的关注。

恐袭目标是恐怖主义讨论的中心议题，其中受害者的性质又是重中之重。在我们眼中，恐袭受害者通常包括那些惊吓过度的飞机乘客或是爆炸受害者，正如上文所述，那些恰好在错误时间出现在错误地点的人们。正是由于受害者在恐怖暴力中的这一角色，使我们对恐怖分子大为不满，甚至深恶痛绝。我们已经提及，这些直接受害者其实并非恐怖分子的真正"目标"。因而，我们发现恐怖暴力中有三种可辨识的参与者，他们之间各有不同程度的互动[23]：恐怖分子，恐怖分子的直接、象征性目标，以及恐怖分子的主要或终极目标。对于大多数有政治诉求的恐怖主义运动来说，在恐袭中受伤或致死的平民并不是他们的对手（当然，某些有强烈政治宗教意图的恐怖主义集团会有不同看法，这一点我们在后面可以看到）。这些人仅仅是恐怖分子和"敌人"（恐怖分子反对的政权或政治势力来源）间冲突的偶然牺牲品。恐怖分子认为，发生在这些受害者身上的事情（或者那些可能发生在未来受害者身上的事情），可以影响政策制定者的决策。

至此，我们讨论的还主要是与恐怖主义如何概念化等相关的议题，此外，我们还确认了恐怖主义的一些基本特征。但为了使恐怖主义定义的基础更加坚实，我们还需要对其他相关领域做简要介绍，尤其是要把恐怖主义与战争以及其他种类的冲突区分开来。

恐怖主义难道不是另一种形式的战争？

萨克拉（Thackrah）[25]注意到，恐怖主义几乎就是"反叛、街头暴力、内乱、暴动、乡村游击和政变"的代名词。一般来讲，恐怖主义可以被视为一种战争形式，但恐怖主义运动和我们熟知的好战者运动是有区别的，两者在表面就有诸多差异。一般来说，战争大多用来指称国家间的冲突，而恐怖分子并非国家实体，只需给出一个根本性区别即可证明：恐怖分子没有能力掌控政府所谓的"外交政策"。从恐怖分子的观点来看，恐怖主义使用的战术策略必须有别于传统战争，原因显而易见：恐怖分子通常人数较少、资源有限，倘若他们还坚持和国家军队针锋相对，恐怕早就被消灭了。恐怖分子手中掌握的资源并不多，而且由于恐怖主义本身是非法的，恐怖分子大多是一些服务于秘密恐怖组织的半秘密化个人。恐怖分子在消耗战过程中，多采用"游击式战术"，并不像传统战争中双方军备资源旗鼓相当时的胜败得失。恐怖主义战略要成功，关键在于实际掌控战事节奏（不给敌人任何机会）。恐怖分子正是利用这种战略编排，弥补资源不足的劣势。

与常规战争和自由民主国家政权使用的其他形式的武力相比，恐怖主义还有一些可辨识的基本特征。其中一些特征（尽管学界可能对此有所争论）对于后续我们系统定义恐怖主义将大有裨益。布鲁斯·霍夫曼（Bruce Hoffman）[26]将这种区别阐述如下：

> 即便在战争中，人们也有准则和各方都接受的行为规范，这些规则禁止交战双方使用某些种类的武器（如中空弹或达姆弹、CS催泪瓦斯、化学战剂和生物战剂等），严禁使用某些特定战术，并认定针对某些特定群体的袭击是非法行为。与这种理念相对应，从理论上讲（在实践上可能并非一直如此），自19世纪60年代开始，战争规则被逐步写进并相继颁布于1899年、1907年和1949年，代表性的是著名的《日内瓦公约》和《海牙公约》：上述公约不仅赋予了平民和非战斗人员免受战争侵扰的权利，还给予了上述人员以

下权利：

- 严禁劫持平民作为人质；
- 强制执行关于优待被俘或投降士兵（战俘）的相关规则；
- 将针对平民或战俘的报复行为视为非法；
- 承认中立领土并保证中立国家公民的权利；
- 尊重并保护外交人员及其他委托、代表机构人员的安全。

毫无疑问，恐怖分子无视上述界限，这正是其被定性为恐怖分子的原因之一。基地组织及其分支拒不承认任何战争规则，甚至经常有意袭击手无寸铁的平民或袭击并未在岗执勤的军事人员。事实再次证明，恐怖暴力的目标仅具象征性，就这一点来说，恐怖主义极不人道。但恐怖暴力也绝非针对性强、目标明确的暴力方式（其实考虑到传统战争的变幻莫测，这种方式可能本身就不现实，难以实现）。尽管如此，人们仍旧默认，战争有一些未言明的模糊边界不能触碰，尤其是在局部范围来考虑。林恩（Linn）[22]对其有以下论述：

> 相比恐怖主义，传统战争有清晰的规则：交战军队均认可中立领地；武装部队需进行识别；且参战各方达成共识：针对平民使用武力属反常、越轨行为。与此相反，恐怖主义的目标就是要摧毁现有规则。恐怖分子和游击战士也不一样，后者虽然破坏战争规则，但他们清楚谁是自己的敌人，并且只攻击上层武装人员。而恐怖分子却故意模糊武装和非武装的边界，声称"战争就是战争"，任何试图划定战争道德界限的努力都是徒劳的。

然而，除了恐怖主义和其他形式冲突的这个区别，这场争论还有不少灰色地带，尤其是如何恰当地定义军事目标。其他相应的问题也凸显出来：如果坦克里的士兵属于军事目标，那么乘坐军用吉普车护送平民车队的士兵算不算？还有休假完毕乘坐公交归队的士兵（其同行乘客大多是平民）呢？（其实在加沙地带，这类目标就曾被自杀式袭击者攻击）。[23]2012 年年中，法庭试图将纳达尔·哈桑少校（Major Nidal Hasan）定性为恐怖分子，引发轩然大波，也再次说明了这一问题。哈桑是美国陆军的一名精神科医生，法庭指控其在得克萨斯州胡德堡陆军基地

(Fort Hood Army Post) 任职期间，涉嫌 13 起谋杀和 32 起谋杀未遂。此事随后引发了激烈争论，大家争论的焦点是：尽管施暴对象是美国军事人员，胡德堡惨案究竟能否定性为"恐怖事件"。

进一步说，尽管那些试图推翻或动摇国家或政权统治的人可能会使用恐怖主义，但恐怖主义也可以被（或已经被）掌控国家权力，并希望借此实施社会控制的人利用。这种控制可能是针对某一特定社会团体（如某个少数民族）、某些个人或某一外国势力代言人。恐怖主义不一定是自下而上的暴力行为，把恐怖主义认定为社会底层暴力是早期恐怖主义研究的偏见（此类研究通常具有官方背景）。所以，找出国家主导的传统战争和恐怖主义的区别，可能只是为国家赢了嘴巴仗。毫无疑问，纵观整个历史，国家使用恐怖主义的频率要比小规模反政府秘密组织（我们称为恐怖分子）高得多。在对恐怖主义的记述中，这可能是令人惊讶的一个方面。然而，我们对国家和政府使用恐怖主义的关注程度却远远不及我们对非政府组织使用恐怖主义的关注。

将恐怖主义定义为心理战？

为了弥合定义上的分歧，萨克拉（Thackrah）[29]援引政治社会学家的观点指出：

> 从理论上讲，我们尚未就（恐怖主义）定义达成一致，因为该定义过程本身就是意识形态或政治目标之间广泛冲突的一部分。问题的核心不是定义的包容性或精细程度，而是该定义的框架结构。

这一点很中肯，至少在学术文献中，这个观点反复出现。萨克拉本人就提出，恐怖主义定义的核心不是简单的语义问题，指明其行为特征对出台后续指导原则至关重要，这些指导原则是社会科学工作者收集和评估有争议恐怖事件的利器，[30]也是授权执法部门打击处理恐怖主义的依据。在"全球反恐战争"（该术语 2010 年就已弃用）的背景下，很明显，如何定义恐怖主义对许多人来说意味着生与死的区别。萨克拉也承认，考虑到恐怖分子的行为特点，基于定义对恐怖主义实施打击的做法将陷入困境。恐怖活动的特点是：

> 可以不对任何人类或非人类目标造成物理损害，仅利用暴力威胁制造恐怖气氛。在国际或国内层面增设恐怖主义犯罪的立法行动必须涵盖恐怖主义定义，而该定义须真实反映恐怖活动的实施过程（此处尤为重要）。[31]

进一步区分恐怖主义与其他形式冲突（上文已简要叙述）的另一要素是我们稍早前已经确认的恐怖主义心理特质。这一维度甚至在恐怖分子自己的记述中也有所反映。穆罕默德·思迪克·可汗（Mohammed Siddique Khan）是一个受基地组织蛊惑的四人自杀式袭击小组的头目。2005 年，该组织在伦敦发动自杀式炸弹袭击，造成 52 人死亡。在其临终诀别式录像中，穆罕默德陈述道：[32]

> 你们对我们的言语无动于衷。所以我会用你们理解的语言和你们交谈。我们的话语是死的，但我们会用自己的鲜血赋予其生命。你们的政府在我们人民身上犯下了滔天罪行，支持他们是你们的责任，正如保护我们的兄弟姐妹并为他们复仇是我们义不容辞的责任。除非我们获得安全，否则你们将一直成为我们的袭击目标。除非你们放弃轰炸、毒杀、囚禁、折磨我们的人民，否则我们不会停止战斗。我们向你们宣战！我就是一名战士！现在是你们该尝尝现实苦果的时候了！

心理元素可能有助于联合那些越来越多力求准确定义恐怖主义的人。他们试图以作恶者的方式来定义恐怖主义，而并不仅仅是解读这些手段。两种不同途径往往是人们就恐怖主义意识形态及其"正义性"发生分歧的原因，不管恐怖活动的始作俑者是一小撮暴恐分子还是一个民主大国。

我们说恐怖主义是心理战的一种形式，这究竟是什么意思呢？这里，我们又需要仔细研究措辞，因为措辞的隐含意义很重要。作为临床医学术语，"恐怖"一词原指极度恐惧或害怕的心理状态，伴有非正常的心理—生理反应。这对恐怖分子希望达成的目标至关重要。毕竟，他们有一套既定的终极政治目标，大多数恐怖组织的直接目的就是制造恐怖。亚伯拉罕（Abrahms）经常提到，恐怖分子的成功首先是这类短期目标的达成，而并不是实现其"长远宏景"。这一点其实并非偶然。^㉝从心理学角度来看，通过使用暴力散布惊慌和恐惧，可以为政治变革或政局动荡制造有利条件。

然而，尽管听闻恐怖袭击就可能使我们恐惧（比如担心恐怖分子会再次发起攻击），但是我们惊恐的程度不会达到恐怖分子的预期，除非我们自己成为袭击目标。而且即便这种情况成立，其持续时间也有限。因此，恐怖组织会尽力维持民众惊恐不安的紧张情绪，这种情绪在特定事件的背景下，基本就等同于恐惧。要达成这个目标其实并不难：爆炸、枪击、人际暴力攻击都可以引发民众恐惧。而且这种情势可能因为媒体的过度关注而恶化（事实也正是如此）。但是要维持并延续这种恐怖氛围，即便对最好战的恐怖组织来说，也绝非易事。因为尽管人们每天都暴露在各式媒体对恐怖袭击事件的报道中，大家关于这些事件的记忆还是会很快消退。

人群的恐慌心态无法长期保持和延续，这一点的最佳佐证就是恐袭事件的旁观者开始逐渐适应这种情形。对恐怖分子来说，民众对恐袭事件习以为常会带来问题：如果人们已经适应恐怖分子的战术，他们的影响力就会减弱。因此，摆在恐怖分子面前的棘手问题是：如何维持民众高度恐慌的心态，并对其有效地施加恐怖影响。

爱尔兰共和军运动末期，恐怖分子在英国阿马县克罗斯马格伦制造的系列枪击事件就是一个典型的例子，可以反映出恐怖主义的心理特质及其发动恐怖袭击的节奏与计划。^㉞在此事件中，十名英军士兵［包括一等兵史蒂芬·瑞思托里克，他是爱尔兰临时共和军（PIRA）宣布停火之前，最后一名被枪杀的英军士兵］据说被同一名爱尔兰临时共和军狙击手狙杀。这名枪手所持的是一把威力强大的高速来复枪：巴雷特0.5毫米口径轻型狙击步枪。值得一提的是，发生这些枪击事件的地区在爱尔兰共和军口中已变得近乎传奇，而这名狙击手的行动（包括狙击手本人）甚至已经成为当地民间故事的一部分。纪念性的路标和小型壁画随处可见，时时提醒共和军运动的敌人：在此地他们仍是不受欢迎的人。这也是一种警告：类似不受欢迎的人来到此地（被英国安全部队称为

"匪区"），可能随时被射杀。正如肯恩（Keane）[35]所描述的：

> 就在南阿马卡利汉纳村村外，爱尔兰共和军的同情者们额外竖立起一个路标：路标上是一个枪手的身形轮廓，并配有文字称，此区域有狙击手活动。这名南阿马狙击手已经变成爱尔兰共和军对抗英国安全部队最有效的武器，并成为共和军极端分子（Provos）宣传攻势的基础。设立路标只是爱尔兰共和军试图瓦解英国安全部队信心的招数之一。"对于部队来说，狙击手是最恐怖的武器，甚至比迫击炮更具威慑，因为每次外出巡逻时，人人心里都在打鼓：自己会不会成为下一个牺牲品。"

另外一个例子来自对叙利亚冲突中新近事件的研究。[36]牛津研究组织（Oxford Research Group）[37]智囊团于 2013 年年底公布的报告显示，截至报告公布，已有超过 11000 名儿童在叙利亚冲突中丧生。阿勒颇的儿童死亡率最高，有超过 2000 名儿童死亡。有关证据表明，在此次冲突中，儿童被蓄意地反复当成攻击目标。这并不是因为儿童在冲突中扮演着任何角色，而是因为屠杀儿童被视为一种有效的战略威慑，能够在广大人群中制造恐慌和失望情绪。故意将儿童列为袭击目标不仅表明，为了维持恐怖氛围，暴恐组织不惜一次又一次突破道德底线；而且还向我们传达出了一个强有力的信息：当面对恐怖暴力活动的持续延长和凶残手段的不断升级时，我们有必要适时做出让步。

关于恐怖分子为何很少大规模屠杀民众，一个普遍的看法是，要么恐怖分子没打算这么干，要么他们的计划被反恐机构挫败了。然而，另一个可能性更大的原因是：如果恐怖分子的目标看起来遥不可及，那么恐怖活动效果的可接受度和预期就很容易越线，如此一来，恐怖组织可能丧失支持。大众媒体对于恐怖暴力的一个误区就是，他们认为暴恐活动常常是毫无掌控、一时兴起的恶毒行为。恐怖主义当然是恶毒行为，但它很少失去掌控、临时起意。如果真是这样，它很容易失去支持。这一点常常用来解释基地组织"中央"缘何与阿布·穆萨比·扎卡维（Abu Musab al-Zarqawi）日益疏远：因为后者曾在约旦参与并幕后策划了一系列高调且不加选择的暴恐袭击，包括在 2005 年用炸弹袭击 3 家酒店，其中一家当时正在举行婚礼。与此类似，2013 年 12 月，基地组织也门分支［通常称为基地组织阿拉伯半岛分支（al-Qaeda in the Arabian Peninsula）］发表了一份异乎寻常的公开致歉，对一起恐怖袭击事件表示道歉。在那次事件中，自杀式袭击者用枪支和手雷对萨那一家医院发动了惨无人道的攻击，造成超过 50 人死亡。当意识到这家医院并非"无人机控制室"时㊳，这个恐怖组织首先否认与该事件有任何联系。后来当暴恐袭击者向医院工作人员投掷手雷的骇人视频通过也门电视台公之于众时，这个组织才绞尽脑汁以摆脱人们的愤怒和指责。老到的恐怖分子绝不会把恐怖袭击当成制造无意义恐慌的练习。㊴一次特定恐怖袭击的规模和残暴程度可能会暂时吸引人们的目光，使人们对该事件战略考量下的政治因素和其他维度认识不清。但这些因素一直存在，我们必须清楚地意识到这些情况，并尽力找出哪些是恐怖分子的个体行为，哪些是对恐怖事件负有直接责任的恐怖组织或恐怖主义运动的行为。

恐怖主义：战争类型和战争工具

为了深入进行讨论，并为后续章节的心理分析奠定基调，我们首先需要一些定位点。如果我们认可恐怖主义是一个团体附加给另一个团体的标签，那么这就意味着我们将就恐怖主义的定义达成一致。进一步说，如果我们的目标是恐怖主义的心理，那么问题就来了：我们试图去定义一个明显带有贬义标签的概念，有实际的意义吗？毫无疑问，答案是肯定的。围绕概念本身的含糊争议并不是我们放弃定义的借口。从上述讨论我们可以看出，恐怖主义应被视为一种可辨认的现象，原因如下：

首先，显而易见的是，被贴上恐怖分子标签的团体所犯之罪行和普通的暴力行为截然不同，因为恐怖活动有政治主张，作恶者有特殊的意识形态，受害者的性质和被害过程也不尽相同。

其次，恐怖主义有特定的直接目标：如在心理方面散播恐慌。

再次，无论是国家政治型恐怖主义还是颠覆政治型恐怖主义，其受害者多是手无寸铁的平民，在冲突中不负有任何责任。这也表明了恐怖分子公然无视战争准则的政治立场。

最后，从上述几点出发，我们顺着逻辑来到下一步：试问，多年来，当一出又一出暴行摆在我们面前，揭示出国家暴力其实和我们所谓的恐怖主义行径有诸多类似时，我们是否还能实质性地分辨何谓国家主导的战争，何谓恐怖主义？这个问题可能是概念发展中最大的拦路虎，但我们可以解决。

施密德（Schmid）[40]区分了恐怖主义定义的几个领域。第一个领域是学术界，这是一个我们可以自由讨论恐怖主义的地方。第二个领域是国家背景下的论述，这里的恐怖主义定义通常显得十分模糊，而且定义范围故意宽泛，以便在必要的时候服务国家利益。持这种观点的原因显而易见：因为在这个领域，国家支持的暴力行为是可以免于审判的。第三个领域是公共空间，这是一个大体上被媒体报道稀释后重新聚焦的领域，而且多半倾向于记录大众的情绪和心理反应，而不是恐怖事件本身。

以上所有领域的观点都和第四个群体（即恐怖分子自己及其同情者）的看法大不一样，即使没有清楚的类比划分，后者也拒绝被称为恐怖分子。施密德提醒我们：最后这一群体持续关注政治目标，然而他们的言谈讨论却竭力避免在恐怖主义中使用的各种手段。这里有一个例子：爱尔兰临时共和军议会（其领导组织）的一位成员在停火期间接受了本书作者采访，当被问及"你如何理解'恐怖主义'一词"时，他给出了如下回答：

> 我认为恐怖主义是无意义的行为，没有任何道德立场或政治信仰。在如今的战争状态下，绝望疯狂的行为时有发生，这和我们的预期不符。恩尼斯基林（Enniskillen）近来发生的爆炸，诸如此类，其间都有无辜的民众被杀，而且人数众多。爱尔兰临时共和军并不希望……我知道他们并不希望如此。但事情的确发生了，怎么说呢，就像硬币的另一面一样，拿德莱斯顿（Dresden）来说吧，那样做合法吗？比如，爱尔兰共和军制造了一次小型爆炸，死了八九个人；而他们可能屠杀了成百上千人。关键取决于谁来报道这些事件，谁有权控制媒体按自己的意图行事。人们把很多事情归咎于爱

尔兰共和军，再通过媒体的歪曲报道，把我们描述成恐怖分子，所有的行为都是恐怖主义行径。以我个人在共和军运动中的经历来看，我认定爱尔兰共和军并没有引爆恩尼斯基林的炸弹。比如，我们可以争论的是，将炸弹安放在那里本身是否合适？此外，从内部来讲，我们可以申辩，我们的初衷是对抗皇家武装力量，这才是我们的目标。后来不知如何走漏了风声，有人引爆了炸弹，但不是爱尔兰共和军的志愿战士们干的。无论其是被扫描装置引爆还是人为引爆，反正炸弹爆炸了。是谁引爆的炸弹已经不重要了，总之罪责已由爱尔兰共和军承担，媒体也是这样报道的，你知道吗？

如今，此人在政府身居高位，他没有说，也永远不会说，如果参照术语本身传递的负面意义和期望，他自己就是个"恐怖分子"。他的言论可能被视为傲慢、冷酷，以及对炸弹袭击幸存者和受害者亲属的漠不关心。他所谓的没有任何道德立场或政治信仰的无意义愚笨行为，应当被视为恐怖主义吗？如果的确如此，它向我们暗示着什么？这是否意味着只要他们有意识形态或异见支撑（无论两者和现实多么脱节），他轻描淡写的这类暴力行为（以及这些暴力行为带来的其他衍生，如执法部门回应对策等）就不应被贴上"恐怖主义"标签。问题依然存在。谁来决定一种行为是否愚笨且没有意义，很明显，这只不过是另一种主观评价罢了。

施密德在这里迈出了有益的一步，正是这一步使我们能在聚焦的同时保持恐怖主义概念的有效性。他指出，最好的定义应当是多数人认同的，而且这应该成为出发点：之所以叫常规战争，是因为人们希望它遵守规则和底线。《日内瓦公约》和《海牙公约》正式记述了这些规则。施密德提出，从使用的方法入手定义恐怖主义，可以使焦点更加集中，既能防止恐怖组织粉饰措辞提升其合法性，又能避免国家政权在术语上动手脚。施密德[41]将恐怖主义定义为"和平时期的战争罪行"，这样就为确定暴力行为的合法性问题找到了可行的出路。如此一来，我们便可逃脱在以下两种模式间选择的两难境地：第一种是恐怖主义的纯犯罪模式，这种模式片面强调恐怖主义的非法手段；第二种是战争模式，这种模式老生常谈地将恐怖主义描述为利用一切可用手段延续政治的方式。

施密德说，给恐怖主义下一个法制定义："和平时期的战争罪行"，可以
将其引入记述领域，获取更多的国际认同。尽管为了应对国家及类国家
恐怖主义，增强各国政府及机构间的执法力度，已经出台了好几种地方
及国际性协议公约，但在什么是恐怖主义，哪些是恐怖分子的问题上，
国际社会的立法进展仍停滞不前。尽管如此，施密德强调[42]，这样定义
恐怖主义行为可以使人们的目光聚焦到那些理应被认定为恐怖主义的行
为上，但考虑到恐怖主义手段不可预知，我们应当扩大这种共识。

　　针对这场讨论，萨克拉（Thackrah）[42]补充道，重新强调将一些修饰
成分排除在外，如"通常""一般"等，可以使定义远离个人见解和主
观臆想。但倘若如施密德所述，我们只关注作恶者的各种手段，可能会
为国际认同赢得更多空间。关注手段，我们可以有效地区分"叛军"和
"恐怖分子"。这样一来，当我们重新审视上述采访片段，爱尔兰共和军
领导人针对其"误炸"发表的那番辩词就显得苍白无力了。施密德提出
了以下综合性更强的定义[43]：

　　　　恐怖主义是由秘密（或半秘密）个人、团体或国家机构，出于
　　特异癖好、犯罪或政治原因，实施的容易引发恐慌的反复暴力行
　　为。与刺杀不同，这种暴力行为的直接目标不是其主要目标。恐怖
　　暴力的直接人群目标是随机选择的（机会目标），或者从目标人群
　　中选择有代表性或象征意义的，无论哪一种，受害者都只是信息发
　　射器。这种基于威胁和暴力，存在于恐怖分子（组织）、（潜在的）
　　受害者及其主要目标之间的交流过程，其最终目的就是要操控主要
　　目标（受众），将其转化成恐怖目标、命令目标或注意目标，当然，
　　这取决于恐怖分子早期的恫吓、胁迫和虚假宣传是否到位。

　　这个定义涵盖了国家和政府的行为，也包括了秘密的反政府运动的
行为。

　　毫无疑问，施密德的定义很学术化，政府多半不大喜欢。与此相关
的重要一点来自于我们对恐怖主义手段的讨论。从某种程度上讲，上文
提到的狙杀平民的恐怖主义手段一定程度上也是特殊地理地貌造就的，
因为恐怖分子的手段一旦采用，必须有效。第二个相关议题是散布恐慌

的能力——这是一个更加宽泛的心理目标——阐述了常规战争也可能在残酷性上升级，制造出与人们原有预期毫不相符的效果。谈及恐怖分子使用的类似手段时，泰勒和霍根（Taylor and Horgan）[65]注意到：

> 与政治冲突相关的暴力等级仿佛是一条单行道，总是从不断突破底线中获取力量。当暴力发生在恐怖主义背景之下，很快，这些突破底线的手段便不再具有新闻价值，也就不再有效了。

两位作者得出结论：在这类冲突中取得成功，其价值不一定要通过达成军事目的来衡量，而是应通过达成心理目标，通过在冲突人群中制造恐慌情绪，显然可以满足这种需求。

结　论

人们对恐怖主义的印象复杂而不易把握。这反映到定义上就是争议、问题不断，本章对这些分歧的研究都仅仅触及皮毛。早在正式定义出现之前，学者们就经常涉足有关恐怖主义定义的细致讨论，这也从侧面印证了定义何谓恐怖主义着实是不小的挑战。在后续章节，我将提出并展开一个中心议题：对恐怖主义行为的情绪回应，以及这种回应可能如何塑造我们对恐怖主义过程本身及涉及其中的各方的看法。要理解人群对恐怖主义的自然反应乃人之天性并不难，但这根本无法影响其定义过程。此外，我们将在后续章节看到，人群对恐怖主义的情绪反应只是研究恐怖主义及恐怖主义行为的学者们面对的许多问题之一。

尽管有这些显而易见的困难，我们还是有理由保持乐观，特别是如果我们在定义过程中能够采纳更加务实、更加注重平衡的方法。恐怖主义是一个已被接受的概念，和许多它的当代近义词一样，这个概念仍旧含糊，且前后并不一致。我们从不同的地方开始研究，最终可能得到截然不同的结论，但我们首先必须尽自己所能，在现有的框架内努力工作。这样看来，定义恐怖主义的一种有效方式，就是将其视为一种针对某种特定目标，有意识、策略性地使用武力，以达到影响政治进程的最终目的。将恐怖主义视为一种武器，且这种武器可以被各种国家或非国家参与者采用［前者要么是国家恐怖主义的一部分，要么是常规"对称"战争的一种战术（如果这种战争还存在的话）］，认可这一点，就意味着我们承认恐怖主义并不是非政府组织的"专利"。承认这一点，便可以消除传统观念里原本围绕恐怖主义过程的部分误解，也意味着我们必须接受，认定恐怖主义最有效的方式就是看他"做"了什么，而不是思考使用恐怖主义反映出他"是"何种人。

在这一方面，施密德的方法是最积极、最有效的一步。因此，我们会谨记这种方法，不仅将其视为本书所涉学科和中心议题的出发点，也将其视为后续章节"恐怖主义"一词的正统含义。第 2 章将以上述辩题为基础，继续就其他相关议题展开简短讨论，旨在让读者清楚：理解恐怖主义是后续心理分析的前奏。

参考文献

① L. Richardson，"Terrorists as Transnational Actors"，in M. Taylor and J. Horgan（eds.），*The Future of Terrorism*，London：Frank Cass，2000，pp. 209 – 219.

② C. Hauser，"The Aftermath of Drone Strikes on a Wedding Convoy in Yemen"，*New York Times*，"The Lede"，December 19，2013. Retrieved on December 22，2013 from：http：//thelede. blogs. nytimes. com/2013/12/19/the – aftermath – of – drone – strikes – on – a – wedding – convoy – in – yemen/?_r = 0.

③ N. Friedland and A. Merari，"The Psychological Impact of Terrorism：A Double – Edged Sword"，*Political Psychology*，6，4（1985），pp. 591 – 604.

④ B. M. Jenkins，"The Future Course of International Terrorism"，in P. Wilkinson and A. M. Stewart（eds.），*Contemporary Research on Terrorism*，Aberdeen：Aberdeen University – Press，1987，p. 583.

⑤ M. Dillon，*The Enemy Within*：*The IRA's War against the British*，London：Doubleday，1994，p. 165.

⑥ A. P. Schmid，"Defining Terrorism：The Response Problem as a Definition Problem"，in A. P. Schmid and R. D. Crelinsten（eds.），*Western Responses to Terrorism*，London：Frank Cass，1993，p. 11.

⑦ Friedland and Merari，"The Psychological Impact of Terrorism"，p. 592.

⑧ R. Thackrah，"Terrorism：A Definitional Problem"，in P. Wilkinson and A. M. Stewart（eds.），*Contemporary Research on Terrorism*，Aberdeen：Aberdeen University Press，1987，p. 24.

⑨ Schmid，"Defining Terrorism"；also see A. P. Schmid and A. J. Jongman（eds.），*Po-

litical Terrorism, 2nd ed. , Amsterdam: North – Holland, 1988.

⑩ C. McCauley, "Terrorism, Research and Public Policy: An Overview", *Terrorism and Political Violence*, 3, 1 (1991), p. 127.

⑪ N. Friedland, "Becoming a Terrorist: Social and Individual Antecedents", in L. Howard (ed.), *Terrorism: Roots, Impacts, Responses*, New York: Praeger, 1992, p. 81.

⑫ B. Hoffman and D. Claridge, "The Rand – St. Andrews Chronology of International Terrorism and Noteworthy Domestic Incidents 1996", *Terrorism and Political Violence*, 10, 2 (1998), pp. 135 – 180.

⑬ Ibid. , p. 139; also see Thackrah, "Terrorism: A Definitional Problem", pp. 26 – 27.

⑭ M. Taylor and E. Quayle, *Terrorist Lives*, London: Brassey's, 1994.

⑮ Ibid.

⑯ W. Laqueur, "Reflections on Terrorism", *Foreign Affairs*, 65, 1 (1986), pp. 86 – 100.

⑰ K. Heskin, "Political Violence in Northern Ireland", *Journal of Psychology*, 119, 5 (1985), pp. 481 – 494.

⑱ B. Hoffman, *Inside Terrorism*, London: Victor Gollancz, 1998. p. 31.

⑲ Schmid and Jongman, *Political Terrorism*, 2nd ed. , p. 17.

⑳ Heskin. "Political Violence in Northern Ireland", p. 481.

㉑ Taylor and Quayle, *Terrorist Lives*, p. 10.

㉒ D. Veness, "Single Issue Terrorism", paper presented at 51st International Criminological Conference, Warsaw. September 3. 1995.

㉓ See R. Monaghan. "Animal Rights and Violent Protest", *Terrorism and Political Violence.* 9, 4 (1997), pp. 106 – 116; also see R. Monaghan, "Single Issue Terrorism: A New Phenomenon?", paper presented at European Association of Psychology and Law/American Psychology and Law Joint Annual Conference, Dublin, July 6 – 9, 1999.

㉔ A. P. Schmid and J. de Graaf, *Violence as Communication: Insurgent Terrorism and the Western News Media*, London: Sage, 1982, p. 176.

㉕ Thackrah, "Terrorism: A Definitional Problem", p. 25.

㉖ Hoffman, *Inside Terrorism*, p. 34.

㉗ R. Linn, "Terrorism, Morality and Soldiers' Motivation to Fight: An Example from the Israeli Experience in Lebanon", *Terrorism*, 11, 2 (1988), pp. 139 – 149.

㉘ "What Is Terrorism?", *The Economist*, March 2, 1996.

㉙ Thackrah, "Terrorism: A Definitional Problem", p. 25.

㉚ Ibid.

㉛ Ibid.

㉜ V. Dodd and R. Norton – Taylor, "Video of 7/7 ringleader blames foreign policy," *Guardian* (*London*), *September* 2, 2005. Retrieved on January 30, 2014, from: www. theguardian. com/uk/2005/sep/02/alqaida. politics.

㉝ M. Abrahms, "Why Terrorism Does Not Work", *International Security*, 31, 2 (2006), pp. 42 – 78.

㉞ T. Harnden, *Bandit Country*, London: Hodder & Stoughton, 1999; also see F. Keane, "IRA Sniper Kills Nine in One Area," *Sunday Tribune*, January 16, 1994, p. A8.

㉟ Keane, "IRA Sniper Kills Nine in One Area", p. A8.

[36于 L. Doucet, "Syria: Children Targeted by Snipers during Conflict", BBC News Middle East, November 24, 2013. Retrieved on January 30, 2014 from: www. bbc. co. uk/news/ world – middle – east – 25075668.

㊲ H. Salama and H. Dardagan, "Stolen Futures: The Hidden Toll of Child Casualties in Syria," Oxford Research Group, November 24, 2013. Retrieved on December 22, 2013 from: www. oxfordresearchgroup. org. uk/publications/briefing _ papers _ and _ reports/ stolen_futures.

㊳ Al Jazeera, "Al – Qaeda in Yemen 'sorry' for hospital attack," December 22, 2013. Retrieved on December 22, 2013 from: www. aljazeera. com/news/middleeast/2013/12/al – qaeda – yemen – sorry – hospital – attack –20131222102318821501. html.

㊴ H. H. A. Cooper, "The Terrorist and the Victim", *Victimology*, 1, 2 (1976), pp. 229 – 239.

㊵ Schmid, "The Response Problem as a Definition Problem."

㊶ Ibid. , p. 7.

㊷ Ibid.

㊸ Thackrah, "Terrorism: A Definitional Problem."

㊹ Schmid, "The Response Problem as a Definition Problem," p. 13.

㊺ M. Taylor and J. Horgan, "Future Developments of Terrorism in Europe," in M. Taylor and J. Horgan (eds.), *The Future of Terrorism*, London: Frank Cass, 2000, pp. 83 – 93.

第2章 理解恐怖主义

引 言

任何研习恐怖主义的学者都会很快意识到，定义问题是阻碍本学科概念发展的主要障碍。他们同时也认识到，学者们对定义问题的重视程度不够，反映出在此方面时间精力的使用不济。定义问题并非恐怖主义研究领域所独有，但定义问题对恐怖主义论述的影响程度之深，正好说明了学界在这方面进展缓慢，也暗示着我们没有相应地重视这些研究议题。

正如我们在上一章简要提及的，无论人们读到还是听说恐怖袭击，大家关注的焦点总是事件的戏剧性，而且通常是在个人层面，吸引眼球的总是造成破坏的规模和财产的损失。伤亡的人数、袭击的肆意妄为、作恶者仿佛遥不可及以及自我感觉脆弱无助，这些往往才是媒体报道关心的重点。这样一来，上述议题就变成了影响民众如何看待恐袭事件及其背后原因的关键因素。此外，媒体还经常报道袭击如何发生、警方或政府请求识别袭击参与者或嫌疑车辆等细节问题。

尽管这些报道都现成易得（人们通常都是通过社交媒体实时获取正在发生的危机信息），但如果要系统地理解恐怖主义，就必须跳出媒体报道。从上一章我们就已经对恐怖主义定义的复杂性有所了解，但从法制角度看，界定恐怖主义不仅必须而且紧迫：知道它从何而来，如何发展，从而找出哪些是恐怖分子。这些议题我们常常不加分辨地通盘接受，有时甚至完全忽略。"什么（谁）是恐怖分子？"这个问题的答案和

"什么是恐怖主义"一样棘手。

我们究竟知道些什么？我们面临一个挑战，就是已经存在太多的恐怖主义，即便在相对封闭的学术研究中也是如此。当然，我们也发现一些非常优秀的研究调查。抢眼的例子包括安德鲁·思尔克（Andrew Silke）[①]于 2004 年进行的调查和亚历克斯·施密德（Alex Schmid）[②]在 2003 年的调查。即使有再勤勉的学术努力，要评估和测量现有知识的完备程度也十分困难。除了"量"的问题外，我们也很少意识到，解析恐怖主义时可能会不同程度地把虚拟和现实混为一谈。恐怖主义意味着冷酷、傲慢、凶残以及伤害和死亡。当今世界恐怖主义的现状是：各种政治运动和国家领导人一手使用恐怖主义，一手娴熟地操纵媒体，向受众输送不实报道、制造复杂印象，为其自身利益服务。"9·11"恐怖袭击及其应对措施表明，围绕恐怖暴力的戏剧性和情绪因素能在很大程度上影响原本系统性、连贯性的应对措施。这些措施可以预防恐怖袭击，防患于未然。

尽管对于刚刚涉足恐怖主义研究的心理学家来说有些不可思议，但在研究文献中，将恐怖分子视为顽固不化、病态、喜好大规模杀伤的狂热分子的看法一直存在，只不过程度不同罢了。最近，学者亚当·兰克福特（Adam Lankford）[③]称，自杀式恐怖袭击者其实是受抑郁症或其他心理创伤"驱使"而犯下恐怖罪行。此言一出，人们又开始重拾对此话题的兴趣。虽然他那本专著号称赢得了高层人物的广泛赞誉，但兰克福特的论据其实并不充分，且疑点颇多。实际上，参与恐怖暴力（包括自杀式恐怖袭击）的人差异很大，这个事实其实更令人不安。此外，与兰克福特的研究不符的是，现实要复杂得多，绝不是简单的特质刻画就可以解决问题。恐怖分子策划的有组织政治暴力通常是一套更加复杂的政治活动的一部分，旨在达成可辨识的社会或政治目标。与此相对应的是，有关恐怖主义的耳闻目睹通常只是一系列异常复杂、庞大的秘密活动的一小部分（这一部分广为人知，因为其具有戏剧性的影响冲击力）。与其他大型的知名运动一样，恐怖主义可能组织严密、装备精良，也可能有复杂的政治诉求，但我们没能抓住的关键一点是，不加区别地将上述特征赋予各个时期的所有恐怖分子是不对的。无论在有关恐怖主义的纯理论研究（尤其是应用研究）中，还是在与恐怖组织有关的特定形式的风险评估和安全管理中，上述观点都是恐怖主义分析的重要议题。

尤其在"9·11"事件后，从地方到国家再到国际社会，各级对恐怖主义的回应都显得仓促混乱，由此引发的偏执妄想，使我们过分高估了基地组织的潜力和能力，只有极少部分的反恐专家对此有着一定的清醒认识。与其他所有的恐怖组织类似，基地组织及其分支的活动（无论其策划的恐怖袭击规模多大）都要受到战略、战术及心理考量的限制，有其明显的弱点，其对自身力量的估计也过高。我们必须承认，恐怖组织不断获得胜利，反映出政府情报滞后、执法行动单一或缺乏协作，以及反恐措施宏观上的不利。

尽管对某些人来讲，以上论述不言自明，但我们还是应清楚地言明，对恐怖主义组织的能力和企图，以及它们可以做什么，做了什么，都不应高估或低估；应利用知识及手头可用的其他工具，仔细研判上述信息。即便如此，令人惋惜的是，虽然恐怖主义一直被描述成一个典型的跨学科的复杂问题，但在"9·11"事件之前，对其进行的客观的、不带政治色彩的分析十分罕见。让人沮丧的是，我们今天离目标仿佛更远了。25 年前，两位备受尊重的恐怖主义及政治暴力评论员写道[④]：

> 在社会科学领域，恐怕很少有学科像恐怖主义研究这样，写得多，研究得少。从严格意义上讲，几乎80%的相关文献是没有研究支撑的，它们多是描述性、批判性、惯例性的文字。

尽管许多分支领域取得很大进步，研究产量大幅度增加，但上述文字仍相对如实地反映出恐怖主义研究现状。学者们对此十分认可，以至于2013 年，马克·塞格门（Marc Sageman）得出结论称，恐怖主义研究陷入了"停滞不前"的状态。[⑤]

恐怖主义研究的实质和范畴

塞格门对恐怖主义研究特征的归纳是否合理还有待检验，但在我们思考前进方向之前，可以先想一想自己从哪里来。

大卫·拉波波特（David Rapoport）[⑥]是恐怖主义研究领域一位顶尖学者，他曾回忆起自己职业生涯中的一段教学经历。据其描述，1969年，他曾为自己将要举办的有关恐怖主义和政治暗杀的系列讲座准备材料。但发现自己的准备工作几乎徒劳无功，苦苦搜寻下来却只找到几样东西。他将自己的那次经历与 17 年后对比发现：此次在恐怖主义条目之下，仅英语文献就超过 5000 条。1992 年，据凯恩斯和威尔森（Cairns and Wilson）[⑦]描述，仅仅关于北爱冲突的参考书目就超过 3000 条。拉波波特[⑧]不无戏谑地问道："还有哪一个学术事业能在如此短暂的时间内成长得如此迅速？"萨克拉也补充道，学术界自身也被与恐怖主义相关的暴力所引诱，学者们出书的速度几乎赶得上新闻记者，书中充斥着分类、定义、解释和自我规定。不久之后，米勒（Miller）[⑨]更加直言不讳：

> 有关恐怖主义的研究文献突然暴增，明显是为了弥补原来的智力亏空。新闻记者、社会科学各分支的研究者以及各个时代的历史学家，大家都为恐怖主义研究带来了自己的资源。哲学家严肃地思考了恐怖主义的道德问题，心理学家考量了恐怖分子的心理状态，政策专家则利用其与恐怖分子交手的"亲身"经历，积极反思。就连先前的人质，仿佛也因其个人心灵创伤醍醐灌顶，即刻变身反恐专家，且不受学科限制，面面俱到。

然而，研究成果数量的激增无法掩盖其疑点颇多的本质。暴露出的结果也从"理论愚蠢笨拙"到"晦涩难懂，定义问题和重构理论的压力几乎能把最聪明的读者逼疯"[⑩]，不一而足。米勒话丑理端，他的这番评论发表在恐怖主义研究领域的顶尖学术杂志《恐怖主义和政治暴力》上，可以算是对未来投稿者的严厉警示吧。[⑪]

当然，我们也很容易认同萨克拉的观点：这么艰深的学科遭遇的学术热情正好说明了恐怖主义颇具戏剧性。这话听起来还算中肯，但恐怖主义研究的一个突出问题是，学者们未能（或不愿）参考前人研究，也无法就该话题提出视角清晰、经验厚重的有价值评论。创建跨学科理论的呼声也几乎失去实际价值。尽管这些警示不绝于耳，但以约翰·穆勒（John Mueller）[⑫]为代表的学者却回应称，恐怖主义威胁被过分夸大，而且一直如此，与实际情况相距甚远。不仅如此，在恐袭成功之后，即便那些我们以为最四平八稳的评论，其实也经常充满了由恐袭戏剧化影响带来的个人偏见。

恐怖主义评论的另一个特点是较好的分析性文章向来一文难求。当然，这并不否认部分学者颇有价值的学术贡献，但的确也反映出恐怖主义研究领域一些亟待解决的问题。这种情况已至少存在了 30 年。1986年，在英国阿伯丁大学（the University of Aberdeen）举行的国际反恐怖主义研讨会上，出台了一份至今仍是恐怖主义研究纲领性文献的文件。在和阿拉斯代尔·斯图尔特（Alasdair Stewart）合作编著《当代恐怖主义研究》⑬时，保罗·威尔金森（Paul Wilkinson）在该书前言中着重提及了一些"奇谈怪论"（威尔金森语），并暗示这些观点正是恐怖主义研究者及其研究进展的典型看法。就当时的恐怖主义研究现状，威尔金森评论称：

> 在大多数高校和研究机构，（恐怖主义研究）都属于小众，甚至被边缘化。除了在知名研究中心工作的研究团体，该领域的大多数学者属于孤军作战，即使在稍大一点儿的学术机构，最多也就和一两个同事进行合作。

威尔金森强调，恐怖主义研究中许多重要的突破性成果其实并没有大额项目资金资助，它们得以成功实施并完成主要归功于个体研究者的兴趣和毅力。此外，他们还经常借用其他项目资金资助恐怖主义研究。"9·11"恐怖袭击之后，研究者们可以利用的项目基金大大增加，但除了少量的风投机构（如美国国防部的弥涅瓦研究计划和美国国家司法研究院），对恐怖主义研究来说，持续的资金支持仍然遥不可及。而且，如果没有短期内爆发的恐袭事件重新将恐怖主义推向关注前台，就连屈指可数的基金支持都有可能减少。

恐怖主义研究的理论议题

从第 1 章我们已经看出，恐怖主义可以被视为涵盖多种因素的战略手段。这些因素分布在政治进程的各个层级和终端。未能将恐怖主义的某些方面视为战术是恐怖主义研究中固有的理论陷阱之一。罗纳德·克雷林斯顿（Ronald Crelinsten）⑭也简要提及了这一点，称如今恐怖主义研究工作的关注焦点是：

> （a）一个掐头去尾、支离破碎的研究对象，反映出（b）研究者研究焦点的偏曲。这种偏曲思想源于（c）只注重预防和控制的狭隘政策导向。这种政策导向产生的后果是（d）概念框架局限，忽视了恐怖主义的政治维度；以及（e）临时的缺乏历史维度的线型模式，忽略了恐怖主义的历史维度和对比维度，只关注个体参与者及其特征、战术和意识形态。

研究者们的偏曲焦点反映出的不仅是定义问题，还有围绕恐怖主义分子识别的巨大困扰和谜团。换句话说，另一个核心问题是"谁是恐怖分子？"而并非"什么是恐怖主义？"这也是心理分析中的一个主要障碍。这里有几个例子可以说明。如果我们向人询问，在他们看来，什么是恐怖主义的构成要件。大多数人可能会提及暴力，也许还会添加一些更为具体的东西，比如爆炸，比如飞机劫持事件中伴有的劫持人质等。然而，由于只关注恐怖主义组织所作所为的某一方面，却忽略了恐怖主义活动及其功能的多样性。从某些方面看，将黎巴嫩真主党（Hizbollah）视为"恐怖组织"仿佛有些奇怪：因为事实上，策划恐怖主义活动（尽管最为人所知）只是该组织实际真正参与或提供的多种社会、政治和社团活动及服务之一。或许"恐怖分子"这一标签并不宽泛，无法包含和描述所有政治暴力的参与者。尽管如此，如果我们还记得赫斯金早前的评论（在第 1 章中）——他推测"恐怖分子"一词暗含同情（正如"恐怖主义"一词暗含贬低和谴责）——这一术语就没有我们原本想象中有用。

美国的情况正好说明了这种困局：自 2001 年起，在仔细审查了犯有"恐怖主义"罪行的个体嫌犯后，我们发现了一幅反复无常、令人深感忧虑的画卷。民众对究竟有多少人犯有恐怖主义罪行有各式各样胡乱的猜测，除此以外，他们对犯下什么具体罪行可以定性为"恐怖主义"

也有深入的分析：从普通平常型（如提供物质帮助）到匪夷所思型，不一而足。大卫·伯纳姆（David Burnham）是一位一流学者，根据雪城大学交易记录及票据交换中心（Syracuse University's Transactional Records Access Clearinghouse）发布的一份报告，他曾回忆起一件事情："一位女性乘客在航班飞行途中不断击打报警按钮，她的举动着实吓坏了空乘人员，但她并不是恐怖分子。可后来她还是被捕，并被认定为恐怖分子。"⑮

这种辨识问题可以延伸至我们研究的主体，并使其孤立。克雷林斯顿警告称，即使在个人参与暴力活动的清晰案件中，只关注我们所谓的"恐怖分子"也会使大家只看到原本庞大社会组织中的其中一环。这些环节不仅包括恐怖分子出现的那一环，也包括恐怖分子声称的他们参与恐怖活动的合法性来源那一环。正是在这个方面，怀特（White）鼓励学者们将研究焦点延伸至恐怖分子的对手，"特别当对手是政府的时候"。在北爱尔兰研究的背景下，为了回应人们"为何"会在 20 世纪 70 年代早期参与北爱尔兰恐怖主义，怀特让我们考虑以下内容⑯：

> 1971 年，随着英国在北爱尔兰地区实行无审判拘留（internment），以及接下来于 1972 年在德里（Derry）发生的血腥星期日（Bloody Sunday），爱尔兰共和军的活动大幅度增加。北爱尔兰地区的国家暴力使爱尔兰临时共和军发起的反国家暴力大大增加。这些暴力活动都有大量的证据记录佐证，只是证据再多也不会告诉你，国家暴力为何会导致更多的反国家暴力。与参与非常规政治运动的传统解释类似，其中一种可能是：在北爱尔兰，大规模国家暴力的使用会瓦解原本融合民众、鼓励其倾向自由民主的社会基础。摆脱了这种道德羁绊，人们开始参与非常规的活动，如爱尔兰临时共和军策划的小规模暴力活动。另一个解释和社会基础瓦解论契合，认为国家暴力会促使其受害者愤怒、反击。而从政治进程的理论视角来看，学者们认为那些在无审判拘留和血腥星期日之后参与暴力袭击的人明显带有政治考量。从这个角度来看，国家暴力确认了其施与对象的非法地位。

从以上每个视角衍生的隐含意义都很重要。怀特问道：由于自己原本自由、民主的状态被打破而采取必要行动，这些抗议者能据此被认定为"毫无理性""异化"和"挫败失意者"吗？由于合理地质疑当局规划的"自由民主"愿景，并做出情理之中的应对（即用自己的暴力使国家暴力非法化），他们应该被视为"精于算计的政治野心家"吗？正如怀特所述，上述不同视角的衍生含义不仅政治化，而且为我们以后的研究工作及研究计划的制定奠定了概念基础，指明了发展方向。

恐怖主义的本质和混杂多样

怀特关注的议题引出的另一个话题是：我们应当如何研究恐怖主义。倘若只关注（不管是有意还是无心）恐怖主义的特定方面，我们就可能被误导，以为它只和某一特定学科相关，比如安全研究、历史学、神学、心理学、社会学、政治科学或其他学科。当然，那些采用恐怖主义战术的组织，其目的和动机各异，令人备感困扰迷惑，尤其是当我们试图对其进行分类的时候。分类带来的挑战着实不小，即使是对看起来类型十分有限的恐怖分子进行分类（如"独狼式"袭击者，即单独行动的恐怖分子）。恐怖组织不仅在动机方面差异巨大，在其他如规模、能力、资源以及人员构成等方面也各不相同。恐怖组织的意识形态也多种多样，从宗教到政治、从极左到极右，不一而足。由于在组织结构上也有差异，它们在决策制定、目标定位（如何将对袭击目标的影响扩展至广大人群）、武器使用和其他各个维度也不尽相同。

实际上，我们发现不少时候，人们对某一特定学科领域与恐怖主义的相关性看法直接反映在类型和分类系统上。基于其目标人群和活动基地，心理学家艾瑞·米拉利（Ariel Merari）[17]曾试图对恐怖组织进行简单分类，她写道：

> 为了将这种混乱无序理顺厘清，我们的分类工作主要依据组织意识形态（如区分极右和极左组织），组织目标或存在目的（如与母国分离、摆脱外国统治、制造国内革命）以及心理动机等。

从一开始，无论从何种角度如何研究恐怖主义，我们必须承认：恐怖主义是一种极其复杂多元的社会现象，不断变化。它也可以被视为众多战术手段中的一种，随着时代的变化不断出现新的模式。考虑到这一点，即使按时间序列深入内部考察特定恐怖组织，我们也很难认清其复杂多元，而这正是问题的关键。库珀（Cooper）[18]指出，无论其背后的政治、经济和社会背景多么特殊，我们都不能将恐怖主义视为独立的单一学科。他声称，恐怖主义是某一特定时间地点的产物。尤其是在劳斐尔（Raufer）[19]所称的"去边界化地区"（deterritorialized area），有组织犯罪和恐怖主义活动抬头，这是库珀所称的"灰色地带"。这一概念与拉克尔（Laqueur）所持观点类似，后者主张将基于政治动机的暴力活动和有组织犯罪集团之间的关系模糊化，以便我们考量这是否表明恐怖主义对新兴团体的吸引力增大，或者表明上述两者的结合本身就代表着一种新的社会现象。

"9·11"事件之后，为了寻求解决恐怖主义问题的答案，不仅"恐怖主义问题专家"的数量激增，而且他们各自的学科背景也复杂多样，能够与此匹敌的，恐怕只有恐怖主义本身的复杂性了。心理学者、人类学者、历史学者、安全分析员、军事战略家、记者、国际关系专家、宗教问题专家以及其他领域的学者纷纷加入。我们必须承认，从某一层面讲，这种丰富多元非常有积极性，我们甚至应该积极倡导。赖希（Reich）[20]在其具有标志性意义的恐怖主义论述文集中，不仅重申了恐怖主义的心理复杂性，还强调了我们有必要从多种视角考察恐怖主义的多样性和复杂性。赖希说，仅从单一视角审视恐怖主义会迫使那种特定解释的力量超出其应有的界限。

这样做可能存在风险，任何形式的恐怖主义研究都应该从各个学科领域汲取知识营养。同样，我们也需要概念定位，因为如果没有这些理论出发点，我们就会陷入貌似相互矛盾的解读旋涡，无法看到它们关注的共同主题。此外，更为重要的是，我们或许无法集中精力关注一些更为实用的目标。为了解决定义问题和困扰学科多年的"激进"问题（后续章节会提及），尽管我们付出很多努力，但上述不足正是我们忽略的问题之一。

心理学与恐怖主义

考虑到恐怖主义的多元化和复杂性，以及赖希的谨慎言辞，考察恐怖主义的心理维度可能面临着不可逾越的困难，甚至或许完全没有意义。恐怖主义究竟只存在一种"心理"，还是需要我们找出其多种"心理"？沃德洛（Wardlaw）^②曾指出，尽管恐怖主义有跨学科特点，可能大家针对秘密政治暴力最普遍的问题还是"这些人为何会成为恐怖分子"。时至今日，这个问题仍在促使我们尽快找到能够回应它的心理原因。

"9·11"袭击后的几周时间里，沃德洛的观点集中反映在一个问题上："他们是如何做到的？"在被问及这些作恶者的心理时，很少有专家在回答时能做到完全诚实。至于沃德洛所述问题是否最普遍、最常被问及，还有待辩论求证，但对这个问题的回答明显语焉不详，令人尴尬难堪。这也从侧面反映出心理学在回答恐怖主义相关问题时效用甚微。当心理学者和精神病学专家被同样的问题反复轰炸时，他们并不认输，而是用恐怖分子的人格特质及其含混不清的心理过程来敷衍提问者，这些解释既陈旧，又无法在现代心理学中找到准确定位。他们甚至引入宽泛的社会过程概念，但这往往更加笼统抽象，模糊不清。在后续章节，我们将看到这种"解释性虚构"的概念如何成为解答此类问题的万灵丹。只有少数成熟的学者愿意承认这个不争的事实，用杰罗尔德·珀斯特（Jerrold Post）^②的话来说，在理解恐怖主义的心理维度方面，我们还十分"原始"。马克·塞格门（Marc Sageman）也经常印证这一点，他称自己时常为无法解释为何人们转向政治暴力而痛心。^②

本书后续研究的其中一个核心出发点是：任何一种行为（包括恐怖主义活动或其他行为）都植根于一定的社会政治环境，因而恐怖主义行为（就像犯罪行为）也和其他各种行为一样，来源于那种可以促使其产生、维系，并对其进行指挥和操控的社会环境。我们不能把恐怖主义和社会割离，因为恐怖主义本身就植根于社会。

对许多人来说，从心理角度切入恐怖主义意味着对恐怖分子进行某种"侧写"。当然，对某些人来说，这就像对犯罪心理画像的虚构再现，使心理学家与作恶者产生某种心理联系，可以让他们具有一种独到的锐利眼光。这种类比看似草率，但我们在第 3 章将会看到，对恐怖分子进行心理侧写的基础其实更加薄弱。花大力气粉饰最终也无法掩盖证据缺失，但在其他物证缺失的情况下，对恐怖分子进行心理刻画自然就大行其道了。在任何一起事件中，大多数"侧写"（此处侧写有引号，是因为学术界和执法机关对"侧写"一词的理解大相径庭）往往最终演变成分析恐怖分子个人的性格特质。

迄今为止，四十年以来的恐怖主义研究一直将上述方法当成范式（兰克福特的研究即是新近的例子），这也不难理解。毕竟，当面对恐怖活动的直接后果，不管是不是心理学家，我们都倾向于去关注围绕这些极端暴力事件的戏剧性效果，而这不可避免地让我们下意识地用直接作恶者的心态去解释这种暴力行为。即便如此，呈现在我们面前的也往往只是恐怖主义造成的物理破坏；而即使我们未来再次遭遇恐怖爆炸，也很少有人仅仅因为作恶者有这样那样"特殊"或"不正常"的心理原因而选择原谅他们。这转而暗示我们：从逻辑上讲，恐怖分子或许与众不同，我们也许很容易在人群中把他们识别出来。

当然，把关注焦点集中在恐怖分子头目身上看起来是个不错的主意。毕竟，恐怖主义活动也需要领导力，即使在规模相对较小的恐怖组织内，也有不同分工，有人专门负责管理工作。接下来我们会看到，如果能近距离考察招募者，而不是被招募者，或许有助于塞格门（Sageman）理解政治暴力的临界点。总有人拿出必要的金钱、资源，去挑选那些与众不同、具备"潜力"的人，他们能识别哪些人可以胜任自杀式袭击，哪些人不能。

此外，毫无疑问，恐怖主义是一个群体过程，这一典型特征暗示我们心理学理论在该领域有应用价值。我们可能会思考一个问题：究竟是什么群体动力机制，可以让"9·11"袭击者在飞机劫持前后都能紧密联系。人们广泛认为（本·拉登自己仿佛也承认），并非所有的劫机者都知道自己即将面临死亡，直到他们发现事件本身变得不可控。我们或许应该考虑，对于恐怖小组的头目来说，哪种群体动力机制可以使内部凝聚力和团结度达到最优，尤其是在飞机劫持过程中出现变故，手下的同伙出现自我怀疑、信心动摇或行动缺乏焦点时。有学者指出，恐怖分子之间的共有仪式（如祈祷和其他看似正常的活动）可能是袭击发生前后维系劫机者共同行为的重要措施。来自其他恐怖组织的证据也显示，在恐怖活动的各个参与层次和程度，直至整个恐怖组织内部，类似活动都可以增强恐怖组织的凝聚力，防止成员不按计划行事。2008 年孟买恐袭事件中，恐怖分子的个体和群体行为恰好证明了上述观点。关于这一点，我们将在后续章节进一步研究。

即使更宏观的问题可能也会包含这样的疑问：是怎样的群体动力机制在鼓励人们加入、留驻，或许最后离开（如果参与者还活着的话）恐怖主义运动？更加高屋建瓴的视角会关注组织结构层面的研究，比如我们会问：当恐怖组织的高层宣布停火时，整个恐怖组织会如何反应？

我们面临的挑战不仅有研究对象是什么的质问，还有我们究竟在哪个层面分析才合适的疑惑。此外，我们还要直面的挑战是如何着手回答这些问题。我们认为自己能够识别的恐怖分子（或恐怖运动）类型，可能不仅决定着我们能在哪个层面进行分析，也决定着我们可以使用哪些方法：比如我们如何才能搜集到有效、可靠的数据，帮助我们理解自杀式袭击者的心理。或许我们可以采访他们的家人，还原他们的性格特征，再通过对比分析，找出不同恐袭事件背后恐怖分子的性格共通点。但当我们试图确认所搜集数据的可靠性时，问题就出现了。用简单的心理学术语来讲，就是我们眼中的自己和别人眼中的我们不一样。这种二手信息源（即使来自家庭成员）可能并不能为我们提供对理论发展来说有价值的观察数据。

"9·11"劫机者中最出名的可能就是穆罕默德·阿塔（Mohamed Atta），无论是记者还是学者，都曾对其背景进行过广泛调查和研究。人们采访过他远在埃及的中产阶级父母，他的同学、熟人，以及他在汉堡的德国雇主。没有人说他有抑郁表现或其他精神类疾病的症状。这些研究发现或许可用于证明更为宏观的论点：比如恐怖分子不一定罹患精神类疾病。但人们还有一种困惑是：从这些访谈中，我们究竟能得到什么？从这些数据中我们能提炼出什么，帮助我们理解阿塔不打折扣、坚决执行恐袭任务的心理过程。从家庭、敌人、日记以及自传中搜集得来的数据是典型的公共记述。"私人"记述更难获得，但它势必会给精神病理相关议题研究和建立心理分析模型带来更多启迪。其中一个例子非常少见且引人关注，那就是 2013 年公布的基地组织高层头目阿布·祖贝达（Abu Zubaydah）[24]的私人日记节选。他的日记记录时间长达 20 多年，正如特里·麦克德莫特（Terry McDermott）[25]所言，这些日记内容的价值超乎寻常，因为它反映出作者参与、"献身"恐怖主义的过程其实相对简单，平淡无奇，我们对他们的能力和决策的复杂性严重高估，认为他们不是"超人"就是"精明的战略投机分子"，其实并非如此。

方法，来源和手段

关于我们如何从特定角度辨识恐怖主义，如何搜集数据并借此建构理论，还有一个基本议题需要澄清。对心理分析来说，这是一个特殊问题，因为认定恐怖主义不适合用传统方法研究，其实是过于保守的估计。

虽然阿布·祖贝达（Abu Zubaydah）的日记很可能继续成为我们独特、稀有的重要数据来源，但人们其实早就开始从恐怖分子的自传式回忆录入手，希望获得解读恐怖主义行为的洞见。[26]普拉金斯基（Pluchinsky）[27]是最早一批通过恐袭揽责公告、战略声明，以及恐怖分子内部通告等材料研究恐怖主义的学者，他们认识到这些途径的重要价值。然而拉波波特（Rapoport）[28]指出，令人震惊的是，传统研究根本不重视这些素材。但是这种情况已经开始改变：比如，阿利森·史密斯（Allison Smith）[29]在其 2008 年的研究中，就曾借鉴社会身份理论构建理论框架，对比分析暴恐组织公布的文件和普通组织公布的文件。

在任何情况下，回忆录都只能作为有限的信息来源，因为总体来说，只有少数人会写回忆录，多数人还是选择隐匿，因为害怕遭到同伙报复或者被安全部队逮捕。埃蒙·柯林斯（Eamon Collins）的自传一度知名度很高。其自传通过图书、广播、电视等各种媒体广为流传，柯林斯本人也被视为一个直言不讳的爱尔兰临时共和军内部的"异见人士"。

1999 年 2 月，柯林斯在南阿马被自己以前的同伙杀害，且爱尔兰临时共和军承认，他们已经实施多次暗杀，要取其性命。

尽管如此，还有很多相对安全的低调办法。或许多数前恐怖分子相信，自我宣传是一种保护方式，可以防止可能出现的威胁，他们以此聊以自慰。阿里·内贾德（Ali Nejad）是 1980 年臭名昭著的伦敦伊朗使馆人质事件中唯一幸存的恐怖分子，据说被拘押后，他还时常在自己的牢房里对反恐人员进行"劝导"。但其他没有服刑的恐怖分子好像并没有这种担心，如凯伦（Kellen）所述，他们不会参与反恐怖主义和反政治暴力的会议并作主旨发言。和柯林斯被害前的做法一致，前爱尔兰临时共和军成员肖恩·奥卡拉汉（Sean O'Callaghan）也经常接受电视和新闻记者的采访。

在上述任何一起事件中，心理学研究者都没能揭示恐怖分子自传的真正意义。寻找所谓的"事实"或验证记述的真伪其实远没有克伦肖（Crenshaw）[30]的建议重要，他建议通过已有记述来辨识恐怖分子共同特征和组织结构。后者才是学科的发展方向。

首要研究

最后一个议题是我们缺乏关键性的第一手恐怖主义资料。考虑到可用于恐怖主义研究的公开资料唾手可得，克伦肖（Crenshaw）警告称[31]，有一个令人忧虑的趋势是：选择"最优方法"的社会科学工作者可能最先脱颖而出，然而真正系统性谋划的研究应当首先找出"问题"。这是阻碍我们利用心理途径探究普通人为何会变成恐怖分子的关键问题之一。针对恐怖主义的心理理论存在的现实问题就是它往往建立在不可靠、未经核实的数据之上，究其原因，往往是因为学者们缺乏"入乡随俗"的勇气和努力。

只有少数的社会科学研究者（包括心理学家），在极其有限的程度上，进行了一些研究，通过那些已定罪的、活跃的（或者那些我们认定十分活跃的）恐怖分子，搜集了一些可靠的数据。此外，还有一些富有创意、很有价值的网上互动的例子，其中最引人注目的莫过于 J. M. 博杰（J. M. Berger）通过推特网与美国出生的恐怖分子奥马·哈马米（O-mar Hammami）的互动。[32]

缺乏亲身参与、介入的原因很多，其中一些可能十分明显。比如，除了几乎不可能亲身参与恐怖运动，官方渠道也几乎不允许研究者掌握太多的敏感信息。本·拉登在巴基斯坦被击毙后，美军从其寓所缴获了大量资料（统称为"阿伯塔巴德文件"），然而迄今为止，美国政府只公开了其中极少的一部分。因此研究者通过手头有限的资料得出的所谓"可靠性"应受到质疑，我们也应当清楚，最好不要利用有限的选择性材料做出所谓"可靠的"推断。

心理学家和其他社会科学学者缺乏对恐怖主义的系统性研究，这与缺乏田野调查不无关系。如果想要找到真相，无论研究材料多么简便易得，哪怕可以获取大量的高质量材料，也不管研究者是否能够得到真正的情报数据，只要研究者欲从犯罪学和心理学角度有效地研习恐怖主义和恐怖分子，就必须和那些直接参与过（无论是现在还是过去）恐怖组织的人见面和交谈。遗憾的是，用这种方式进行的研究少之又少。虽然这并不难理解，学者出于个人安全考虑，不愿涉足这种研究领域，但确实迫切需要用这种方式搜集数据。[33]

亚历克斯·施密德（Alex Schmid）[34]说，"高校应当设立智慧论坛，让学者们可以自由讨论恐怖主义，而不被怀疑是在同情恐怖分子"。这番话道出了许多参与（或希望参与）恐怖主义研究的学者的心声。凯伦（Kellen）[35]强调称，为了更加全面、准确地理解恐怖分子及其行为，仔细聆听他们的言谈可能十分必要，"不管这些话（或者他们的动机）听起来多么罪恶、荒诞"。身为精神病科专家，凯伦说，只要我们和恐怖分子交流时能像精神科医生聆听自己的病人那般耐心、仔细，这种研究方式的优势一定立竿见影。他提到了几点人们不愿聆听的原因，其中之一就是大家觉得对恐怖主义无能为力，除非自己身处某一特定职位，可以通过反恐措施遏制恐怖主义行为；凯伦还说，在面对恐怖主义这样情绪和心理包袱很重的课题时，学者们往往担心自己看起来"过于主观"：毕竟，我们为何不直接毫不留情地谴责恐怖主义呢？

拉克尔（Laqueur）[36]对恐怖主义研究学者的批评更加尖锐，他曾形容精神科专家（连同其他学者）是恐怖分子"最好的伙伴之一"。他还说，这些人自以为"怀揣善意"，比任何人都了解人类灵魂的隐秘，且相信自己富有同情心，可以对"身处绝境中的人们"有同情之理解。除开凯伦的关切，学者们不愿研究恐怖主义的另一原因似乎十分明显：恐怖主义组织不仅非法、危险，而且非常隐秘，此外，它们还有不同手段维护其隐秘性。

采访恐怖分子没有既定程序，但从最近开始（2012 年），一些研究者，包括亚当·多力克（Adam Dolnik）及其他学者开始着手记录、对比恐怖分子各自的经历。[37]少数学者通过这种方式进行研究，得出的结果差异很大，但至少可以证明以下两点：（1）与传统观念不同，与恐怖分子交流是可行的；（2）恐怖主义研究可以在此背景下进行，无须额外投入精力即可得出令人信服的结果。然而，研究者似乎不大愿意关注研究过程本身：如何向受访者提问，如何处理研究及后续过程中的各种相关因素等。

多力克（Dolnik）对比不同学者经历的做法值得称道，它代表着正确方向的关键一步，但我们还有很长的路要走。克伦肖（Crenshaw）[38]指出，从心理学角度来看，即使我们可以采访恐怖分子，这些采访也不大可能如实反映出恐怖分子的动机。如果我们的研究要超越所谓的"描述"，"那么提出合适的问题就和寻找问题答案一样重要"，克伦肖补充道。与此类似，法拉库提（Ferracuti）[39]强调称采访和自传材料必须包含真实动机，它们有可能隐藏在对事实的合理化解释和出于自我美化的重新解读。泰勒（Taylor）和奎尔（Quayle）在其研究中明确承认了这一点，强调采访者要能够避开看起来类似宣传的问题，进行更多基于心理学概念的问话。[40]

我们还要强调最后一点：推动从心理学途径介入恐怖主义研究（因此采访变得十分关键），其成败主要取决于解读的质量。采访可能会误导针对恐怖分子的诊断性解读。[41]此外，学者们滥用采访数据的担忧也情有可原，[42]他们强调有效交流，这种交流不仅存在于学科之间，也存在于学者和政策制定者之间（这一点鲜有人触及）。[43]克伦肖（Crenshaw）[44]指责美国国务院只有在危机管控时才想起反恐专家。换句话说，官员们可能会否认理论的有效性，然而危机一旦发生，他们又会马上依靠理论，希望借此尽快消除影响。

结　论

恐怖主义研究面临着定性、发展和前进方向等诸多重大挑战，许多前沿问题现在看来也都缺乏进展，但这些障碍并非无法逾越。如果想实现理论进步和概念发展，恐怖主义研究者必须学会面对并克服这些困难。尤其考虑到行为科学在理解恐怖主义中的重要作用，上述议题对心理学者来说变得更是至关重要。我们将在第 3 章介绍针对恐怖分子的心理研究。在这一章里，不仅将看到这些理论和方法议题如何影响我们对恐怖分子的惯常认知，而且会发现，由于缺乏本学科内部多角度、多层次、多视角切入恐怖主义研究，其对恐怖主义行为的理解是多么有限。

参考文献

① A. P. Silke（ed.），*Research on Terrorism*：*Trends*，*Achievements and Failures*，London：Frank Cass 2004.

② A. P. Schmid（ed.），*The Routledge Handbook of Terrorism Research*，London：Routledge，2013.

③ A. Lankford，*The Myth of Martyrdom*：*What Really Drives Suicide Bombers*，*Rampage Shooters*，*and Other Self－Destructive Killers*，New York：Palgrave Macmillan，2013.

④ A. P. Schmid and A. Jongman，*Political Terrorism*，2nd ed.，p. 189；also see A. Merari，"Academic Research and Government Policy on Terrorism," *Terrorism and Political Violence*，3，1（1991），pp. 88－102.

⑤ M. Sageman，"The Stagnation of Research on Terrorism," *Chronicle of Higher Education*，April 30，2013. Retrieved on January 30，2014，from：http：//chronicle. com/ blogs/ conversation/2013/04/30/the－stagnation－of－research－on－terrorism/.

⑥ D. C. Rapoport，Introduction，in D. C. Rapoport（ed.），*Inside Terrorist Organisations*，London：Frank Cass，1988，pp. 1－10.

⑦ E. Cairns and R. Wilson，"Stress，Coping，and Political Violence in Northern Ireland"，in J. P. Wilson and B. Raphael（eds.），*International Handbook of Traumatic Stress Syndromes*，New York：Plenum Press，1992，pp. 365－376.

⑧ R. Thackrah，"Terrorism：A Definitional Problem"，in P. Wilkinson and A. M. Stewart (eds.), *Contemporary Research on Terrorism*, Aberdeen: Aberdeen University Press, 1987, p. 31.

⑨ A. H. Miller, Book review, *Terrorism and Political Violence*, 1, 3 (1989), pp. 391 – 396.

⑩ Ibid.

⑪ See especially the commentaries in Silke, *Research on Terrorism*.

⑫ J. Mueller, *Overblown: How Politicians and the Terrorism Industry Inflate National Security Threats, and Why We Believe Them*, New York: Free Press, 2006.

⑬ Wilkinson and Stewart (eds.), *Contemporary Research on Terrorism*, p. xvii.

⑭ R. D. Crelinsten, "Terrorism as Political Communication: The Relationship between the Controller and the Controlled", in Wilkinson and Stewart (eds.), *Contemporary Research on Terrorism*, pp. 3 – 23.

⑮ A. Shapiro, "Just How Many Terrorists Has the U. S. Convicted?", NPR News, February 11, 2010. Retrieved on January 30, 2014 from: www. npr. org/templates/story/story. php? storyId = 123571858.

⑯ R. W. White, "Issues in the Study of Political Violence: Understanding the Motives of Participants in Small Group Political Violence", paper presented at the Future Developments in Terrorism Conference, University College, Cork, March 3 – 5, 1999.

⑰ A. Merari, "A Classification of Terrorist Groups", *Terrorism*, 1, 3—4 (1978), pp. 331 – 346.

⑱ H. H. A. Cooper, "Voices from Troy: What Are We Hearing?", in *Outthinking the Terrorist: An International Challenge: Proceedings of the 10th Annual Symposium on the Role of Behavioral Science in Physical Security*, Washington, DC: Defense Nuclear Agency, 1985, p. 95.

⑲ X. Raufer, "Al Qaeda: A Different Diagnosis", *Studies in Conflict and Terrorism*, 26, 6 (2003), pp. 391 – 398.

⑳ W. Reich (ed.), *Origins of Terrorism: Psychologies. Ideologies, Theologies, States of Mind*, New – York: Cambridge University Press, 1990.

㉑ G. Wardlaw, *Political Terrorism: Theory, Tactics and Counter – Measures*, 2nd ed., Cambridge: Cambridge University Press, 1989, p. 171.

㉒ JM. Post, "Group and Organisational Dynamics of Political Terrorism: Implications for Counterterrorist Policy", in P. Wilkinson and A. M. Stewart (eds.), *Contemporary Research on Terrorism*, Aberdeen: Aberdeen University Press, 1987, p. 307.

㉓ M. Sageman, "The Stagnation of Research on Terrorism", *Chronicle of Higher Education*, April 30, 2013. Retrieved on January 30, 2014 from: http://chronicle. com/blogs/ conversation/2013/04/30/the – stagnation – of – research – on – terrorism/.

㉔ J. Leopold, "Exclusive: Inside the Mind of a Self – Styled Jihadi", Al Jazeera, November 19, 2013. Retrieved on January 30, 2014 from: http://america.

aljazeera. com/articles/ 2013/11 / 19/inside – the – mind – ofaselfstyledjihadi. html.

㉕ T. McDermott, "Abu Zubaydah and the Banality of Jihadism", Aljazeera, December 19, 2013. Retrieved on January 30, 2014 from: http: //america. aljazeera. com/opinions/ 2013/12/abu – zubaydah – counterterrorismnationalsecuritystate. html.

㉖ M. – B. Altier, J. Horgan and C. N. Thoroughgood, "In Their Own Words? Methodological Considerations in the Analysis of Terrorist Autobiographies", *Journal of Strategic Security*, 5, 4 (2012), pp. 85 – 98.

㉗ D. Pluchinsky, "Terrorist Documentation", *Terrorism*, 14 (1991), pp. 195 – 207, 241 – 252.

㉘ Rapoport (ed.), *Inside Terrorist Organisations*, p. 1.

㉙ A. G. Smith, "The Implicit Motives of Terrorist Groups: How the Needs for Affiliation and Power Translate into Death and Destruction," *Political Psychology*, 29, 1 (2008), pp. 55 – 75.

㉚ M. Crenshaw, "Questions to Be Answered, Research to Be Done, Knowledge to Be Applied", in Reich (ed.), *Origins of Terrorism*, pp. 247 – 260.

㉛ M. Crenshaw, "Current Research on Terrorism: The Academic Perspective", *Studies in Conflict and Terrorism*, 15, 1 (1992), pp. 1 – 11.

㉜ J. M. Berger, "Omar and Me", *Foreign Policy*, September 16, 2013. Retrieved on January 30, 2014 from: www. foreignpolicy. com/articles/2013/09/16/omar _ and _ me # sthash. dqJisZXO. dpbs.

㉝ J. Horgan, "Interviewing the Terrorists: Reflections on Fieldwork and Implications for Psychological Research", *Behavioral Sciences of Political Aggression and Terrorism*, 4, 3 (2012), pp. 195 – 211.

㉞ A. P. Schmid, "Defining Terrorism: The Response Problem as a Definition Problem", in A. P. Schmid and R. D. Crelinsten (eds.), *Western Responses to Terrorism*, London: Frank Cass, 1993, pp. 7 – 13.

㉟ K. Kellen, "Ideology and Rebellion: Terrorism in West Germany", in Reich (ed.), *Origins of Terrorism*, pp. 43 – 58.

㊱ W. Laqueur, "The Futility of Terrorism", in Elliott and Gibson (eds.), *Contemporary Terrorism: Selected Readings*, pp. 285 – 292.

㊲ A. Dolnik, *Conducting Terrorism Field Research: A Guide*, London: Routledge, 2013.

㊳ Crenshaw, "Questions to Be Answered", p. 248.

㊴ F. Ferracuti, "Ideology and Repentance: Terrorism in Italy", in Reich (ed.), *Origins of Terrorism*, pp. 59 – 64.

㊵ M. Taylor and E. Quayle, *Terrorist Lives*, London: Brassey's, 1994.

㊶ Crenshaw, "Questions to Be Answered", p. 248.

㊷ Ibid.

㊸ C. McCauley, "Terrorism, Research and Public Policy: An Overview", *Terrorism and Political Violence*, 3, 1 (1991), pp. 126 – 144.

㊹ Crenshaw, "Questions to Be Answered", p. 247; also see especially McCauley, "Terrorism, Research and Public Policy"; Merari, "Academic Research and Government Policy on Terrorism"; P. Wilkinson, Foreword, "Terrorism: An International Research Agenda?" in Wilkinson and Stewart (eds.), *Contemporary Research on Terrorism*, pp. xi – xx.

第3章 恐怖主义心态

引 言

2002 年 10 月，印尼巴厘岛两处人气酒吧发生爆炸，202 人丧生。时年 41 岁的机修工阿姆鲁兹·本·努尔哈希姆（Amrozi bin Nurhasyim）是最早被定罪的袭击者之一。听到自己的判决时，阿姆鲁兹转动座椅，朝向法庭的旁听人群，竖起双手的大拇指，开心地笑着，随后以胜者的姿态举起拳头挥舞。现场的媒体摄影师纷纷按下快门，阿姆鲁兹随即被称为"微笑的炸弹袭击者"。很多人谴责阿姆鲁兹肆意狂妄，但另一些人则在努力理解他的反常表现。时任巴厘岛警察总长的梅德·巴斯蒂卡（Made Pastika）将军回忆起他的反应时，直言："这些人都是疯子。"①

任何时候只要我们试图解析这些极端或反常行为，就势必会面临一系列艰难挑战。或许最困难的就是，我们只能意识到眼前所见的一连串彼此关联的活动、事件的终端，而往往只有到事后才恍然大悟：这些事件彼此联系的方式有其目的和意义。虽然我们看到的媒体报道多是经过淡化处理的，但恐怖袭击造成的财产破坏和人类伤痛无以言说，它们甚至已经戏剧化，在我们脑海里留下深深的印记。

进一步讲，每当试图理解有关作恶者的一切情况时，我们常常不由自主地纠结、沉浸在这种戏剧性中。正是在这点上，我们陷入了心理学家所谓的根本性归因错误。这是一个常见的现象，我们基本上倾向于用性格特点（比如人的个性：他们是什么样的人）来解读其行为，而往往将情景特点作为自己行事的主因（比如"我那晚所在的公司决定了我的行为方式")。

这种看似简单的偏见其实在很多方面影响着我们对恐怖分子的理解。只关注恐怖事件的结果会让我们对恐怖分子及更广义的恐怖主义过程产生扭曲的认识。正是基于此，我们可能会下意识地认定，恐怖分子的行为多半植根于其病态的心理。病态心理的组成反映的仅仅是标准评价，但是用心理学术语来讲，病态行为往往伴随着心理失调、苦闷等，至少暗示着当事者情绪不稳，状态虚弱，身心都受到不利影响。然而，为了理解恐怖主义令人发指的行为及其背后的作恶者，我们往往倾向于用"心理病态"解释一切，比如我们常说："他们肯定心理变态"或者"他们一定是疯了"。

出现心理疾患的说法容易理解，因为它貌似很有道理，让我们容易接受，而且可以解释很多极端行为。当然，这也必然模糊情与法的界限，让我们不确定他们是否应当为其恐怖行为负责。考虑到恐怖分子制造的恐袭事件影响力广泛，且多带有政治企图，我们很难接受上述推定（恐怖分子的极端行为多由精神疾患导致）。

对一些分析家来说，有确凿的恐怖主义心态或绝对的恐怖主义人格类型，就是上述推定的反映。尤其需要指出的是，这种推定更多地反映出历史影响而非与现实相关。找寻恐怖分子的性格特征是 20 世纪 70 年代末及 80 年代恐怖主义心理研究的主要特点，然而最近一场卓有成效的辩论向人们暗示，我们不能不加思考、无条件地接受基于少量被俘恐怖分子得出的经验性研究结果，并将其推广至更广大的人群。这场辩论肇始于 2012 年，米拉利（Merari）和其他学者就在押恐怖分子的心理特点（及其重要意义）在《冲突与恐怖主义研究》（*Studies in Conflict and Terrorism*）杂志上展开激烈论辩。2013 年，辩论战火重燃，兰克福特（Lankford）②暗示，如果我们认定自杀式袭击者本身就有自杀心理倾向，他们就容易理解多了。

20 世纪 70 年代，人们普遍将恐怖分子视为某种心理病态或精神异常。然而到了 20 世纪 80 年代和 20 世纪 90 年代，完全否认上述观点又成为主流，而且是在没有必要证据证明其可信度的情况下。相反，其他一些事情替代了早先强势的特征化。通过更加细致入微的努力，学者们发现，虽然我们无法用特定性格类型来刻画恐怖分子特征，但人们大多会对其行为做出类似"诊断"。在此类文献中，自恋和偏执恐怕是人们通常会找到的描述恐怖分子特点的高频词汇。如今看来，大部分此类研究都已过时，甚至连当代恐怖主义研究者都对其知之甚少。早先研究获得的经验最终从当代恐怖主义心理研究中消失，说明我们对恐怖主义心理研究的现状存在颇多问题，顾虑重重。当然，忽视这些先前的努力，我们就要自担风险。

恐怖主义与心理病态

在职业环境下，法庭心理学家和临床心理学家频繁和心理病态行为者接触。心理病态患者的行为具有特定的、可观察的一贯特点，但贯穿几乎所有层面的典型特征就是他们不愿服从社会或团体规范。并非所有的心理病态患者都会实施暴力行为，但暴力通常是他们易冲动、富有攻击性心理的发泄途径。如果有兴趣找出恐怖主义和心理病态的相同点，我们发现两者都缺乏对自我行为的反思、悔恨感和负罪感，其自我本位的世界观使其无法真切关心他人的福祉。

表面看来，人们很容易将心理病态和恐怖主义联系起来。毕竟，恐怖分子是故意实施破坏，造成伤亡和苦痛。更令人气愤的是，他们大多都主动承认罪责，且声称他们的行为不仅正义，而且必要。更猖狂的是，他们宣称如果自己的要求（无论多么不切实际）不能被满足，类似的恐怖行为就还会发生。恐怖分子及其支持者频繁地淡化事态、对受害者遭受的苦痛轻描淡写，企图逃避罪责，这种行径往往会引起公愤，受到民众一致谴责。恐怖分子逃避个体责任，声称受害者死亡源自"不幸"，随后，针对一系列外部事件，他们会将最终责任不偏不倚地推卸到反对派或政府高官身上，并试图通过比对表明"无论我们干了什么，你们干的都比我们更恶劣"。这种比对让幸存者很难接受，而他们不愿承担责任的做法更让人受伤。

人们有理由相信，蓄意参与恐怖行为的人（无论在何种层次）肯定患有某种精神异常。恐怖暴力的许多具体案例（如斩首、酷刑拷问等）

好像可以贴上心理病态的标签。尽管如此，反对这种特征化的声音关注的还是参与恐怖主义人员的不同特点。为了完成类似行动，恐怖组织要求其活跃分子必须发挥一定功用。在早期对恐怖分子的心理描述中，库珀（Cooper）[3]提出"真正的恐怖分子必须摆脱心慈手软，要通过坚定的信仰或退回自我疯狂的内心世界，练就一副铁石心肠"。库珀称，要达到这种状态，恐怖分子要么需要有极度封闭的内心，要么需要在一定程度上与现实隔绝。然而直到1981年，针对恐怖主义的主流评论仍旧坚称[4]：心理病态是恐怖分子最突出的特征。

尽管如此，从大体上讲，精神病态说的接受度还是相当有限（虽然时不时也有人对此持相反意见）。很少有证据能支撑这一论点：恐怖分子无论来自何种背景，他们都可能（或应该）被视为精神病态患者。当然，例外总是可以找到，但这仅仅是例外。为了佐证这一论点，我们最好找一些恐怖分子生活的真实案例。库珀（Cooper）认为真正的、带有政治目的的恐怖分子非常顽固，而且独来独往。[5]这确实不假。如果没有必要对恐怖分子的个人动机进行评论的话，我们很难信心满满地宣称部分恐怖分子的个人和社会生活确实存在心理问题，有许多关于恐怖分子生活的论述，也从不同的侧面论证了这一点。亚历山德罗·奥尔西尼（Alessandro Orsini）在2009年和2011年对前意大利的恐怖组织展开的研究强调，恐怖组织成员必须承受"双重生活"的考验。一个恐怖分子回忆："如果你打算实施他们要求你做的，你就必须对自己狠一点。这意味着你得给自己制定规则；从每天起床开始，你就要有铁一般的自律。"[6]

恐怖组织的成员手册或许和其他大多数需要内部成员做出庄重承诺的组织的成员手册一样，里面均有要求其成员与组织形成长期、单一关系的内容，这些内容本身就很重要，可以帮助成员提升等级，并实现其组织目标和意图。心理病态患者常常伴有近乎偏执的自我中心主义，这与恐怖分子头目和恐怖分子招募者要求的性格特点格格不入。动机强烈、坚守承诺、纪律严明，面对压力仍能专注任务、忠诚可靠，敢于直面可能的被捕和囚禁——这些还只是招募中恐怖分子头目关注的部分性格特点（我们将在后续章节详细讨论招募环节）。

在完成了一次与前恐怖分子头目的采访后，泰勒（Taylor）和奎尔（Quayle）[7]节选了下列话语："你们所谓的心理病态患者其实非常少见。即使有，他们也会鹤立鸡群，人人都能发现。"这种教科书式的评论反映了对恐怖主义运动的组织关切，这一观点同时也是好几位学者斥责恐怖分子心理病态论的有力逻辑基础。面对持续的艰苦恶劣条件，信守忠诚、坚持自身对意识形态或社会目标的庄重承诺不动摇，这是成为隐秘暴力组织合格成员的必要条件。大家务必要记住一点，这将有助于我们理解相关恐怖分子的动力机制：恐怖分子的受害者通常是随机选择的，挑选他们纯粹基于象征意义（如美国公民、"西方人"、酒店客人、飞机乘客、马拉松观赛者、游客、未执勤的士兵等）。当我们将这种受害者选择模式与心理病态的杀人者做对比时，我们发现两者的性质截然不同：前者致力于实现更为宏大的意识形态愿景，而后者多受各种复杂多变幻想的影响，个人因素占比很高。[8]通常情况下，恐怖分子的行为与其特定的受害者关系不大。比如通过使用爆炸这种类似的中介渠道，有意将自己与受害者拉开距离，正如泰勒（Taylor）[9]警告的那样，恐怖分子可能根本没有直接造成他人伤亡的个人经历。

那就是说，其实很少有恐怖分子能成功地做到使自己和自己的行为完全隔离。正如库珀（Cooper）[10]所称，实际上鲜有恐怖分子从自己造成的伤害中获得满足感。凯伦（Kellen）[11]曾就这方面严肃批评了恐怖主义研究者，他指出，这些研究者从来没让恐怖分子为其所作所为感到羞愧。当然，一些恐怖分子的确有过悔恨，我们手头也有证据可以证明。凯伦有一点说得不错：仅仅基于恐怖分子的行为和任务而将其视为精神异常其实忽略了一个重要过程：加入恐怖组织后，个体的恐怖分子身份让他们变得残忍，并逐渐养成了孤注一掷的性格。

赫斯金（Heskin）[12]有不同的见解。他指出，我们使用"心理病态患者"这个标签实际上是有问题的，而且前后不一致，这与我们使用"恐怖分子"这个标签简直如出一辙。他还坚称，我们无法理性地区分恐怖分子的行为和那些意在引发冲突的组织的行为。出于相同原因，在研究恐怖暴力时，我们经常将"心理病态患者"用作贬义（尤其是当感性的媒体和政府在回应惨无人道的恐怖主义暴行时）。"心理病态患者"或者

"心理变态"这种术语（就像"恐怖分子"一词）也广泛应用于其他形式的暴力：尤其参战士兵的暴力行为。然而在类似环境下，即使面对暴行，我们也更喜欢使用完全不同的术语，就像我们在使用"恐怖主义"一词时也会不时地进行委婉表述。

还有另一种前后不一致，虽然性质稍有不同，但对于了解恐怖主义心理分析偏好十分具有启示意义：即在没有临床医学诊断的情况下，主导心理病态诊断的方法常常和我们的判断相左。例如，凯伦（Kellen）[13]坚称胡狼卡洛斯（Carlos the Jackal）是个心理变态，其依据就是卡洛斯的自我陈述以及在采访中反复强调的自己的"丰功伟绩"。此外，据思尔克（Silke）所述[14]，皮尔斯坚持心理病态说主要基于二手资料，如恐怖分子的自传、传记及其媒体采访等。有一次，皮尔斯甚至仅仅因为一个人身上有文身，就认定他心理病态。那么，倘若我们结合已有的关于恐怖主义行为的认知：即不能天真地奢望通过一种性格描述就能确认恐怖分子，那么学者们持有上述观点也就不足为奇了。

或许，一旦真正有机会可以在临床条件下观察恐怖分子（经受正统心理调查分析的严苛考验），我们也许能够得到一些证据，证明至少一小部分鹤立鸡群的恐怖分子是有心理问题的。考虑到某些活动的性质，加上我们有证据表明，拥有暴力性格特质的人员仿佛更容易被选中执行一些特殊任务，上述情况很有可能。考虑到一些大规模运动涉及的人数，这种情况就更容易出现了。尽管如此，我们依然很难找到证据证明心理病态是恐怖组织的心理特征之一。尽管这个话题颇具吸引力，但我们不能仅仅因为恐怖主义行为残暴可恨，就将恐怖主义运动视为由有病态心理的个人构成的组织，也不应想当然地认为恐怖主义团体大体上喜欢招募有心理病态倾向的个体。

恐怖主义性格特征

与病态心理的行为研究类似，如今，许多研究者已经开始将精力和重心放在研究恐怖主义行为和那些可以被视为特殊性格类型典型特点之间的异同，后者有一系列既定特征，据称在各种恐怖主义组织中均有不同程度的表现。很大一部分现有研究支持以下论点，即恐怖分子不一定心理病态，但他们至少在心理上异于常人，或许在性格类型或亚类型上与普通人不同。

归根结底，这种观点源于 19 世纪犯罪学的一个重要流派：实证主义。最初提出实证主义是为了对抗犯罪分子有自由意志的说法，这种说法认为作恶者也有自由意志，可以决定自己的行为，暗示他们决定参与犯罪活动是经过了深思熟虑和理性判断：他们认真考虑过其参与犯罪产生的预期结果和被捕后面临的严刑峻法孰轻孰重。另外，这看似不容置疑的"实证主义"暗示，超越自由意志范围以外的影响因素为我们提供了一种更明智的途径来审视犯罪分子。实证主义者指出，通过观察生理、社会和心理因素（基因、环境和性格）及其排列组合，就可以找出这些影响因素。当然，也许有人会说，通过心理途径研究犯罪行为本身就属于实证性质，这种方法自然也适用于用心理学来理解恐怖分子的动机。

尽管针对恐怖分子的这种特殊形式的一些心理研究已经过时（大部分甚至十分陈旧），但其作为一种严肃的学术研究已延续多年，其结论也多源于对当代文献进行类似分析。以上两点表明我们有必要详细研究这个问题，以利于得出相关结论来审视其真实性和总体价值。

1981 年，在联邦德国内政部的资助下，好几名研究者共同合作，进行当时最大规模的恐怖分子研究工作，该研究小组受命对 227 名恐怖分子展开研究。[15]一些恐怖分子头目被认定具有典型的外向型人格，突出特点是其行为倾向于"不稳定、无拘束、不计后果、以自我为中心、情感冷漠"[16]。据该研究小组称，另一种恐怖分子头目则是心怀敌意的神经质患者，他们"拒绝批评、不容异议、多疑、兼具进攻性和防御性"[17]。以下是克伦肖（Crenshaw）对研究的分析：[18]

> 博林杰（Bollinger）是前联邦德国研究小组的一名成员，他发现自己访谈的一部分恐怖分子完全被暴力吸引——博林杰将其归结于无意识的进攻性动机。恐怖组织是长期进攻性人格倾向的排遣渠道，这种人格倾向常常植根于青年时代与继父的冲突。迷恋暴力也可能是父亲（或父权式人物）暴力行为结出的恶果（其中有好几人

就实实在在经历了暴力行为）；这是对作恶者的认同。然而，雅格（Jäger）并没有找到对暴力所持态度的统一模式，既没有模棱两可，也没有吸引迷恋。一些个体早先对进攻性深恶痛绝，他们十分清楚有必要为自己的行为找到合法的理由，对这些行为的局限性也心知肚明。

同一小组的研究人员都难以达成一致，这的确令人吃惊。更值得注意的是，尽管研究结果五花八门，具体案例的细节分析显示，联邦德国恐怖分子们源自的社区群体生活竟然出奇地表现出一致性。[19]

塞尔沃德（Sullwold）（研究小组的另一成员）的最初发现与自恋特征有关，这一发现后来由同事博林杰（Bollinger）继续发展，再后来又在 20 世纪 80 年代和 20 世纪 90 年代得到其他学者的进一步详细阐述。[20]克伦肖（Crenshaw）[21]探讨了德国研究带来的结果，强调某些情感缺失会蒙蔽自恋者，使其无法正视自身行为带来的负面影响。根据克伦肖（Crenshaw）对研究结果的分析，那些有自恋倾向的人或许对压力的忍耐度也较高。[22]博斯特（Post）[23]也支持德国同行们的研究成果，并提出（简述如下）：

> 拥有特定性格个性的个体更容易受恐怖主义蛊惑。很多恐怖分子有一个共同特征：外化倾向，喜欢为个体不足寻找外部原因。博林杰（Bollinger）也发现，在恐怖分子身上有与自恋边缘人群类似的心理动因。尤其令他感到惊讶的是自恋引发的伤痛史，它会直接导致自尊缺失和其他性格缺陷。博林杰（Bollinger）访谈的恐怖分子还展现出自恋和边缘人格（即人格分裂）。他发现恐怖分子习惯于割离自身的低价值部分，并将其臆想投射在现有机构体制上，转而将该机制视为自己暴力挑衅的目标。

方法问题减弱了先前大部分研究成果的效度和力量。这不仅源于大部分恐怖分子不愿与研究者见面（因为此类研究多由国家委派组织），还由于"地方政府当局"多不愿与研究者们合作。[24]仿佛上述情况还不够棘手，克伦肖（Crenshaw）还提醒我们，事实上，研究者们采访的是"疑似"恐怖分子，后者或已经被捕或正在接受审判，但尚未被定罪。

由于和社会科学研究者的访谈无法获得法律保护而免于公开，研究者们甚至可能被传唤至法庭为某些案件作证。

同时，以爱尔兰为背景，赫斯金（Heskin）指出[25]，也许可以根据不同类型的人格构建来描述恐怖分子的特征。他宣称意识形态和组织结构倾向保守的涉冲突组织（无论是警察力量抑或恐怖组织），更容易吸引某一特定类型的人群。赫斯金通过证据发现，武断专横的个人对外来群体更具攻击性。他说，这可以帮助我们理解为何特定类型的人群容易受恐怖主义蛊惑，而其他人则不会。赫斯金暗示，独断专行是爱尔兰恐怖分子的共同特征。当然，赫斯金的这番假设后来并未得到实证研究的支持。[26]

在 1992 年的一篇评论中，弗里德兰（Friedland）[27]总结概括了以性格为导向和以心理病态为导向的两种恐怖主义解读：

> 比如，这种解读坚称，转向恐怖主义可能归咎于糟糕的育儿方式。另一方面，古斯塔夫·莫夫（Gustav Morf）则坚信，拒绝父权及其价值在制造恐怖分子上扮演着举足轻重的角色。罗伯特·弗兰克（Robert Frank）注意到，洁癖盛行的国家往往恐怖主义盛行。彼特·博杰（Peter Berger）将恐怖主义行为归因于个体从绝对献身、坚守承诺、自我牺牲以及强加他人痛苦和死亡身上得来的成就感和权力感。

到 20 世纪 90 年代早期，这种解读的流行度已开始逐步减弱，弗里德兰（Friedland）的总结得到了其他文献的印证。沃尔特·赖希[28]（Walter Reich）记述了好几个类似的简单化例证，其中一些具有很高的历史价值，比如龙勃罗梭（Lombroso）认为，维生素缺乏症（尤其是糙皮病）会导致患者"扔出炸弹"。精神病学专家大卫·哈伯德（David Hubbard）提出，耳功能障碍可能是恐怖分子的常见问题之一。最令人印象深刻的莫过于保罗·曼德尔（Paul Mandel），作为一名生物化学家，在研究了伽马氨基丁酸和血清胺（gamma - aminobutyric acid and serotonin）对实验鼠暴力行为的抑制作用后，他将自己的实验发现推广到了恐怖主义领域。

弗里德兰（Friedland）[29]总结道，这些理论都认同一个观念：政治性恐怖分子都心理异常或心理变态。此外：

> 无论基于先验还是实证理由，类似理论的有效度都可能受到质疑。有些理论，比如博杰（Berger）提出的理论，就在逻辑上陷入了循环论证。另外，由于多数理论都是由单一的核心命题推论得出，因而其预言功能就大打折扣。例如，许多人都曾在特定年龄阶段拒绝过父权价值，但也仅有微不足道的少数投奔了恐怖主义。至于实证支撑，迄今为止，也找不到有力证据证明恐怖分子就是变态、疯狂或属于特殊的人格类型。

总的来说，尽管几乎所有学术努力都表明：（1）恐怖分子身上有心理异常（如果有，说不出什么原因，更不用说它在恐怖分子个体发展中所起的作用）；（2）恐怖分子存在特定的"人格类型"。但类似论述都鲜有例外地孱弱，缺乏说服力。

那就是说，如果我们可以更迅速地搁置肤浅论述，对于恐怖分子心理的三种特征画像在多年前就会在相关文献中站稳脚跟。这些理论强调：（1）挫败感—攻击性；（2）自恋（以及自恋—攻击性）；（3）心理动因影响。

挫败感—攻击性假说

弗里德兰（Friedland）明确表示，他对指向恐怖分子心理特征的还原主义论述持批评态度。他勾勒并审视了有助于我们解读的多种因素：首先，是什么造就了相应条件，使人们希望实现社会变革的运动；其次，这类运动后来如何和为什么转向暴力；再次，为何这种暴力活动随后常常升级。弗里德兰（Friedland）描述了少数族群面向社会和政治冲突的运动特征，及其后续由于他们所处的不利社会地位（无论是现实的还是想象的）以及冤屈迟迟得不到解决，他们逐渐开始转向暴力（尽管不一定都是如此）。这种模式的各种变形受到各方评论者的普遍欢迎。[30]

根据狄特玛（Tittmar）[31]的观点，我们可以借助最流行的对攻击性的心理阐释［即挫败感—攻击性假说（FAH）］来解读恐怖主义。该假说最初由伯科威茨（Berkowitz）[32]提出，指的是个人或团体目标实现途径被堵塞之后的回应。对这种否定的回应往往是"斗争抑或逃离"：要么有防御性、进攻性动作；要么毫无回应（即物理上或心理上逃离，或试图漠视问题，或通过言行不一弱化其重要性）。

虽然弗里德兰（Friedland）[33]认为这种解释"十分具有说服力"，但各式批评仍然将矛头指向了这种模式。法拉库提（Ferracuti）[34]批评了这种心理学方法以及挫败感—攻击性假说的种种衍生观点[35]，其理由是：

> 这种方法把问题从社会领域转移到个人心理，对恐怖行为的动机仅有肤浅解读。另外，该理论在其偏好的领域反复着墨，但却未能解释那些虽然身心受挫，却依然远离恐怖主义的个体，也无法解释那些为自身行为深感"忏悔"的恐怖分子。[36]

为了更好地解读恐怖主义（切记，这种假说最初是用来解释个体暴力的），仿佛不少学者都对挫败感—攻击性假说（FAH）进行了顺应调整，但他们很少注意到，针对个体的理论转向群体应用时应该进行必要调整。[37]米拉利（Merari）和弗里德兰（Friedland）[38]后来也坚称，即使有人证实了它与社会动荡的相互联系，这些观点也仅能用于解读恐怖主义，因为他们注意到"现在还无法判定社会动荡通过何种方式催生出恐怖主义"。

弗里德兰（Friedland）自己也注意到，好几位学者批评了用挫败感—攻击性假说解读恐怖主义的做法，理由是理论本身的有效度就存疑（即在个体语境下），更不用说将理论从个体语境迁移到群体语境了。法拉库提（Ferracuti）也注意到了这一点。据弗里德兰（Friedland）称，一位社会科学家认为，挫败感—攻击性假说（FAH）之所以经久不衰，可能是由于它本身就比较简单。狄特玛（Tittmar）试图证明这种理论完全可以应用于考察恐怖分子动机，但这些努力仅仅基于对某一恐怖分子单个个案（通常是不成功的）的归纳总结。

无论针对个体还是群体，挫败感—攻击性假说（FAH）及其衍生观点〔如最初由格尔（Gurr）[39]提出的相对剥夺假说（relative deprivation）〕都只能作为效度有限的分析工具。就连弗里德兰（Friedland）自己组织的针对挫败感—攻击性假说（FAH）和相对剥夺假说（relative deprivation）的讨论最终都不得不回到原点问题：考虑到"挫败感"给社会某些"特权人群"带来的影响冲击（如上文所述，除开被剥夺权利的公民：恐怖分子），为何只有极少数人投身恐怖主义？[40]

康波夫（Kampf）[41]也提出了类似假说，强调称恐怖主义和极端暴力对"知识分子"和"富家青年"有吸引力，他们也有改变社会的魄力，而这些多源于冲突不断的社会环境带来的挫败感。据康波夫（Kampf）称，正是这些因素诱发恐怖主义和极端主义。[42]

信息严重缺失的讨论和二手分析大行其道，用一些不系统、不可靠的成果发现对单个恐怖分子反复解读。面对上述不利环境，当我们试图解释从群体运动到恐怖主义的一系列社会现象（以及个人参与恐怖组织、成为其成员，随后进行恐怖暴力活动），我们不应满足于现状，而是要清楚，挫败感—攻击性假说（FAH）只能用于解读特定类型的恐怖分子，即那些贫穷子弟。不仅如此，即便对于这项规则的例外，即那些"富家子弟"或"知识分子"，如上文暗示，我们又被迫重新回到"内心倾向说"，只不过这种说法前景并不理想。进一步讲，即使这种研究的目的并非借助心理学概念进行归纳总结，我们也清楚上述研究的界限被一推再推，远远超过了其解释力的范围，走入了赖希（Reich）[43]一再警告的雷区。理论阐释的边界（更不用说解读）如果有，就必须清楚。此外，我们都必须毫无偏见、不遗余力地鼓励延伸讨论并将现有研究成果扩展至更广阔的应用环境。

自恋和自恋—攻击性

自前联邦德国研究小组提出"自恋"观点之后，将"自恋"视为恐怖分子核心动机的观念就一直很流行。[44]这种观点的支持者理查德·珀尔斯坦（Richard Pearlstein）[45]称：

> 自恋可以被视为一套心理分析导引、冲动和行为模式。与关注客观外在相反，这种模式完全或绝大部分受自我意识控制。自恋也可以被看作一种行为方式，通过这种方式，个人与外部客观世界发

生关联，并完全或绝大部分依靠后者的潜在能力，为个人提供足够的自我肯定、自我满足或自我补偿。自恋应该被定义为一种内化的心理调节工具，能够保护个人免受损毁和伤害。

珀尔斯坦（Pearlstein）将自恋—进攻性理论视为挫败感—攻击性假说（FAH）的合格继承者，他列举了15条与自恋相关的参考文献作为支撑主题，解释人们为何会转向恐怖主义。珀尔斯坦（Pearlstein）后来做出让步，称这些数据只包含针对这种特殊相互关系的粗略建议。[46]此外，珀尔斯坦（Pearlstein）的研究分析明确暗示了自恋的存在，他没有引用任何清楚指明自恋以及类似特点不存在的文献（无论是实证研究还是其他类型研究）。这种理念其实在早期时间框架中就在临床上广受认可。[47]珀尔斯坦（Pearlstein）总结道，这些来自外部的心理因素或政治恐怖主义的源头看来好像就是所谓自恋受挫或自恋失望。[48]他声称，在90%的政治恐怖分子个案研究中，自恋失望在其心理记录中扮演着关键角色。[49]

心理动力学解释

尽管如泰勒（Taylor）所言[50]，人类行为的心理动力理论仿佛已经日薄西山，在心理学中地位不断下降，且总体来讲，它已逐渐被实证主义研究方法取代，但在针对恐怖分子的心理分析上，这种说法并不准确。心理动力学的源头始于西格蒙德·弗洛伊德（Sigmund Freud）的著作，其核心观点是：一系列潜在的无意识欲望深刻影响着（若不是完全主宰着）人类行为。弗洛伊德相信这些欲望肇始于未解决的或真实或虚幻的孩提时代的冲突。在1988年的一篇评论中，泰勒（Taylor）言辞犀利地批评了多种心理动力学导向的理论，这些理论植根于恐怖分子的恋母情结和恋父情结，完全是对心理动力学理论粗制滥造的解读。据此，他还抨击了长期以来阴魂不散，而且很有市场（以人数论，可能是最流行的）的"恐怖分子性格"论。[51]

凯伦（Kellen）[52]是第一批明确强调心理动力学理论适用性的学者之一。在考察了前联邦德国恐怖分子汉斯—约阿希姆·克雷恩（Hans –

Joachim Klein）之后，凯伦（Kellen）写道：

> 克雷恩（Klein）自己并未意识到，他与权威展开斗争其实是因
> 为潜意识里他在和自己的父亲斗争。克雷恩很清楚自己恨父亲（他
> 曾说"我再也不会把那个男人称为'父亲'"），但他可能没有认识
> 到，自己对现有秩序的反抗和对手的奋力抵御其实正是这种父子争
> 斗的持续和延伸。

为了进一步支撑自己的论点，凯伦（Kellen）指出克雷恩后来幻想
破灭，继而意识到群体暴力的残忍，最终选择退出。凯伦（Kellen）称
克雷恩可能算不上一个"合格的恐怖分子"，这与早先库珀的讨论不谋
而合，库珀认为"合格的恐怖分子"至少应当具备对残忍破坏行为全身
心投入等必要潜质。研究者们称从政治意识上看，克雷恩并非完全癫狂
入迷。凯伦继续写道，"他好像完全是一个由无意识动机支配行为的人，
只知道向仇敌疯狂施加苦痛和破坏——在他看来，敌人就是现今的既成
权威，即一种父权式人物"[53]。凯伦（Kellen）还将他与胡狼卡洛斯
（Carlos the Jackal）进行了对比，但开始就承认，自己并未从卡洛斯的
言语中找出端倪，认定后者有一种类似克雷恩的"无意识杀父冲动"。[54]
据称，卡洛斯曾有一次将父亲描述为"残忍而有力"。

其他研究者也或多或少，或明显或含蓄地将心理动力学理论的元素
与自己的研究结合。[55]部分研究者持续关注的另一个焦点是"身份确认过
程"或"身份识别过程"，这个过程植根于心理动力学理论（尽管这方
面对严格的弗洛伊德式观念关注不多）。在主流心理学中，埃里克·埃
里克森（Erik Erikson）[56]提出了一种性格理论，这种理论暗指，"身份"
（及很快之后"反身份"）的形成对性格发展至关重要。埃里克森指出，
儿童的成长发展要经历一系列危机，只有一个一个克服，才能形成统一
完善的人格。埃里克森认为，倘若不能妥善处理这些孩童时代的冲突，
它们后来会演变成各种心理问题。

在这方面，珀斯特（Post）和卡普兰（Kaplan）不谋而合，他认为
恐怖分子的心理动机无一例外地与个人属于某一群体的归属感紧密相连
（任何团体均可，当然如果机会出现，恐怖组织亦可）。因此，对于恐怖

分子来说，群体对于身份形成和个人权威培养都起着举足轻重的作用。[57]据珀斯特假说推论，随着组织内人际关系的发展和恐怖分子操控的意识形态和战术战略升级，这种作用会进一步加强。

克伦肖（Crenshaw）[58]和泰勒（Taylor）[59]都认为，身份确认过程或许可以应用到恐怖主义领域。克伦肖（Crenshaw）[60]在解读埃里克森理论针对恐怖分子动机的应用时，描述了这一过程：

> 在身份形成阶段，个人会寻求意义和一种完整感，以及埃里克森所谓的"忠诚"：这是一种对自身以外的人或物及其功用怀揣信心的需求。于是，意识形态就成了身份的护卫者。埃里克森进一步指出，地下政治组织经常利用年轻人的忠诚需求以及那些信仰对象被无情剥夺的人内心的"怨气"。身份危机（当个体发现很难自我定义时，就会感到生活意义模糊、碎片化和充满矛盾）使得一些青少年易受宣扬确定性的"极权主义"或极权主义群体身份影响。在这样的群体中，遭遇烦恼的青年人不仅可以找到身份认同，还可以收获对他们自身困境的阐释以及对未来的承诺。

这种解释正好契合心理动力学理论框架。因而它已被联邦德国研究小组应用于对德国恐怖分子的分析，随后，纳特森（Knutson）[61]又将其应用到针对美国恐怖分子的研究中。

尽管如此，身份识别过程（就其现状来看）在理解恐怖分子心理动机方面仍属于效用有限的工具。造成这种现象有好些原因，不单单是由于恐怖分子自己的记述并不认可由上述途径归纳得来的意见和建议。一个更精密复杂的身份模型，一个意识到需要将各层次分析整合起来的模型，可能才更有益。尤其是考虑到我们应努力理解为了回应自身世界和外部变化（如全球化趋势），恐怖分子如何在自我意识中进行身份建构和发展。然而，对那些批评心理动力学视角的人来说，另一些相关的实用议题包括：心理动力学理论的循环逻辑问题；他们声称的特殊知识；以及考虑到理论发展和假说测试，面对当代心理学界反复的合理要求，他们仍不愿分享自己理论的标志性做法。

毫无疑问，回顾起来（尤其通过查看自传式来源），的确有一些案例好像十分契合这种身份模型。在这些案例中，家庭影响成为涉恐的重要因素。但是尽管这种方法使人们更加关注家庭的作用，其在帮助理解恐怖分子个体发展方面仍然效用有限，心理动因解读在这方面作用也不大，相反只能使现有的关于恐怖分子心理的清楚知识更加模糊。心理动力学理论试图推动一种新的解读，支撑所谓恐怖分子行为的"特殊心理"，然而这些解释往往模糊而宽泛，没有太大的预测价值。

恐怖分子行为的"正常性"

在一篇更为详细的评论中，思尔克（Silke）[62]辩称，"即使是该领域最严肃的研究者，至少也会在名义上赞同，恐怖分子本质上是正常个体"。总体来讲，这番言论还是有研究证据支撑的：那些举证证明缺乏"不正常"的证据；那些举证证明"一切正常"的证据；以及那些现成的有说服力的针对不正常行为（包括暴力行为）的解释。这最后一点指的是犯罪学和犯罪心理学的发展趋势，即广受认可的理论与新发现：强调情景因素对暴力行为的影响，[63]尤其是为何参与极端行为（如激进主义，通常暗指采纳极端态度和价值观的比例不断增长，甚至亲自支持和参与极端暴力行为）不一定非要在实证主义理论化及其设想下就"心理特殊性"展开讨论；也没有必要过度依赖假想中所言特殊心理特点和性格所起的作用。

首先，可以找出大量证据佐证该立场，即恐怖分子并非如该领域其他心理研究暗示的那样，拥有典型的人格特质。古斯塔夫·莫夫（Gustav Morf）[64]是最早涉足恐怖分子心理研究的学者之一，在其对恐怖分子的研究中，并未观察到或记录下恐怖分子典型的人格特征。另一位德国精神病专家郎士（Rasch）[65]在研究了 11 名恐怖组织成员后，也得出了类似的结论。郎士指出，这些成员没有任何妄想症表征，也没有心理病态、狂躁症或其他心理或精神类疾病。他还特别强调，倘若真的发现类似"疾病"，也必须在严格的科学研究范畴内对其进行分析：此类研究不仅要求方法恰当，还要求数据准确、解析到位。麦可利（McCauley）[66]以更加准确的方式重申了这一点："这并不是说恐怖分子中不存在心理病态，只是表明至少从可诊断心理病态的水平看来，他们跟拥有类似年龄和背景的控制组的发病率并无二致。"

科拉多（Corrado）[67]也回顾了研究恐怖分子的几种方法，这些方法无一例外地宣称依靠心理病态或人格缺陷来解读恐怖分子，但科拉多却没能发现系统、可靠的证据来佐证这样的观点。

意大利的恐怖组织也不大像心理病态的候选者。恰好相反，正如杰米森（Jamieson）[68]所述，那些和意大利恐怖分子有过正面接触的人是最先否认恐怖分子是嗜血暴徒这种说法的。杰米森这样描述一个典型的意大利恐怖分子："他心思缜密，所有想法都势必经过细致分析和反复推理才能成形。对他来说，一切都必须用政治眼光审视，而且关键在于要时刻做好准备。"他其他的特点还包括：智慧超群、开放包容和慷慨大方，有时候甚至有些爱出风头。杰米森注意到，把意大利恐怖分子统一划归特定的心理学或社会学范畴的尝试往往会以失败告终。考虑到杰米森经年累月与该组织成员密切接触，她的观察结果十分具有参考价值。几十年后，奥尔西尼（Orsini）再次研究了相同案例，其于 2009 年得出的更为全面的研究结论再一次证实了杰米森的发现。[69]

在迄今或许最好的针对恐怖分子人群的严格抽样控制研究中，精神病专家里昂斯（Lyons）和哈宾森（Harbinson）[70]所做的调查有一定的代表性，他们通过对北爱尔兰 47 名"政治动机谋杀犯"和 59 名"非政治动机谋杀犯"进行对比，发现有政治动机的凶手多来自稳定家庭背景，他们遭遇的足以引发心理波动的变故要比"普通罪犯"少得多。事实上，昂斯（Lyons）[71]得出了以下结论：

> 这些人并非心理变态。怀有政治动机的杀手通常智力正常、精神稳定。他们没有显著的心理问题或精神疾患，也不滥用酒精。他们并不感到悔恨自责，因为他们将自己的职业合理化了，认为自己是在为正义事业而战。一般来说，有政治动机者并不愿意和精神病医生见面。他们觉得自己没有问题，不过他们还是非常合作。

据莱德（Ryder）[72]描述，一位名叫菲利普·麦加里（Philip McGarry）的心理咨询师也得出了类似的结论："事实证明，他们总体上都是十分普通的人，大多数并没有精神疾患。"艾略特（Elliott）和洛哈特（Lockhart）[73]在其研究中向我们展示：尽管与自身政治—经济背景极为相称，青少年暴恐分子（广义来讲，包括那些犯下恐怖主义相关罪行的人）智力水平较高，接受过更多教育，且鲜有证据表明他们有早期发育问题，他们的前科甚至比普通青少年罪犯还要少。

如果将心理病态和其他心理异常因素斥为对复杂现象的简单解释，且声称它们多数逻辑不畅（如心理病态论），那么读者就有足够的理由提出疑问：为什么这种解读能在恐怖主义文献中长期大行其道[74]，为什么这种对恐怖分子特征的简单描述长期无人提出异议。

前后不一造成的积重难返

尽管证据一直显示恐怖分子心理正常，但低质量研究却一直暗示他们心理异常，加之其他五花八门的解读随处可见，恐怖分子心理正常的观点自然就如我们所料，未能渗入个人心理学文献和当代研究。尽管学者们在此类文献回顾中纷纷表达过担忧，但毫无掩饰地用心理病态解读恐怖主义的记述还是在新近的研究文献中大行其道[75]。在最近关于自杀式袭击者的特征描述中，这种说法又卷土重来，甚嚣尘上。[76]我们应仔细考虑如何理解这种积重难返。

法拉库提（Ferracuti）[77]试图从社会精神病学视角审视恐怖分子和恐怖主义，他注意到，关于恐怖分子动机的主流解释还是人们广泛接受的暴力和死亡愿景。但在对他们进行了仔细观察后，法拉库提陈述道：

> 他们中很少有严重性格缺陷患者。一般情况下，他们表现出超强的抗压能力，无论是身处秘密组织还是长期身陷囹圄。除此以外，他们还展现出良好的组织和团体协作能力，能够互相支持，开展适当行动，宣扬传播其价值理念。

虽然法拉库提的研究发现（尤其是上述引言）经常被用于佐证恐怖分子的"正常心理"，但这些成果仍需要就其明显的内在冲突进行仔细考察。凯伦（Kellen）[78]自己仿佛并未着手处理前后矛盾，但他援引法拉库提研究成果这样来描述右翼恐怖分子的心理:"即使他们没有明显的心理病变征兆,他们的基本心理特征也反映出一种专制型极端主义人格。"这种人格的典型行为包括:"对权威模棱两可、摇摆不定""观察力弱、漏洞百出""对自身行为造成的后果冷漠无感""破坏欲强""顽固坚持暴力亚文化价值观"等。法拉库提自己坚称,他的研究成果显然"不言自明":因为右翼恐怖主义十分危险,这不仅归因于其意识形态,还源自其不可预测性和由于心理病态导致的破坏欲。[20]因此,尽管恐怖分子并没有明显的心理病变征兆,他们肯定还是有些"不正常":通过一套特殊、限定性的特征行为,可以从心理上明确地将他们和非恐怖分子区分开来。法拉库提关于恐怖分子心理的观点令人迷惑,缺乏清楚的概念论述,以下因素可以解释为何会出现这种情况。

首先,法拉库提显然既不愿把恐怖分子描述为完全"正常"(即无法通过突出标志进行特征刻画),也不愿把他们描述为完全"不正常"。追究起来,这种不情愿多半是现今使用的无效语言的反映:人们常说恐怖分子看起来"基本"正常。这样看来,意大利恐怖分子正好处在两者的灰色地带:他们的行为模式"反映出"一种性格类型,然而法拉库提不愿意说这是一种专制性极端主义人格。恐怖分子被划定为"不同",因而并非特别"不正常"。但法拉库提基于和恐怖分子相关的"意识形态""不可预测性"和"破坏性",提出其研究结论不言自明。通过这种提法,他好像在暗示:成为右翼恐怖分子本身就意味着有些"心理病态"。当然,这需要仔细考量以下方面:法拉库提在研究中暗示,随着加入暴恐组织时间的延长和对团体理念认同度的加深,恐怖分子的残暴程度也日趋加强。

从理念上讲,法拉库提的观点使人们对衡量恐怖分子性格特点的作用产生怀疑,尤其是当这些经过权衡得出的"特点"(它们需经过实际衡量,而并非仅仅暗示)被用于考察人们为何会卷入恐怖主义时。尽管法拉库提早期的研究得出结论,暗示恐怖分子在心理上和非恐怖分子不同,然而他也指出,虽然那些精神失衡、心理病态的个人容易被恐怖组织利用,但恐怖组织更感兴趣的,还是招募"正常"的恐怖分子,即那些认知健全、头脑清楚的个人。尽管这暗示他认同没有令人信服的证据表明恐怖分子精神异常，但法拉库提没有放弃的论点是，"恐怖分子"还是或多或少在心理神经或心理病理方面与常人不同。[80]尽管如此，法拉库提的观点最多能在更准确地分辨恐怖分子类型，以及找出这些区别背后可能的心理含义方面助我们一臂之力。（我们将在两章之后回到这个话题。）

虽然考虑到总体上针对恐怖分子的可控心理研究数量相对较少，然而研究中确实存在的概念不清问题还是让人触目惊心。以类似结论为基础，继续支持和发展上述言论，可能是非常危险的误导行为。自然，这会使随后的讨论变得异常困难，也会使针对类似研究结论的解读更加灵活（然而针对上述研究，这不一定有帮助）。

或许对此类研究最初的观察就是其出现的年代。这些争论在 20 世纪 80 年代早期便风行起来：考虑到社会科学的整体情况，这并不反常，但在恐怖主义研究看来，这完全属于另一个时代。法拉库提、凯伦和库珀为当代的恐怖分子心理推测奠定了早期基础。他们得出结论称，恐怖分子要么是全疯，要么是半疯（时不时疯），要么是近乎疯狂。同理，恐怖分子要么有独特的性格，要么"几乎有"独特的性格。

随着关于"独狼式"恐怖分子的研究日益系统化，我们在解读有关这些恐怖分子的个体行为时最好慎之又慎。在 2012 年针对 119 名"独狼"进行的研究中，吉尔（Gill）、霍根（Horgan）和德克特（Deckert）发现[81]，他们中 31.9% 曾有精神病史或性格异常。作者们进一步澄清说，上述大多数例子中，这些人在实际涉足恐怖主义之前，就已被确诊有精神问题。我们还需要额外更加细致的研究，来进一步确定这些精神问题的确切性质，以及它们在这些恐怖分子暴力活动发展中所起的作用（如果有的话），还要弄清这些研究发现是否仅适用于"独狼式"恐怖分子。

凯伦像库珀和法拉库提一样，并非完全信服自己的观点，但只有通过对其原作的直接分析（而不是那些忽略重要细节的二手评论），才能得出这种看法。实际上，我们应该清楚，二手解释引发的各种问题，昭示着一些完全不同的新问题。有时，原有研究存在的矛盾非常明显：当凯伦满足于将一些恐怖分子描述为心理病态患者时，他对其他观察者却持批评态度，因为后者从未提及恐怖分子其实也为自己的所作所为深感悔恨。[20]这再一次说明人们不愿囿于研究者的现有框架，认定恐怖分子有固定特征，这种观点其实还有模糊和争议之处。令人沮丧的是，我们现在还不清楚这个问题是否最终预示着我们将要面对深层次的方法、理论和观念障碍。

然而清楚的是，这种矛盾让大多数个人针对恐怖分子心理的早期研究蒙上了阴影。仿佛像"什么是恐怖分子""谁是恐怖分子"这样的问题还不够棘手一样，研究者们又在什么条件构成"不正常"，什么条件不构成"不正常"，以及实证主义解释能否对该领域进行合理解读等问题上产生了分歧：因为学者们考虑到既没有可辨认的共同性格特征，又找不出恐怖分子和非恐怖分子的相似之处（还不算总结研究发现和理论推测引出的其他议题）。

我们在第2章曾经提及，方法问题非常重要，因为这可能是研究者之间彼此争论得以最终解决的唯一办法。比如，尽管某位当代学者可能不同意其他学者的理论立场（或反之），但他可能只是轻描淡写地将其归结为解读问题。然而上述一些"精神失常"的归因和部分实证主义理论化并未建立在第一手资料的分析上，这才是不可回避的严峻问题。我们希望当代科学心理研究可以解决这个问题。基于被后续研究者推定为恐怖分子"特点"的某些特征，一些学者试图进一步发展联邦德国研究小组的成果发现（后者目前只具有一定历史价值），但正如我们在本章开篇所述，沿用精神病理学模式，套用其逻辑，不顾矛盾和缺陷，这种研究努力可能不会取得太大进步。但这或许可以帮助我们澄清为何有必要展示并遵循本章稍前所述"心理病态"讨论的简单逻辑，虽然我们可能一开始就对这个观点本身并不认同。值得一提的是，安德鲁·思尔克（Andrew Silke）[23]旗帜鲜明地反对珀斯特（Post）和其他学者，因为他们"一方面随意地承认恐怖分子没有'显著的'心理病态，一方面又见风使舵（如珀斯特），力图寻找一些'轻微的'心理病态形式"。

利用新近获取的数据毫无限制地重新解读早先的研究发现并进行传播，这种做法其实很少顾及这些数据使用的原有环境。虽然历史研究已得出清楚结论，建议我们对相关文献进行系统的、分析性的（并非仅仅描述性的）回顾，但对那些找寻证据试图证明"正常"或"不正常"

的文献来说，这种回顾显得几乎没有意义，因为有些这类评论直接就用同一研究的论点去佐证自己的观点（可能并非十分明显）。

思尔克（Silke）将类似解读描述为：

> 具有十分危险的误导性。他们提倡的观点认为恐怖分子在某些心理方面不正常，但要他们进一步提出临床上可确认的性格异常，他们又显得踟蹰不前。结果，除了让恐怖主义染上一点病态气味，这种做法对研究毫无帮助。㉞

思尔克推测类似方法：

> 已经把个体恐怖分子的心理放在一边，不管不顾。大多数评论者都拒绝认同恐怖分子心理失常的观点（尽管一直有投机性研究者重提这个观点）。与此相反，比较普遍的看法是恐怖分子确实在某些细微的方面异于常人。

"恐怖分子性格"研究遭遇的困难

对暗指恐怖分子具有心理病态的研究和有关恐怖分子心理的实证主义倾向研究，泰勒（Taylor）㉟持批评的态度，他以概念、理论和实际经验为依据，强调这种解释很有吸引力，并指出类似解释背后的简单逻辑："事实上，我们甚至可以提出，恐怖主义行为的本质为妄想症这一观点为其他心理异常表达提供了绝佳的载体。"后来，思尔克（Silke）㊱在针对同一证据的评论中也强调，使用诸如"反社会、自恋和偏执型人格"对研究者们颇具吸引力，这些文献将恐怖分子行为描述成具有非正常人格的典型特点，因为人们一致认可的结论是："观察者必然无法注意两者明显的平行关系。"同样，这种分析带来的一个显著的危险是，一些不符合"恐怖分子心理正常"的例外常被用作支持上述论点的有力证据。

泰勒警告称，这些针对恐怖主义的多种心理解读十分具有吸引力，因为大家得以对复杂的情况进行貌似简单的分类。然而，我们也可以提出，通过对恐怖分子心理讨论得出的话题，其实和利用心理特点解读恐怖分子成因的做法并无直接联系。相反，通过解读相关特点的有效性（如果这些特点确实存在，且经过适当记录和甄别），该议题与恐怖分子成因的相关性会更加清楚。这即是当今为恐怖分子"画像"面临的主要困难之一：如何在确认某些共同特点后将其合理应用于实际目的。人们在这方面意识不强，或者完全没有意识到。

这种批评之目的在于质疑研究的性质和方向，希望可以借此鼓励研究者能把精力更多地放在容易出成果的领域，或者说，至少可以让他们清楚我们以上描述的概念的用途和局限性。在当代心理研究中，通过向个人提问，心理测量评估可以系统地确认和衡量个性特点。据此，布莱克本（Blackburn）[87]称，这种方法可以厘清行为观察的错综复杂，将其化解为容易分类的"行为类型"（即行为特点）。

想要引领研究潮流，就必须接触恐怖组织。想要基于可量化的心理测量特点（无论是恐怖组织之间还是恐怖组织内部）得出任何结论，接触恐怖组织也十分必要。这里有两个重要议题：一是认清恐怖主义研究真正匮乏的东西，二是布莱克本（Blackburn）提醒我们注意的，有关心理学家用于测量特质的预测效用，尤其是在当今研究的背景下（这些研究暗示某些类型的人比其他人更容易被引入恐怖主义）。

在具体情景下，用性格特点来预测行为准确性不高。布莱克本对此回应称，看似相同的性格特点在重要层面其实并不相关。[88]我们不能指望通过性格特点预测单一事件的发生，也不能从单一行为反应中引申出性格特点。相反，一般的观点是，经历时间和情景考验的各种社会和情感个性特征都具有一定稳定性。[89]然而，这种简单设想并未很好地应用于针对恐怖主义的心理分析。米拉利（Merari）和弗里德兰（Friedland）[90]提出了一个重要概念，与上述议题密切相关。他们总结称，基于性格的恐怖主义研究，其本质就是要继续反映：

> （临床导向的分析）这些分析通常只在少量案例中进行，然而通过它们得出的结论却往往被过度概括。进一步讲，即便能够确认恐怖主义性格的一些共同特征，由于可以预见的不可逆性，将类似信息转移到学术解读的努力也会受到阻碍。也就是说，恐怖分子拥有某些共同特征并不意味着，拥有这些特征的个人一定会成为恐怖分子。

2010 年，米拉利（Merari）^⑪重新回顾了自己的早先研究，对 15 名未遂的自杀式炸弹袭击者和 14 名招募者进行了社会—人口统计和心理评估，并将他们和控制组中 12 名已被证实犯有多种恐怖主义罪行的人员进行对比。他发现：

- 与控制组人员相比，自杀式炸弹袭击者完成高中学业的比例更高；
- 控制组人员多数经济情况不佳；
- 报道称控制组人员宗教信仰程度不深；
- 自杀式炸弹袭击者往往在正式任务之前就会多次参与暴力活动；
- 与控制组人员和招募者相比，自杀式炸弹袭击者多属于回避—依赖型人格，有自杀行为和抑郁倾向；
- 招募者通常比自杀式炸弹袭击者和控制组人员年长。

然而，另一个关键问题与环境和时机密切相关，即未遂袭击者身上的抑郁和自杀倾向究竟是出现在他们参与暴恐活动之前，还是由参与这些暴恐活动（以及随后的失败）导致的。当然，更清楚的是米拉利（Merari）发现的与招募和灌输极端宗教思想过程紧密相关的运作机制。

- 从招募到分派任务的时间跨度约为 40 天。
- 在行动开始 24 小时内，影像声明就已制作完毕。
- 部分未遂的炸弹袭击者称，任务开始当天他们内心压抑，心理矛盾。
- 招募者对其招募对象有不同的个人喜好，但大家都认可其最终决定要考虑到行动方案。
- 招募者对这些潜在的炸弹袭击者都是进行单个招募。
- 集体讨论在培训潜在的炸弹袭击者精神方面发挥着关键作用。
- 招募者对炸弹袭击者的家庭及其对行动过程的看法十分警惕。
- 最后的遗愿及宣誓影像的核心功用是增强决心并宣传其主张。

为了建立单一的，或更宽泛的恐怖分子分类学或类型学，学者们已经做出了许多努力，我们对此并不惊讶。研究者们更为广泛的努力包括基于所谓普遍动机和特定团体的社会经济背景建立起来的分类系统。^⑫上述普遍动机据称可以使个人或团体为了政治变革而采用恐怖主义手段。汉德勒（Handler）提出了一个经过改良的，针对美国左、右翼恐怖分子的"恐怖分子画像"，他注意到，尽管证据简便易得，而且来源甚广，但没有学者通过努力将其整合概括，得出一个统一的确定性结论，找出参与这两种极端主义政治组织有何不同。⑭针对美国左、右翼恐怖分子，汉德勒为我们提供了一个著名的社会经济画像，声称联邦德国在1981—1982年的研究最为重要。据汉德勒称，努力建立类似画像会使我们获得更强大的洞察力，更好地理解这些组织如何架构，领导质量和层级背景特点之间的差异，甚至性别的重要性等。

1977年，罗素（Russel）和米勒（Miller）⑮的合作研究可能是世界上最早的试图给单个恐怖分子画像的研究，他们将"典型的"恐怖分子描述为：

> 很可能是男性，单身，年龄在22岁到24岁，有一些有读过大学的经历，多半就读人文学科。他可能来自中产或社会上层家庭，很可能在大学时代被招募进入恐怖组织，读大学时他可能接触过某些极端思想。

十年之后，史坦兹（Strentz）⑯向学界展示了针对20世纪60年代和20世纪70年代美国和国际极端组织的更为详细的人口统计画像，以及一些地区的恐怖分子的画像。他很快提醒我们，那些在其分析中极具细节的数据应被视为颇具历史意义：因为他们展示的是恐怖组织过往的情况。大多数画像倾向于针对某个具体组织，然而随着恐怖分子个人公开渠道信息的爆炸式增长，对单一恐怖分子画像也有复苏的趋势。2013年，基于广泛的公开渠道数据，并经过仔细挑选，吉尔（Gill）和霍根（Horgan）⑯公布了1200名爱尔兰共和军恐怖分子的社会资料和可操作性背景资料。他们对此关注的首要出发点其实并非展示爱尔兰共和军成员的画像资料，而是强调迫于外部压力（包括反恐行动）和各种内部、外部功能的变化，被招募者的条件画像会随之改变。在同一年，唐·拉斯勒（Don Rassler），克里斯蒂·费尔（Christine Fair）⑰和他们的一些同事共同为西点反恐中心（Terrorism Center at West Point）制作了一本详尽的调查报告，详述了 917 名恐怖组织成员的画像资料。报告还提供了 1994—2007 年该组织招募成员时所用的详尽的准入数据。最后，同样在 2013 年，来自亨利·杰克逊协会（Henry Jackson Society）的艾米莉·戴尔（Emily Dyer）和罗宾·辛考克斯（Robin Simcox）在对 171 名于美国境内获罪的基地组织恐怖分子展开研究之后，得出了以下结论[98]：

- 95% 的作恶者为男性。
- 57% 的恐怖分子在犯下罪行时还未满 30 岁。
- 54% 与基地组织相关的罪行其实是由美国公民犯下的，他们位于全美 26 个不同的州。
- 36% 与基地组织相关的罪行其实是由出生在美国的人犯下的。
- 52% 的恐怖分子有大学教育的经历。
- 23% 的恐怖分子接受过本科甚至研究生教育。
- 44% 的恐怖分子在参与恐怖袭击时有正当职业。
- 28% 的恐怖分子无业。
- 24% 与基地组织相关的罪行是由那些原本是基督徒，后来皈依伊斯兰教的人犯下的。

事实上，我们可以把所有人口统计画像都视为展示特定类型的恐怖主义运动在特定阶段、特定组织中特定个人的表现。对那些希望获取其他信息的人来说，人口统计画像对其帮助不大。但它或许可以帮助我们进一步巩固我们的论点，即画像必须基于行为分析，而不是展示恐怖分子可能像什么样子。[99]

泰勒（Taylor）[100]认同，应当仔细反省针对恐怖分子的任何一种多元画像的效用。这种效用主要取决于对恐怖组织同一性的假设，源于接受基于数据库的结论：恐怖分子有统一特征。当然，有数不清的恐怖组织案例（不单是泰勒用来和罗素、米勒的画像做对比的例子）与我们从上述案例（即 18 人恐怖组织）得出的特点大不一样。这一点清楚地暗示画像的使用范围有限，此外，从本章的许多讨论中可以发现其效用也得到了凸显。布莱克本（Blackburn）也提醒我们，为了理解行为，围绕特征效用的这些议题既有概念性也有经验性。[101]然而，弗里德兰（Friedland)[102]并不认同在此条件下个性特征的有效性，他总结道，对于把恐怖分子行为归咎于个性特点或心理病态的批判并不意味着先天心理倾向与恐怖组织产生和恐怖行为爆发没有任何关系［麦可利（McCauley）陈述过相同观点，见前文］。这反过来会支撑另一些观点：比如认为心理动机可能会影响恐怖分子采用的特定形式的战术（如劫持人质或实施暗杀），而不是像我们原本推测的他们有意识地做出决定，成为恐怖分子。[103]

恐怖分子并非总是受心理因素驱使去实施恐怖主义，即便是某些特定类型的恐怖主义。在辨别哪些因素（心理的还是战略的）对恐怖主义影响更大这件事上，我们需要将更多注意力集中在战略逻辑上（有时相对复杂）。这场争论不一定要在"心理"或"战略"两者之间做出非此即彼的选择，并借此来解读恐怖主义。无论是从个人的心理的角度，还是从集体的战略的角度，恐怖主义仿佛都有一套理性的步骤和过程。

试图区分上述两个方面可能传达出人们的误解，即心理视角如何补充来自其他学科的观点（或反之）。我们很容易从恐怖分子的自述中观察心理和战略维度，在第4章中，我们会看到更多的证据。

然而，一个关键主题在此刻出现了：各层各级分析的融合变得愈发困难。尤其是当我们考虑核心人格在当代恐怖分子解析中重要作用的可能时，这种困难显得更加突出。可是，多数研究者依然选择无视这个问题，且令人遗憾的是，个性特点和心理问题（如果并非失常）被人为弱化，降低到与其重要性毫不匹配的普通变量的水平。

对于试图从整体上解读恐怖主义的论述，泰勒（Taylor）[104]以及泰勒（Taylor）和奎尔（Quayle）[105]都直言不讳地进行批评。泰勒的这些努力旨在建立一种兼容并蓄的恐怖主义理论，但可能正是由于坚持这种维度，他们最终未能取得成功。泰勒辩称，总而言之，现有关于恐怖主义的心理学论述都还只是"常识性介绍"，充满了"宽泛的概念"，在实际研究中很难转化为具体的心理学概念。[106]他注意到，类似解读缺乏具体性，没能讲明为何很少有人暴露于假想的"恐怖主义生成条件"，但他们最后都成了恐怖分子。

现有方法希望通过个人心理途径理解恐怖主义，然而学者们关于其有效性的一个重要质疑是，人们对恐怖主义的丰富多样性认识不足。大家依然强调对恐怖主义行为的简单化思考，焦点依然集中在个人，并不鼓励我们考量其全盘策略或愿望。这进一步凸显了我们有必要把对各项议题更加细节的分析和恐怖主义自身的复杂多样性结合起来，这种看法也证实了我们需要对个体恐怖分子和恐怖组织进行基于具体环境且更加细致的个案研究（甚至提出这种研究应先于对比研究，且从心理角度进行）。

当文化因素纳入考量时，关于多样性的争论也得到了支持。我们清楚的是，西方分析家对原本存在的社会、文化和其他相关差异知之甚少，而这些差异其实对许多议题，乃至西方研究中出现的各类解释都有重要意义（他们尤其坚信这种设想可以指导研究，甚至达到不容置疑的程度）。

据米拉利（Merari）和弗里德兰（Friedland）称[107]，上述情况从理论上暗示，由于恐怖主义的多样性，我们没有令人信服的合理证据，可以推定不同恐怖组织之间有许多共性。这种多样性可能也会导致我们无法就恐怖主义本身产生的原因得出一个理由充分、逻辑严密的心理学理论。[108]

定义的理念问题在这方面并无帮助，但我们就恐怖分子行为达成的理论（无论何种形式）必须切合并能够解释恐怖主义的多样性和恐怖分子动机的多元化，后者常被恐怖分子自己用作申辩的借口。研究者们须认识到，多样性是一个分布范围广泛且方兴未艾的主题，不仅存在于各种恐怖组织，其他团体内部也是如此。这或许也是促使我们在心理学背景下针对恐怖主义从历史、传记和自传方面研究的最有力的理由。

结　论

本章提及的一些论点暗示，关于恐怖分子心理的早期研究开始得相当不易。仔细研读早期相关文献，我们发现，指向恐怖分子心理异常的各种研究，其质量和严肃性存疑，这些研究多基于本身就站不住脚的经验、理论或概念。然而，对于研究和分析领域的多数人来说，这并不能消解他们一直以来认定的一种可能：恐怖分子（在某些情况下甚至是恐怖分子支持者）在心理上异于常人或存在"特殊情况"。但遗憾的是，由于缺乏针对恐怖分子活动的纯粹性基础研究，尤其是缺乏心理学的研究，我们可能很难对这种观点提出直接挑战。

针对这些差异的阐释，一些非常清楚，另一些则十分晦涩。由于对该议题的概念和实践均不清楚，我们对"变态"这一术语的理解和使用并不到位，从而导致对相关议题缺乏确定性，这着实令人悲观。尽管如此，同样值得我们注意的是，来自心理学的贡献者们并未系统阐释围绕特质测量效用的相关概念。只有认识到法庭心理学家布莱克本（Blackburn）提出的关切之后，针对恐怖主义的心理研究才被重视。比如，心理学家希望概括并描述个性特点与恐怖主义之间的相关性和用途。从广义来讲，任何"恐怖主义的个体心理"都可能是恐怖主义及其复杂过程研究的绝好素材，通过这一过程，一些人被引诱进入恐怖主义团体。

至此，我们很有必要总结一些基本观点：

从个性特点角度解读恐怖主义（尤其是在个人层面）不足以让我们理解人们为何会深陷恐怖主义。有一点可能非常明显，但我们还是有必要说清楚。即仅凭心理阐释不足以解释人们为何会转向恐怖主义（尽管事实可能正是如此），因为考虑到其或明显或隐含的重要性，"个性观点"这一议题在这种情况下应当尽量孤立。虽然"挫败感—进攻性"假说（包括其用于解释恐怖分子行为的隐含观点）及其衍生观点已经进入一些恐怖主义政治科学领域，但当代心理学认为其涉及的一些概念的落实问题依然存在，我们不仅要认识到这个问题，更要着力解决这个问题。

仅凭个性特点不足以理解为何一些人成为恐怖分子，而另一些人却没有，或者更普遍地讲，为何人们会加入恐怖组织。这和第一点并非完全一致。我们常常过分强调"需求实现"立场，这个立场的内在吸引力及危险恰好和上述提法相关。出于相同的理念原因，我们可能也会批评其他基于个性特点的研究途径（以及在这种研究途径背景下涉及的个性类型和特点解读），这些假说都容易受到类似关切的影响。在当代主流心理学看来，特质理论不应强求包罗万象，力图解释所有行为。因此当这种模式应用于解读恐怖主义时，我们也不能犯相同的错误（虽然对于外行来说，恐怖主义行为好像彼此孤立、并不复杂），将来为个体恐怖分子画像时，我们也应将其牢记于心。理想条件下，恐怖分子画像应当以人口统计学方式提出，抑或以心理"类型"提出，而不以实际行为的特征化提出，这是值得我们认真思考的问题。长远来看，包含行为分析的画像（参与恐怖主义的人真正"做"了什么，而不是他们"像"什么）在侦查、管控恐怖主义方面可能更加有效。

现有针对恐怖主义的解释以个性特点为切入口，试图找出原因阐释为何一些人成为恐怖分子，而另一些人却没有（其他所有情景因素被预设为与此类似）。这种解读面临着许多概念、理论和方法论问题，使其不仅弱化为有争议的假说，而且暴露出其内部缺陷：思想前后不一，显示出对基本心理学概念缺乏理解。第 4 章我们就会看到，这可能就是为什么我们必须区分人们"为何"成为恐怖分子和他们"如何"成为恐怖分子的相关问题。任何职业选择问题（不管是恐怖分子、会计、医生还是其他职业）从本质上讲其实都无法回答，这些问题往往都和许多乖僻怪异的偶然性因素紧密相连。尽管如此，要考察和描述相关过程的发展，我们需要从发展过程着眼，而不是依赖那些暗示恐怖分子有这样那样特点的理论。

陈述以上观点并不一定是为了评论个性或动机心理理论的实质，而是为了对一直以来的恐怖分子个体心理研究的总体效用及其对未来研究的政策性导向（如恐怖分子画像）提供概念和理论借鉴。至此，我们得出的最积极的结论是：恐怖分子性格研究如果要继续（实际情况可能正是如此），我们至少应该意识到它的种种局限，以及这些局限对现有研究工作造成的损害。只有这样，我们才能找准以恐怖分子个性为焦点的研究在恐怖分子总体分析中所处的位置。

从更务实的角度来看，至今尚没有足够针对恐怖分子的具体个案研究来支撑心理分析以及对相关文献的全面回顾。以至于通过支持一般性观点（本章未涉及）来评估有关文献的努力都受到指责，认为其过于概括，过分依赖源于民间智慧的观点［声称因为部分恐怖分子（未来的或实际的）看起来"十分正常"，就据此推定所有恐怖分子都是正常人]。对于那些不熟悉纵向分析必要性背后逻辑的人来说，通过横断面分析对比进行概括（更不用说归纳我们设想的"成员身份"）是一个危险的陷阱。而纵向分析要做的是考察单一事件一段时期内的变化，确认是否有重要变化发生，如果有，进一步研究这些变化如果发生，为何发生。

社会心理研究中出现的一些问题（如首要影响），凸显了针对恐怖主义进行纵向研究的必要性。了解一个人需要时间和许多互动，而且通常第一印象是影响最大、最持久的。因此，田野调查中与恐怖分子的稀疏会面会在很多方面对调查者本身产生微妙影响，这些影响或许连他们自己都没有意识到。当恐怖主义研究者第一次就遇到相对"正常"的恐怖分子时，他们今后就很可能先入为主地对其他恐怖分子形成较为积极的印象。

这个提法很关键，因为将个性因素应用于理解和解读恐怖主义本身（实证主义路径）的重要性和关注度正在遭受威胁。至少，它提出了类似努力的有用性等相关问题。围绕恐怖分子早期心理解释产生的大部分理念混乱，尤其是类似理论的范围界定不清。我们也无法知晓上述途径在解释力方面是否有差别。在我们看来，他们在既定能力目标上过于追求概括全面，试图在解释人们为何参与恐怖主义的同时解读恐怖主义暴力的发生。实际上，未能正确理解并尊重恐怖主义的复杂性也是造成上述现象的原因之一。正如本节讨论所示，在恐怖分子"恐怖人生"的两个重要阶段（参与恐怖主义并深陷其中），各种具体过程可能是其特点之一。遗憾的是，除了少数例外，恐怖分子研究文献并未反映这一点。

最后，尽管其普及率略有上升，迄今为止，本章考察的大部分个人心理文献的一个重要特征就是其时代性，这也是恐怖主义研究者们经常引用的地方。如果心理学要在跨学科研究领域扮演更重要的角色（在这种领域中，跨学科研究方法不是锦上添花，而是势在必行），我们就应在研究恐怖主义复杂性（及其暗含的种类复杂性）时，在各个前沿保持清醒头脑，更加系统地探索政策制定者和普通大众关注的一些迫切议题。否则，不仅无助于我们理解恐怖主义，还将有碍于心理学对这个复杂问题的终极解读和贡献（如本章视角所述）。"9·11"事件后，部分心理学研究文献（幸好并非全部）再一次试图修正恐怖分子必定"心理不正常"的观点，虽然这种做法并不值得鼓励，但他们的研究方法值得细细斟酌。

通过从多重视角提出不同问题，将研究焦点转移至其他议题，并暗示新研究会得出新结论等，后续章节将对前述研究方法提出挑战。此外，我们将在随后章节研究恐怖主义的系列议题——从如何理解涉入恐怖主义，到参与恐怖主义活动，再到完全脱离恐怖主义。

参考文献

① British Broadcasting Corporation, "The Third World War: Al Qaeda", television program, broadcast on February 24, 2004.

② A. Lankford, *The Myth of Martyrdom: What Really Drives Suicide Bombers, Rampage Shooters. and Other Self - Destructive Killers*, New York: Palgrave Macmillan, 2013.

③ H. H. A. Cooper, "The Terrorist and the Victim", *Victimology*, 1, 2 (1976), pp. 229 - 239.

④ R. R. Corrado, "A Critique of the Mental Disorder Perspective of Political Terrorism", *International Journal of Law and Psychiatry*, 4, 3 - 4 (1981), pp. 293 - 309; also see H. H. A. Cooper, "What Is a Terrorist: A Psychological Perspective", *Legal Medical Quarterly*, 1 (1977), pp. 16 - 32; H. H. A. Cooper, "Psychopath as Terrorist", *Legal Medical Quarterly*, 2 (1978), pp. 253 - 262; H. H. A. Cooper, "Whither Now? Terrorism on the Brink", in J. D. Elliott and L. K. Gibson (eds.), *Contemporary Terrorism: Selected Readings* (Gaithersburg, MD: International Association of Chiefs of Police, 1978), pp. 269 - 284; F. J. Hacker, *Crusaders, Criminals, Crazies: Terror and Terrorism in Our Time* (New York: W. W. Norton, 1977); C. Hassel, "Terror: The Crime of the Privileged - An Examination and Prognosis", *Terrorism*, 1 (1977), pp. 1 - 16; K. Kellen, *Terrorists: What Are They Like? How Some Terrorists Describe Their World and Actions*, RAND Publication N - 1300 - SL (Santa Monica, CA: RAND, 1979); K. Kellen, *On Terrorists and Terrorism*, RAND Note N - 1942 - RC (Santa Monica, CA: RAND, 1982); K. I. Pearce, "Police Negotiations," *Canadian Psychiatric Association Journal*, 22 (1977), pp. 171 - 174.

⑤ Cooper, "The Terrorist and the Victim", p. 232.

⑥ A. Orsini, *Anatomy of the Red Brigades: The Religious Mind - Set of Modern Terrorists*, Ithaca, NY: Cornell University Press, 2009/2011.

⑦ M. Taylor and E. Quayle, *Terrorist Lives*, London: Brassey's, 1994, p. 107.

⑧ M. Taylor. *The Terrorist*, London: Brassev's, 1988, p. 88.

⑨ Ibid.

⑩ Cooper, "The Terrorist and the Victim", p. 237.

⑪ Kellen, *On Terrorists and Terrorism*, p. 23.

⑫ K. Heskin, "The Psychology of Terrorism in Northern Ireland", in Y. Alexander and A. O'Day (eds.), *Terrorism in Ireland*, London: Croom Helm, 1984, pp. 85 – 105.

⑬ Kellen, *On Terrorists ami Terrorism*, p. 18.

⑭ A. P. Silke, "Cheshire – Cat Logic: The Recurring Theme of Terrorist Abnormality in Psychological Research", *Psychology, Crime and Law*, 4 (1998), pp. 51 – 69.

⑮ W. von Baeyer – Katte, D. Claessens, H. Feger and F. Neidhart (eds.), *Analysen zum Terrorismus* 3: *Gruppenprozesse*, Darmstadt: Westdeutscher Verlag, 1982; also see H. Jager, G. Schmidtchen and L. Sullwold, *Analysen zum Terrorismus* 2: *Lebenslaufanalysen*, Opladen: Westdeutscher Verlag, 1982.

⑯ For reviews of the material (in English), see Taylor's *The Terrorist* and M. Crenshaw, "The Psychology of Political Terrorism", in M. G. Hermann (ed.), *Political Psychology: Contemporary Problems and Issues*, San Francisco: Jossey – Bass, 1986, pp. 379 – 413.

⑰ Taylor, *The Terrorist*, p. 145.

⑱ Crenshaw, "The Psychology of Political Terrorism", p. 387.

⑲ Ibid. , p. 389.

⑳ For example, see R. M. Pearlstein, 77k *Mind of the Political Terrorist*, Wilmington, DE: Scholarly Resources, 1991; and especially J. M. Post, "Notes on a Psychodynamic Theory of Terrorist Behavior", *Terrorism*, 7 (1984), pp. 241 – 256; J. M. Post, "Group and Organisational Dynamics of Political Terrorism: Implications for Counterterrorist Policy", in P. Wilkinson and A. M. Stewart (eds.), *Contemporary Research on Terrorism*, Aberdeen: Aberdeen University Press, 1987, pp. 307 – 317; J. M. Post, "Rewarding Fire with Fire: The Effects of Retaliation on Terrorist Group Dynamics", *Terrorism*, 10 (1987), pp. 23 – 35; and alsoJ. M. Post, "Terrorist Psycho – logic: Terrorist Behavior as a Product of Psychological Forces", in W. Reich (ed.), *Origins of Terrorism: Psychologies, Ideologies. Theologies. States of Mind*, Washington, DC: Woodrow Wilson Center Press, 1990, pp. 25 – 40.

㉑ Crenshaw, "The Psychology of Political Terrorism. "

㉒ Also see F. J. Lanceley, "The Anti – social Personality as Hostage Taker", *Journal of Political Science and Administration*, 9 (1981), p. 28.

㉓ Post, "Group and Organisational Dynamics of Political Terrorism", p. 308.

㉔ Crenshaw, "The Psychology of Political Terrorism", p. 382.

㉕ K. Heskin, *Northern Ireland: A Psychological Analysis*, Dublin: Gill & Macmillan, 1980; also see Heskin, "The Psychology of Terrorism in Northern Ireland. "

㉖ For example, see E. Cairns, "Understanding Conflict and Promoting Peace in Ireland: Psychology's Contribution", *Irish Journal of Psychology*, 15, 2 – 3 (1994), pp. 480 – 493.

㉗ N. Friedland, "Becoming a Terrorist: Social and Individual Antecedents", in L. Howard (ed.), *Terrorism: Roots, Impacts, Responses*, New York: Praeger, 1992, pp. 81 – 93.

㉘ W. Reich, "Understanding Terrorist Behavior: The Limits and Opportunities of Psychological Inquiry", in Reich (ed.), *Origins of Terrorism*, pp. 261 – 279.

㉙ Friedland, "Becoming a Terrorist", pp. 82 – 83.

㉚ For example, see D. Birrell, "Relative Deprivation as a Factor in Conflict in Northern Ireland", *Sociopolitical Review*, 20 (1972), pp. 317 – 343; Corrado, "A Critique of the Mental Disorder Perspective of Political Terrorism"; Hassel, "Terror: The Crime of the Privileged"; Heskin, *Northern Ireland: A Psychological Analysis*; Heskin, "The Psychology of Terrorism in Northern Ireland"; H. H. Tittmar, "Urban Terrorism: A Psychological Perspective", *Terrorism and Political Violence*, 4, 3 (1992), pp. 64 – 71; P. Watzlawick, "The Pathologies of Perfectionism", *El Cetera*, 34, 1 (1977), pp. 12 – 18.

㉛ Tittmar, "Urban Terrorism."

㉜ L. Berkowitz, "Some Aspects of Observed Aggression", *Journal of Personality and Social Psychology*, 12 (1965), pp. 359 – 369.

㉝ Friedland, "Becoming a Terrorist", p. 83.

㉞ F. Ferracuti, "A Sociopsychiatric Interpretation of Terrorism", *Annals of the American Academy of Political and Social Science (AAPSS)*, 463 (1982), pp. 129 – 140.

㉟ For instance, see the discussion in A. Merari and N. Friedland, "Social Psychological Aspects of Political Terrorism", in S. Oskamp (ed.), *Applied Social Psychology Annual 6: International Conflict and National Public Policy Issues*, London: Sage, 1985, pp. 185 – 205.

㊱ Ferracuti, "A Sociopsychiatric Interpretation of Terrorism", p. 139.

㊲ Friedland, "Becoming a Terrorist", p. 85.

㊳ Merari and Friedland, "Social Psychological Aspects of Political Terrorism", p. 187.

㊴ T. R. Gurr, *Why Men Rebel*, Princeton, NJ: Princeton University Press, 1970; also see Birrell, "Relative Deprivation as a Factor in Conflict in Northern Ireland"; Friedland, "Becoming a Terrorist"; and Heskin, *Northern Ireland: A Psychological Analysis*.

㊵ Friedland, "Becoming a Terrorist", p. 85.

㊶ H. A. Kampf, "Terrorism, the Left – Wing, and the Intellectuals", *Terrorism*, 13, 1 (1990), pp. 23 – 51.

㊷ Hassel, "Terror: The Crime of the Privileged"; also see Watzlawick, "The Pathologies of Perfectionism."

㊸ Reich, "Understanding Terrorist Behavior."

㊹ For example, see Hassel, "Terror: The Crime of the Privileged"; C. Lasch, *The Culture of Narcissism*, New York: W. W. Norton, 1979; Pearlstein, *The Mind of the Political Terrorist*, Post, "Notes on a Psychodynamic Theory of Terrorist Behavior"; Post, "Group and Organisational Dynamics of Political Terrorism"; Post, "Rewarding Fire with Fire."

㊺ Pearlstein, 77k *Mind of the Political Terrorist*, p. 7.

㊻ Ibid., p. 28.

㊼ For example, see Corrado, "A Critique of the Mental Disorder Perspective of Political Terrorism."

㊽ Pearlstein, *The Mind of the Political Terrorist*, p. 171.

㊾ Ibid., p. 7.

㊿ Taylor, *The Terrorist*, p. 140.

(51) For example, see G. Bartalotta, "Psicologia analitica e terrorismo politico", *Rivista di Psicologia Analitica*, 12, 24 (1981), pp. 21 – 30; L. Brunet, "Le phenomene terroriste et ses effets sur les objets internes", *Revue Quebecoise de Psychologie*, 10, 1 (1989), pp. 2 – 15; F. Ferracuti and F. Bruno, "Psychiatric Aspects of Terrorism in Italy," in I. L. Barak – Glantz and C. R. Huff (eds.), *The Mad, the Bad and the Different: Essays in Honor of Simon Dinik*, Lexington, MA: D. C. Heath, 1981, pp. 199 – 213; P. W. Johnson and T. B. Feldmann, "Personality Types and Terrorism: Self – Psychology Perspectives", *Forensic Reports*, 5 (1992), pp. 293 – 303; I. Kent and W. Nicholls, "The Psychodynamics of Terrorism," *Mental Health and Society*, 4, 1 – 2 (1977), pp. 1 – 8; P. A. Olsson, "The Terrorist and the Terrorized: Some Psychoanalytic Considerations", *Journal of Psychohistory*, 16, 1 (1988), pp. 47 – 60; Pearlstein, *The Mind of the Political Terrorist*; R. Turco, "Psychiatric Contributions to the Understanding of International Terrorism", *International Journal of Offender Therapy and Comparative Criminology*, 31, 2 (1987). pp. 153 – 161; M. N. Vinar, "La terreur, le politique, la place d'un psychanalyste", *Patio*, 11 (1988), pp. 43 – 51.

(52) Kellen, *On Terrorists and Terrorism.*

(53) Ibid., p. 18.

(54) Ibid.

(55) A. Kaplan, "The Psychodynamics of Terrorism", in Y. Alexander and J. M. Gleason (eds.), *Behavioral and Quantitative Perspectives on Terrorism*, Elmsford, NY: Pergamon, 1981, pp. 35 – 51; also see W. Laqueur, *Terrorism*, London: Weidenfeld & Nicolson, 1977.

(56) E. Erikson, *Identity, Youth and Crisis*, London: Faber & Faber, 1968.

(57) Also see E. Cairns, "Social Identity and Intergroup Conflict: A Developmental Perspective", in J. Harbi. nson (ed.), *Growing Up in Northern Ireland*, Belfast: Stranmillis College, 1989, pp. 115 - 130; E. Cairns and G. Mercer, "Social Identity in Northern Ireland", *Human Relations*, 37, 12 (1984), pp. 1095 - 1102.

(58) Crenshaw, "The Psychology of Political Terrorism."

(59) Taylor, *The Terrorist.*

(60) Crenshaw, "The Psychology of Political Terrorism", pp. 391 - 392.

(61) J. Knutson, "Social and Psychodynamic Pressures toward a Negative Identity: The Case of an American Revolutionary Terrorist", in Alexander and Gleason, *Behavioral and Quantitative Perspectives on Terrorism*, pp. 105 - 150.

(62) Silke, "Cheshire - Cat Logic", p. 53.

(63) For example, see C. McCauley, "Terrorism, Research and Public Policy: An Overview", *Terrorism and Political Violence*, 3, 1 (1991), pp. 126 - 144; C. McCauley and M. E. Segal, "Social Psychology of Terrorist Groups," in C. Hendrick (ed.), *Review of Personality and Social Psychology* 9, Beverly Hills, CA: Sage, 1987, pp. 231 - 256.

(64) G. Morf, *Terror in Quebec: Case Studies of the FLQ*, Toronto: Clark, Irwin, 1970.

(65) W. Rasch, "Psychological Dimensions of Political Terrorism in the Federal Republic of Germany," *International Journal of Law and Psychiatry*, 2, 1 (1979), pp. 79 - 85.

(66) McCauley, "Terrorism, Research and Public Policy", p. 132.

(67) Corrado, "A Critique of the Mental Disorder Perspective of Political Terrorism."

(68) A. Jamieson, *The Heart Attacked: Terrorism and Conflict in the Italian State*, London: Marion Boyars, 1989, p. 48.

(69) Orsini, *Anatomy of the Red Brigades.*

(70) H. A. Lyons and H J. Harbinson, "A Comparison of Political and Non - political Murderers in Northern Ireland 1974 - 1984", *Medicine, Science and the Law*, 26 (1986), pp. 193 - 198.

(71) Cited in C. Ryder, *Inside the Maze: The Untold Story of the Northern Ireland Prison Service*, London: Methuen, 2000, p. xiii.

(72) Ibid.

(73) Cited in Heskin, *Northern Ireland: A Psychological Analysis*, p. 78.

(74) See Silke, "Cheshire - Cat Logic"; Taylor, *The Terrorist.*

(75) For example, A. Beck, "Prisoners of Hate", *Behavior Research and Therapy*, 40, 3 (2002), pp. 209 - 216; Johnson and Feldmann, "Personality Types and Terrorism"; Pearlstein, *The Mind of the Political Terrorist.*

(76) Lankford, *The Myth of Martyrdom.*

⑦ Ferracuti, "A Sociopsychiatric Interpretation of Terrorism", p. 129.

⑧ Kellen, *On Terrorism and Terrorists*, p. 15.

⑨ Ferracuti, "A Sociopsychiatric Interpretation of Terrorism", pp. 3 – 6.

⑩ Ibid.

⑪ P. Gill, J. Horgan and P. Deckert, "Bombing Alone: Tracing the Motivations and Ante-cedents of Lone – Actor Terrorists", *Journal of Forensic Sciences* (2014), early view re-trieved on December 24, 2013 from: doi: 10. 1111/1556 – 4029. 12312.

⑫ Kellen, *On Terrorism and Terrorists*, p. 23.

⑬ Silke, "Cheshire – Cat Logic", p. 64.

⑭ Ibid. , pp. 66 – 67.

⑮ Taylor, *The Terrorist*.

⑯ Silke, "Cheshire – Cat Logic", p. 56.

⑰ R. Blackburn, "Psychopathy and Personality Disorder in Relation to Violence", in K. Howells and C. R. Hollin (eds.), *Clinical Approaches to the Mentally Disordered Of-fender*, Chichester, UK: John Wiley, 1989, pp. 61 – 88.

⑱ Ibid. , p. 63.

⑲ Ibid.

⑳ Merari and Friedland, "Social Psychological Aspects of Political Terrorism", p. 187.

㉑ A. Merari, *Driven to Death: Psychological and Social Aspects of Suicide Terrorism*, New York: Oxford University Press, 2010.

㉒ J. S. Handler, "Socioeconomic Profile of an American Terrorist: 1960s and 1970s", *Terrorism*, 13 (1990), pp. 195 – 213.

㉓ Ibid. , p. 198; also see especially p. 195 and p. 199.

㉔ C. A. Russell and B. H. Miller, "Profile of a Terrorist", *Terrorism: An International Journal*, 1 (1977), pp. 17 – 34.

㉕ T. Strentz, "A Terrorist Psychosocial Profile: Past and Present", *FBI Law Enforcement Bulletin*, April (1987), pp. 13 – 19.

㉖ P. Gill and J. Horgan, "Who Were the Volunteers? The Shifting Sociological and Opera-tional Profile of 1240 Provisional Irish Republican Army Members", *Terrorism and Polit-ical Violence*, 25 (2012), pp. 435 – 456.

㉗ A. Ghosh, A. Jamal, C. Fair, D. Rassler and N. Shoeb, "The Fighters of Lashkar – e – Tai-ba: Recruitment, Training, Deployment and Death", Countering Terrorism Center at West Point, April 4, 2013.

㉘ J. Weinstein, "'Surprising' amount of Islamist terrorism in the US has been home-grown", *Daily Caller*, March 5, 2013; for the original report, see E. Dyer and R. Simcox, *Al – Qaeda in the United States: A Complete Analysis of Terrorism Offenses*, London: Henry Jackson Society, 2013.

㉙ Also see H. H. A. Cooper, "Voices from Troy: What Are We Hearing?", in *Outthmk-ing the Terrorist – An International Challenge: Proceedings of the Tenth Annual Symposium on the Role of Behavioral Science in Physical Security*, Washington, DC: Defense Nuclear Agency, 1985, p. 95.

⑩ Taylor, *The Terrorist*, p. 124.

⑩ Blackburn, "Psychopathy and Personality Disorder in Relation to Violence", p. 63.

⑩ Friedland, "Becoming a Terrorist", p. 83.

⑩ Crenshaw, "The Psychology of Political Terrorism", p. 387.

⑩ Taylor, *The Terrorist*.

⑩ Taylor and Quayle, *Terrorist Lives*.

⑩ Taylor, *The Terrorist*, p. 145.

⑩ Merari and Friedland, "Social Psychological Aspects of Political Terrorism", p. 187; also see A. Merari, "A Classification of Terrorist Groups", *Terrorism*, 1, 3 – 4 (1978), pp. 331 – 334.

⑩ Merari and Friedland, "Social Psychological Aspects of Political Terrorism", p. 187.

第 4 章　涉入恐怖主义

引　言

　　基于个性特征研究的历史文献资料，我们不仅对恐怖主义心理研究究竟能带来什么心存疑惑，而且，即便在针对恐怖分子或恐怖主义概念最简单的批判性研究中，也出现了大量心理研究成果的误用，我们对此并不感到惊讶。由于这样那样的困惑，要想提出整齐划一的"恐怖主义心理学"无异于痴人说梦。最好考虑其他办法，让关于心理过程的知识能帮助我们更好地理解恐怖主义和恐怖分子。无论如何，我们都应探索更精细的途径，理解人们为何会参与恐怖主义。

　　自 2001 年开始，尤其是 2005 年前后，恐怖分子研究有了清晰的重点。这个重点就是：搞清楚谁成了恐怖分子以及他们为什么会成为恐怖分子。然而令人沮丧的是，旁人都以为单个理论或模型就能给出满意答案，解决一系列错综复杂的问题。在研究者们的记忆中，也一直有一些群体性失误。对部分研究者来说，"9·11"事件之前，我们处理上述问题时都未经仔细研究。虽然上一章暗示恐怖分子研究曾多年受限，但更大的危险可能是我们注定会重复那些一直以来困扰先前研究的概念性错误。然而比以往任何时候都迫在眉睫的事情是，现在应当提出一种清楚明了、直截了当的过程模式，解析个人和群体如何转向恐怖主义，并引导政策制定者利用该模式，推动与制订新的反恐方案。就此而言，仅仅关注所谓"激进主义"，显然未必一定能找出大家普遍认可的有效解决方案。

　　有鉴于此，本章及后续两章将提出一种解读恐怖分子的全新途径，这种途径不单将涉入和参与恐怖主义视为一个"过程"，还可以为我们提供一个全新的视角，探索上述新途径得出的研究成果可能给我们带来的利益。通过贯穿全程的好几处关键性区分，我们不仅实事求是地认清了涉入恐怖主义的现状，还为进行其他种类的分析奠定了概念基础。除此以外，从更加务实的角度来看，它还可提供相对明显的干预要点，为出台恐怖主义预防和干预措施提供便利。从涉入、参与，再到脱离，追踪恐怖主义发展的全链条（involvement to engagement to disengagement，IED），可以让我们集中精力弄清每个阶段的关键行为特征，并以此为指导制定相应的是防御政策。

　　本章及后续章节将为设想中的恐怖主义过程模型奠定必要的基础。据悉，这种模型与那种将恐怖主义视为某种抽象事件、针对恐怖主义复杂却又无果的讨论有所区别。相反，它考察的是可辨识的行为及其先前经历，并希望能够预测结果和未来。该讨论涉及部分冗长、棘手的技术性话题，这些都会在本意中得以讨论。此外，考虑到现阶段分析的重要意义，以下三章所述的过程模型试图为心理学途径找寻意义，不依赖别处继承的狭隘定义，或者那些过于抽象且毫无意义的概括，及那些没有实际功用的定义。

　　这种方法代表了我们在研究恐怖主义问题上所做出的学术努力，至少包含三个不同阶段：

　　（1）涉入恐怖主义；

　　（2）参与恐怖主义；

　　（3）脱离恐怖主义。

　　对那些熟悉犯罪学的人来说，这种区分很难算得上原创。事实上，这些区别确实可以帮助我们理解什么因素在影响和制约青少年犯罪的涉入和参与问题[①]、帮派犯罪问题[②]以及其他犯罪活动。克拉克（Clarke）和科尼什（Cornish）[③]提出了犯罪行为的理性选择理论（Rational Choice Theory，RCT）。虽然该理论源自经济学概念，但在应用于犯罪学时，它一直致力于综合不同的决策阶段。理性选择理论（RCT）的特征貌似简单，其实并非如此，而且它善于把复杂的事情说得简单清楚。克拉克和科尼什提出：作恶者其实和我们一样，希望通过某种程度的"理性决策"或"支撑性决策"使自己受益。进一步讲，该理论的焦点不是作恶者，而是恶行本身及其特点。最后，涉入犯罪和参与具体的犯罪活动（恶行）之间有关键性区别。④克拉克和科尼什指出，个人如何以及为何涉入犯罪（或对犯罪行为持"开放"态度）与个人决定实施某一特定犯罪，两者涉及不同的决策过程。在犯罪学文献中，类似理念已经相当成熟，虽然其理论潜力尚未被充分实现（试图用理性选择理论控制恶性犯罪的做法阻碍了其发展）。尽管如此，在犯罪学以外的领域，这些理念却未被充分应用于恐怖主义研究。

理论、模型和隐喻：从画像到路径，再到激进主义

自 2001 年起，学者们倾注于"为什么"的努力就一直势不可当。在回应人们为何会成为恐怖分子这个问题上，学术界并不孤单。甚至连纽约警察局也通过西尔伯（Silber）和布哈特（Bhatt）⑤参与其中，他们提出了一个模型，用于解读美国境内恐怖分子可能拥有的共同特征。类似的模型和理论如雨后春笋般出现，与此同时，与其意见相左的各种隐喻也大量出现。这些模型和理论常常引人注目，其中大多数较之以前都有所进步。

巴特里特（Bartlett）和米勒（Miller）⑥指出，有四个方面的议题尤其关键，可以帮助我们理解那些暴力活动参与者和未参与暴力活动者之间的区别。他们声称，暴力活动参与者有以下特征：

- 面对不公正，有强烈的情绪推动其采取行动［参见赖斯，（Rice）⑦］。
- 行动成功后，有强烈的激动、兴奋和自豪感。
- 除了内在的荣誉规范，对身份地位也很敏感。
- 深受同伴压力的影响。

法塔利·莫伽达姆（Fathali Moghaddam）⑧提出了一种模型，认为参与恐怖主义是"越走越窄的台阶之最后一步"。他声称，恐怖分子和绝

大多数普通民众的主要区别是，当感到权利被剥夺或遭受不公正待遇时，恐怖分子认为自己无法在社会上发声，他们受头目怂恿，把一腔怒火发泄到外部组织身上。他们形成社会团体，视恐怖组织为合法，外部组织为邪恶。特别值得关注的是，他将参与恐怖组织的特征归纳为：

> 通往恐怖主义行为这一建筑顶端的阶梯……这些楼梯通向越来越高的楼层，恐怖分子个体所处的楼层，取决于他想象中某特定楼层大门敞开，向其展现出的新天地。

在 2009 年的一项研究中，戈登斯坦 - 罗斯（Gartenstein - Ross）和格罗斯曼（Grossman）[9]提出了他们所认为的导致激进主义的六大因素；而马克·塞格门（Marc Sageman）[10]也在其广受学术界认可的两项研究中提出了一个模型，强调了非正式社会网络的作用。塞格门称，人们随波逐流进入暴力极端主义，多半是因为他们的友谊网络，很少是因其早先就接触了恐怖主义思潮。虽然尚有争议，但麦可利（McCauley）和莫斯卡棱科（Moskalenko）[11]提出的模型也在学术界产生了很大影响。基于一系列文章和专著的多次讨论，这些学者提出了一种他们称之为"团体激进主义"（团体单极化、团体竞争和团体孤立）和"群体激进主义"（即柔道政治、仇恨和殉道）的运作机制。他们将此现象划分为三个不同阶段：解冻陈旧的关系和理念；发展新兴的关系和理念；最后在新型社会网络中再次冻结，这种新型社会网络能为新理念和新行为提供共识和信心。与此同时，其他研究者也再一次雄心勃勃地尝试综合尽可能多的现有模式，试图建立一种高屋建瓴式的"形而上模式"。类似尝试的最佳案例就是美国兰德公司保罗·戴维斯（Paul Davis）和金·克雷金（Kim Cragin）[12]就恐怖主义所做的"汗牛充栋"的文献回顾。

正如安德里娅·艾略特（Andrea Elliott）[13]在对基地西班牙籍恐怖分子进行研究后得出的结论一样，毫不惊讶地发现，各种理论倾向于你方唱罢我登场，轮番上演。在对位于摩洛哥德途安的亚玛梅竹雅克社区的恐怖分子招募并进行分析后，艾略特得出结论称：

> 个人经历和理想信念只能解释至此。恐怖主义分析人士如今越来越关注社会环境的重要性。一些学者强调恐怖分子并非简单的受

军事目的指使的独狼式袭击者。他们更倾向于和他人结成同盟，共同进行激进主义活动，这些人往往彼此类似，有同样的激情、相似的悲伤苦痛和日常过往。

更多类似的研究也出现了，且与20世纪80年代和90年代形成鲜明对比的是，这种工作没有任何放缓的迹象。埃德温·巴克（Edwin Bakker）[14]对欧洲恐怖分子的研究，兰迪·博鲁姆（Randy Borum）[15]广泛深入的分析以及由安德鲁·思尔克（Andrew Silke）[16]主持并最终成文的众多讨论，正好代表了学者们对该领域贡献的一个微小部分。任何单个模型也不可能囊括所有的个体变化和群体经历，这种想法对模型要求过高，尤其是针对恐怖主义这种参与率极低的特殊现象。恰如塞格门（Sageman）自己所言：毕竟，身边的恐怖分子是极其少数。

进一步讲，对于恐怖主义这样一种早期征兆明显的现象，现有的恐怖分子涉入模式其实更像隐喻，而并非正式的模式。一些研究者并不介意承认这一点，甚至举双手赞成。尽管这些理论多半源于普通心理学理论而并非恐怖分子行为分析，莫伽达姆（Moghaddam）[17]还是毫不犹豫地选择支持"隐喻论"。他坚称隐喻对心理科学帮助很大，而且在解读恐怖主义根源方面发挥着积极的建设性作用。

尽管如此，与我们此处讨论相契合的是缩小焦点，尤其是再一次重新梳理心理学文献。迄今为止，最全面翔实的恐怖分子心理研究文献回顾来自杰夫·维克托罗夫（Jeff Victoroff）2005年的研究。[18]他总结道，"恐怖分子在心理上极端多元化。无论其陈述的目标或群体身份是什么，每一个恐怖分子，就像每一个人一样，都受自己独有的心理情结驱使：自己特殊的心理经历和特点"。话虽如此，维克托罗夫认为，有证据表明：了解涉入过程或许可以帮助我们抹平许多特殊性，但同时也会使另一些特殊性更加凸显。他归纳出了四个特征，暗示这些可能是"典型"恐怖分子的特点：

（1）对于意识形态问题的高情感效价；

（2）将其与绝大多数民众区分开来的个人利益（如荣誉、身份需求等），后者已满足上一个特点；

（3）认知灵活度低，对含混模糊容忍度低，容易犯归因性错误；

（4）有能力压制本能的或后天的对于伤害弱小无辜者的罪恶感，倾向于突破道德底线。这种情况成因复杂：先天的、后天的、个体因素和群体因素等各种原因，且很有可能受上述（1）、（2）、（3）点的影响。

这些特点是否有预测价值（能否有助于搞清谁可能被恐怖主义蛊惑），抑或它们代表着某种后续特质（受到涉入恐怖主义经历的影响），当我们试图比较涉入恐怖主义人员的背景画像时，差异性一直是一个广受关注的话题。自然，多元化在后续研究中持续显现。2008 年 11 月 29 日，一场精心策划、高度协同的致命恐怖主义袭击在印度孟买画上了血腥的句号：166 人死亡，300 多人受伤。孟买事件过去五年之后，美国西点军校反恐作战中心（West Point's CTC）发表了一份题为"虔诚军战士：招募、训练、派遣和死亡"的研究报告，专门分析虔诚军的 917 名战士（上一章曾提及）。报告显示，被招募者一般在 17 岁左右加入虔诚军，21 岁左右执行死亡任务。尤其引人注目的一个发现是：与普通巴基斯坦男性相比，这些战士的世俗教育程度普遍较高。在一次媒体采访中，有研究者发现："这些人都是巴基斯坦的社会精英。贫穷和宗教学校导致恐怖主义的说法可能站不住脚。"[19] 然而同在巴基斯坦，在一个名为斯瓦特山谷的临近地区，则出现了完全不同的情况。长期以来，在这个风景如画的地方，巴基斯坦塔利班（The Pakistani Taliban，TTP）一直在招募男童和青少年。与虔诚军截然不同的是，这些年轻的塔利班成员几乎不识字，他们加入塔利班就是为了逃避赤贫的生活。事实上，塔利班正是以逃避残酷现实为诱饵，来吸引这些男童的加入。

随着更多研究的出现，支持多元化的证据也越来越多。2013 年，阿克瓦吉亚姆（Akwagyiram）[20] 在针对尼日利亚博科圣地运动（Boko Haram Movement）的研究中，着重强调了金钱在步兵招募中的作用；而克莱恩曼（Kleinmann）[21] 在其针对美国本土成长的恐怖分子的研究中发现，涉入恐怖主义"大体是由于各种军事运动的招募或激进友人和家庭的影响。单独的内在机制说并不足以解释激进主义"。

"9·11"事件之后，即便是在美国境内发现的圣战组织，也呈现出高度的复杂性和特异性。正如 J. M. 博杰（J. M. Berger）所述：

> 一个极其多元的组织。他们经济状况各异，家庭背景和民族成
> 分也各不相同：既有黑人，也有白人；既有拉丁裔，也有犹太裔，
> 甚至还有妇女。他们来自美国各地：既有大城市，也有小城镇，包
> 括东、西海岸，南方腹地，中西部地区等。

在研究了成百上千名恐怖分子之后，巴特里特（Bartlett）和米勒（Miller）发现："没有两个激进分子一模一样。他们有的一直处在安全部队的严密监控中，有的表面看起来波澜不惊，暗地里却疯狂支持自杀式袭击。"

类似的研究不胜枚举，这是令人欣喜的学科发展，要想尽数详述这些研究，恐怕一本书也不够。就我们此处的目的而言，不同研究成果发现的多样性其实更加重要，但它对现有各种模型以及我们应当如何概念化参与恐怖主义心理途径的影响，目前尚不清楚。当然，考虑到"个性"研究的种种缺陷，任何新的实证主义研究都会带来希望。可是，这种希望也可能因为无法回应关键的方法论关切而受到质疑。巴特里特（Bartlett）和米勒（Miller）很清楚这一点，他们警告称，如果未来的研究继续回避有效对比组，类似研究中对恐怖分子"千篇一律的刻板印象"可能还是难以克服。维克托罗夫（Victoroff）宣称："很少有针对恐怖主义心理基础的控制型实证主义研究。"

"激进主义"的兴起

过去十年学界围绕人们为何以及如何加入恐怖主义的研究其实可以归纳为一个关键词："激进主义研究"。时至今日，不谈"激进主义"一词，便无法就恐怖分子心理进行讨论。在一篇非常重要的文章中，马克·塞奇威克（Mark Sedgwick）[②]追踪了该词在英语媒体中的重要性，认为它在 1999 年后使用频率逐步上升，尤其是在 2005 年基地组织指使的伦敦爆炸案以后，其使用频率急剧上升。尽管如此，该流行词并没有得到学界的广泛认可。塞奇威克（Sedgwick）辩称，这是因为该词的理解

方式多种多样，可能导致潜在的不同政策倾向。

2011 年年底，在两篇发表于《战略安全杂志》(*Journal of Strategic Security*)，针对激进主义研究的详尽评论性文章中，兰迪·博鲁姆 (Randy Borum) 将对激进主义的聚焦总结为："发展极端主义意识形态和信念的过程，乃恐怖主义之先兆。"由此他推导出如下观点："如果我们要击垮一个由某种意识形态驱使的对手，那么减弱或消除相关意识形态的能量自然会削弱敌人的力量。"博鲁姆回顾分析了有关激进主义的各式理论后指出，虽然每一种理论都"发育不良"，且"都没有坚实的社会科学基础"，但它们在概念化反暴力极端主义的努力方面或许有用。

然而一个令人措手不及的问题出现了：虽然致力于揭秘恐怖主义运作机制的新研究层出不穷，但"激进主义"本身仍然定义不清。当然，该术语的范围外延远不止简单的"涉入恐怖主义"。2012 年，乔纳森·吉森斯·迈泽 (Jonathan Githens – Mazer)[23]指出：尽管"激进主义、激进化、激进等都是普通用词"，但"激进"暗含之意即是挑战现有的政治、社会、经济和文化，反对相应的规范、实践和制度，并暗示个人参与暴力活动，挑战现状。可是该术语的政治化及其固有的标签化和主观性仿佛决定了它只能作为解读恐怖主义的一个有效注释。

　　一方面，政客和媒体信誓旦旦，斩钉截铁地讨论着"激进主义"对安全稳定的威胁（通过恐怖主义）；而另一方面，紧缩时代意味着自由竞争资本主义条件下的许多基本理念和设想好像都出了问题，媒体、政策制定者和普通大众仿佛又对挑战现状的信念和实践青睐有加，希望它们可以帮助我们纠正社会、经济和文化中出现的问题。简言之，这种模棱两可的暧昧态度带来的真正问题是：相关术语的主观使用（即将其意义视为概念）和未来将这些术语用于理解激进主义和激进化问题时出现了概念上的不一致。

因为激进主义涵盖各种或宽泛或具体的意义，所以吉森斯·迈泽 (Githens – Mazer) 称："定义激进主义时，该领域好像在过程和原因之间出现了分裂"，这与塞奇威克 (Sedgwick) 所言不谋而合。突然之间，"激进主义"仿佛有成为新型"恐怖主义"的危险，而且问题也随之而来：我们是否应放弃"激进主义"这一概念（更不用提这个词语本身）以避免产生更多混淆。吉森斯·迈泽总结道：

> 对于从事该领域的学者们来说，现在的情况是：我们被普遍的激进主义观点所围。学界认为概念的可操作性是有效科学研究的基础，而大众的激进主义观点正好与此相左。"激进主义"已成为一个意思模糊的术语，一个移动标靶：政策制定者和媒体称其为"常识"；而对学者们来说，将其作为研究对象完全是一场梦魇。我们需要银行系统和世界经济的"激进变革"，却不愿看到"伊斯兰激进主义"。对这样的术语，社会科学工作者该何去何从？

"激进主义"是否应继续留存？如果答案是肯定的，它就或多或少可以作为解读人们参加恐怖主义的可靠注解。除此以外，它还与态度和行为之间的关系密切相关，具体来说，就是"激进"观点和"激进"行为之间的关系，这是恐怖主义研究的核心主题之一。另外，我们还需要区分一些核心概念，这是成熟理论的基础。通过这些区分，我们应当认识到：大多数持有激进主义思想的人不一定会通过暴力行为表达自己的信仰（"低基础率"问题）；此外，或许还应该意识到，许多参与暴力活动的犯罪分子其实并没有清晰的意识形态基础。突然间，通过预防激进主义来防范恐怖主义的希望仿佛又落空了。必须承认，我们对推动个人代表团体采取行动的心理和社会动因（以及这些人和那些只愿心理参与、不采取具体行动的人的区别）仍然知之甚少。马克·塞格门（Marc Sageman）称其为"暴力转向"，而前美国反恐中心主任迈克·莱特（Michael Leiter）称其为"从激进主义转向流动主义"。莱特的观点得到了许多激进主义研究者的回应。他们在现有研究中持有与多纳泰拉·德拉·波尔塔（Donatella della Porta）等学者类似的思想，其中许多关于社会流动性的观点是在过去二十年间由上述学者提出的，当时这些学者的研究话题是更宽泛的社会运动，并不局限于恐怖主义运动。不管我们选择如何来描述，仍无法充分理解为何一些激进分子参与了恐怖主义，另一些却没有。如果没有积极控制的科学调查，可能很难得出满意答案，但只要朝着正确的方向前进，我们就有希望。

关键区别

　　单个心理学文献中的概念不清可能导致的一个误区是：当我们谈论人们为何会成为恐怖分子时，仍然将参与恐怖主义视为某种"状态"或"条件"的指针，而并非人们寻求的目标（参与其中并采取行动）。对"激进"等术语不加批判地肆意滥用可能会误导我们将状态和过程对立起来。现在看来，恐怖分子身上的个体因素仿佛既没有用处，也不具预测价值，更明智的方法是找出其他因素，这些因素的共同特点是能保持人们持续参与、信守承诺，并愿意为恐怖主义行为和任务贡献力量。这些区分的重要性再怎么强调也不过分。不难发现：提出自以为有效的问题或许会误导和模糊研究者的判断。虽然提出这些问题并无恶意，但这些模糊又无益的问题（如"究竟是什么使人变得激进？"或者"是什么让人变成恐怖分子？"）可能无意间在试图回答下面的某些或全部问题：

- 为什么人们明知是暴力秘密组织，却愿意参与其中；
- 人们如何参与其中；
- 一旦进入这种组织，他们要扮演什么角色，完成哪些任务；
- 在其组织内部，成员如何以及为何会扮演不同角色，从事不同"工作"；
- 个人如何以及为何"吸收"组织共有的价值理念和规范。在涉入、参与暴力活动后，个人如何以及为何适应新的现状；
- 组织成员如何以及为何实施特定的暴力行为（比如人们是否会随着经历增长而变得铁石心肠？参与暴力活动如何影响实施成员，他们如何应对这些影响）；
- 在其涉入、参与暴力活动的各个阶段，他们如何以及为何影响其他组织成员，其他成员在其涉入、参与暴力活动的各个阶段，又如何影响他们；
- 最后，他们如何以及为何最终选择离开恐怖活动，进入其他相关的支持性、非暴力活动，或者完全脱离暴力组织。

虽然这些问题相对独立且各不相同，但它们的答案对理解个人参与恐怖主义的过程至关重要。一个关键的概念要点是，上述任何一个问题的答案可能都未必能迁移到另一个问题。换句话说，针对人们为何愿意加入特定组织（或为何被特定头目吸引）的答案可能无法解释恐怖分子的一般行为（或恐怖组织应允他们的行为），也无法解释他们如何参与并实施特定的恐怖活动。

当我们更加宏观地思考导致恐怖主义的原因时，类似的议题也变得至关重要。虽然恐怖分子非常擅长找出并宣扬自以为合情合理的诉求，但现实中这些理由可能和恐怖暴力活动的出现、升级和下降关系不大。以下是人们普遍认为和恐怖主义出现密切相关的根源：[24]

- 民主、公民自由和法治缺失；
- 国家积贫积弱或摇摇欲坠；
- 迅速的现代化；
- 带有世俗或宗教性质的极端主义思潮；
- 有政治暴力、内战、革命、独裁或被占领的历史先例；
- 权力分配不公和霸权主义；
- 政府不具合法性或腐败严重；
- 强大的外部势力支持非法政府；
- 深受外国占领或殖民势力之压迫；
- 由于民族或宗教原因受到歧视；
- 国家未能或不愿招安持异见团体或新兴社会阶层；
- 有社会不公的经历；
- 出现极富魅力的精神领袖；
- 导火索事件。

一个普遍的看法是，只要认真应付这些恐怖主义"根源"，就可以极大地削弱恐怖主义威胁。这听起来令人欢欣鼓舞。恐怖组织经常宣称代表广泛的社会团体，可以合理合法地反抗冤屈不公，因此一旦政府强力应对恐怖主义威胁，恐怖主义就容易引发民众同情。人们设想的这种因果关系过于天真简单，现实中其实根本不存在。或许最好将这些因素视为"先决条件"。据贝约阁（Bjørgo）[25]称："长远来看，这些先决条件在为恐怖主义搭屋建台，它们带来了一系列的社会后果，恐怖主义只是其中之一。当然，这些先决条件并不足以成为恐怖主义爆发的理由。"

以这种方式评估现有的关于恐怖主义原因研究的有效性和相关性并非要弱化这些议题的严肃性，只不过这些问题本身就需要解决，并不一定要和恐怖主义相关才值得注意。因此，探讨恐怖主义"原因"更恰当的方式可能是一方面将其视为先决条件，另一方面将其视为诱发恐怖主义的潜在因素。简单的因果关系不仅毫无帮助，还会暗示该理论有预测功能，这就常常掩盖了恐怖主义的复杂性，并认为可将恐怖主义作为特定战术或暴力抗议计划（或其中一部分）的其他战略因素。

我们必须注意上述要点，但如果要继续上述讨论，试图回答"为什么"系列的问题（如为什么有人成了恐怖分子？），则无法回避上述"根源性"问题。它们和"如何"系列问题不同，事实上，前者可以让我们更清楚地认识到哪些因素促使个人加入了恐怖主义。

除非我们可以清楚地牢记这些区别，否则当提出"什么是恐怖主义的根本原因"这类问题时，可能还是要被迫用某种单一答案解释通往恐怖主义的途径和其他相关问题。而且届时还是需要区分那些加入现有恐怖组织的个体和那些主动建立新组织的个体，区分前者和那些只是将恐怖主义作为其暴力战略一部分的团体。换句话说，如果无法提出正确的问题（有焦点、较"狭窄"的问题），我们就不会得到有意义的答案。同样，"我们如何预防暴力极端主义"这个问题或许和"什么导致了暴力极端主义"一样复杂。

做出上述区分也意味着应从试图回答"为何"和"如何"的执念中走出来，如前所述，其所用的方式和个人心理学文献中建议的一致。我们再次发现，类似途径均假定恐怖主义反映了某种特殊的或非典型的社会运动，抑或源自某种同类根源的类似威胁。因此，我们不如把加入恐怖主义视为一个过程，该过程受限于战略、心理等各种因素。将恐怖主义视为一种过程不仅真实地反映了其复杂性，还可以帮助我们集中精力应对自己需要回答的问题，更好地关注政策制定和资源分配。

为何有人愿意加入恐怖主义

克莱恩曼（Kleinmann）[20]提出可以将加入恐怖主义的过程分成三个相互联系的层级：

(1) 个人层面（强调"直接影响个体的内在力量"）；

(2) 团体层面（包括自上而下的社会运动和水平式的社会网络招募）；

(3) 大众层面（声称影响大量人口的社会力量或紧张现状就是激进主义的发生机制）。

至关重要的是，他也承认"如果不接触当事者，我们就只能推测"。然而现在或许可以做得更多。虽然我们很少关注恐怖分子对自身活动的记述，并将这些记述作为窥视他人缘何加入恐怖主义的窗口（早期记述中，作者故意回避类似自我剖析），但是考察恐怖分子个案历史并探究原因仍然是有用的。当然，应多关注那些不同过程中所体现出的相同特征，尽量忽略那些所谓"个性特征"的原因，因为前者可以凸显自加入恐怖组织后个体的发展历程。

至少，我们可以得出以下结论：

● 走向恐怖主义的途径各不相同（即使同一恐怖组织亦是如此，更不用说不同的恐怖组织）。

● 加入恐怖主义的高危因素变化多样，即便在相同的环境背景之下，也有很大差异。

● 不同个体出于不同原因加入恐怖组织，加入后其表达方式也各有不同。

● 与加入恐怖主义相关的认知和行为排序非常复杂，可能连恐怖分子自己都不清楚，都不理解。

● 一些被招募者先认同恐怖组织的意识形态，然后才与其深度融合并实施后续行动；而另一些被招募者则是先参与暴力活动，然后逐步认同其意识形态。换句话说，"激进主义路径"的顺序不一

定遵循规则路线或线形路线，即便对同一组织的成员来说也是
如此。

- 被招募者独特各异的动机因素可能由于长期的群体生活被抹平：
  那些最初看起来性情各异的被招募者最终变得彼此相似（通过问
  卷答案得出的结论证明了这一点），这些群体活动包括军事训练、
  接触恐怖组织意识形态内容、与恐怖组织加深融合或其他的共有
  经历。

- 前恐怖分子就其如何以及为何加入恐怖主义给出的答案各不相
  同，这主要取决于：（1）该问题如何提出；（2）采访发生在何
  时何地 [例如：释放出狱后（由同一组织成员陪伴）马上接受
  采访，还是在脱离恐怖组织很长时间之后]。

"导火索" 时刻

对于那些加入恐怖组织的人，人们的一个普遍设想是他们的入行与
"催化剂" 事件的存在密切相关。这是探讨可能的激发性因素的另一种
方式，反映了人们试图找寻某些将个人推向现有恐怖组织的单一事件。
回忆起来，恐怖分子个人会觉得这些事件对他们意义重大：一些人可能
有受害的个人经历（或许是受到攻击或某种形式的虐待）；而另一些人
的受害经历则不一定近在眼前或真实存在。布鲁姆（Bloom）和霍根
（Horgan）所做的研究即是针对来自斯瓦特山谷（Swat Valley）的 46 名
武装分子，他们中超过 9 成的受访者宣称美军的无人机轰炸是他们成为
恐怖分子的原因之一。然而，通过进一步调查发现，受访者中没有一人
是直接受害者，他们的家人和朋友也没有受到过无人机轰炸的伤害。尽
管如此，让他们感到真实的却是自己和那些受害者的群体身份认同，他
们往往会满怀信心、坚定不移地把这种对特定事件的记忆延续下去。至
少对出生于斯瓦特山谷的武装分子来说，在他们参加了军事行动，并完
成训练后，这种意识就在头脑里扎下根来。试图将各种 "催化剂" 事件
统一认定为模棱两可的 "推动性" 因素，这种做法常常具有误导性。更
有效的办法可能是考察具体的人，力求找出他们如何以及为何受到特定

事件的影响，确认这些"催化剂"事件对不断攀升的恐怖组织加入率的影响。

仅仅依靠未经证实的个人记述（无论是采访还是其他来源，如个人自传），就有可能夸大恐怖分子生活的某一方面，或是在回忆时夸大某一假定"催化剂"事件的重要性。尤其是在恐怖分子自传中，一些特定事件常常被描绘得细致入微、历历在目，与他们经历不同阶段，从涉入恐怖主义到参与各种相关活动相比，描写得更清楚。将各种特定事件推至前台、视为影响因素，并事后诸葛亮般把因果责任推给外部力量，这或许是多数人的心理倾向。由此带来的个体责任削减有一个重要目的：当直面由自己的后续行为带来的严重后果时，它能最大限度地减小其心理不适。将个人行为带来的不良后果归咎于敌人，这种倾向反映出一个简单的归因偏见，这种偏见可以成为一种有效的控制机制，为自己的过往行为获得合法性，并为未来进一步介入寻找正义性。

为了进一步理解上述要点的相关性，科德斯（Cordes）[27]和泰勒（Taylor）及奎尔（Quayle）[28]确认了恐怖分子自我印象的普遍主题，这在一定程度上反映了恐怖分子使用什么样的语言及其如何使用的重要性。[29]泰勒及奎尔报道称，恐怖分子通常将参与恐怖主义视为一种遭受挑衅后的正常反应，一种针对敌人的防御。任何恐怖组织，无论其确切性质是什么，都喜欢将上述观点作为参与恐怖主义的原因。当然，我们很难确认这种类型的口头解释是不是在当事人取得恐怖组织成员的资质和效用、并以生命为赌注加入恐怖运动之前就已经存在。换句话说，这种类型的回答是否仅仅是长期接受恐怖组织内部训练的产物呢？（从布鲁姆和霍根的研究中得出的数据也证明了这一点）。众所周知，许多恐怖分子是因为参与恐怖主义运动（尤其是在狱中）而变得政治激进，思想偏激。

然而，尽管恐怖分子很快就学会为其参与恐怖主义寻找正当理由，声称加入恐怖主义是一种"防卫性反应"，但当其被问及参与恐怖主义运动带来的好处和具体利益时，他们就显得词穷了（这些利益包括社会地位、权力、身份感和同志情谊、伴随新角色而来的兴奋感、支撑团体的尊敬爱戴，以及少数案例中的经济利益诱惑等）。大体上，那些容易被招募的对象就很热衷于谈论这些话题。安德里娅·艾略特（Andrea Elliott）回忆道：

> 七月的一个午后，一群十几岁的孩子围坐在露台上，和我谈起他们心目中的英雄。他们说他们崇拜齐达内（Zinedine Zidane）——阿尔及利亚裔法国足球运动员，世界知名，以精湛的球技征服了足球世界。他们热爱先知穆罕默德。只要稍微提及奥萨马·本·拉登（Osama bin Laden）的名字，大家都会竖起大拇指，引来一片赞叹。"他很有勇气"，一个名叫艾曼的 13 岁男孩说道，他小小的个子，褐色的皮肤，阳光灿烂。"他做了别人不敢做的事。他敢挑战整个世界。他甚至和乔治·布什（George Bush）对着干"。另一个男孩说，如果能为伊拉克人争得独立，他很乐意加入志愿军与伊拉克的美国占领军作战。

恐怖分子常常说到他们的良心。他们谈到道德和政治觉醒——将拿起武器、保卫人民视为自己的责任。对许多恐怖分子来说，类似的言论记述给他们带来了一种合法感，而后他们将其深深融入集体身份感和集体责任感。这种合法性并非在个人层面显现，而总是出现在群体层面或者更宽泛的受害群体层面。这并非在批评个人记述本身的"真实性"，但必须认识到它可能反映了加入恐怖组织后留下的特殊印记，或者从更基础的层面看来，当被问及如何解释过往行为时，这是一种服务自我的偏见。

科德斯（Cordes）[30]提出，在另一层面，个人陈述中加入的动机和为暴力寻找的理由可以告诉我们更多关于组织内部宣传和思想控制的事情，这比任何有关个人记述的结论都有力。这一点暗示我们，要想确定恐怖分子加入恐怖组织的自我陈述究竟是源于个人的真实感受还是源于加入恐怖组织后群体共有的或习得的"真实感"，这是一件十分困难的事情（近乎不可能）。当然，考虑到那些貌似真诚善意的个人记述，推定这种"兄弟情谊超越个人私利"的目标一开始就存在，也足以让人欣慰。[31]对许多人来说，这些目标代表着一种源自深度参与恐怖主义后得来的学习能力，可以帮助我们理解不少恐怖分子经常挂在嘴边的言辞（我们经常误以为这些无关紧要、毫不相干或者都是些陈词滥调）。据科德斯（Cordes）称，恐怖分子常常通过传播关于自身的知识，以期劝导他人，这种宣传往往出现在群体或组织层面，以声明或公报的形式出现；此外，他们还要通过"自我宣传"的方式，时刻提醒自己笃信其事业的"正义性"。确认这些"兄弟情愫"是不是入行的背后驱动因素非常困难，除非我们在更宽广的议题背景下考虑它们。用 R. S. 皮德斯（R. S. Peters）的话来说，"动机可能并不是真正的缘由。"

此类记述的一个常见特征是，它会凸显被外部力量裹挟进入恐怖主义的感觉，该特征明显缺失了（或淡化了）推动个人进入恐怖主义的其他支撑性因素。伯吉斯（Burgess）、弗格森（Ferguson）和霍利伍德（Hollywood）[②]采访的恐怖运动成员就清楚地展现了这一特征：受访者中，没有人提及个人信仰是他们参与暴力或和平游行示威的动机之一。

类似特征只有当我们仔细考察相关记述或秉承批评精神并认真采访后才显得愈发清楚。个人习得性思想控制和自我宣传的程度或许可以用一种方法测量：观察恐怖分子个体在多大程度上不愿承认加入恐怖组织后所获的各种真实的或假想的奖赏，以及如先前所述回避他们成为恐怖组织成员后获取的各种利益。我们必须谨慎求证，才能得出任何设想的或自证的"催化剂事件"之真正意义：对于那些已经开始进行某种边界性活动（如通过和平示威表达支持）的人们来说，这些真实意义显得更加有力。事实上，把催化剂事件视为诱发因素，其总体意义只有在同时考虑激进分子给出的其他特征后才能得以凸显。在泰勒及奎尔采访的恐怖分子中，这种现象尤为突出：当问及最初为何加入恐怖主义运动时，他们普遍的回答是："别无选择"。而当霍根（Horgan）于 2008 年和 2009 年就相同问题采访来自不同恐怖组织的恐怖分子样本时，他们中只有一人暗示自己无路可走，只能选择参加恐怖主义。与前述情况相反，霍根采访中的大多数人描述到，在最终加入特定暴恐组织之前，他们曾反复考虑过从事其他职业的利弊。

频繁提及暴力，并将其视为无法回避的唯一选择，这是所有恐怖组织的共同特征。这种解释展现出明显的阴谋论（经常通过提及受害群体或社团获取合法性）。他们在提及、回忆类似事件时，常常还带有一种自我标榜的重要性和目标性，而这些恰好掩盖了一系列最初推动其加入恐怖组织的直接个人原因。如果用意识形态术语来表达，很容易发现这些所谓"正当理由"对被招募者来说至关重要，尽管很难确认这些"正当理由"究竟是在他们加入恐怖主义之前还是在加入恐怖主义之后产生的。

入行之诱惑

不少学者把成为恐怖组织一员后带来的吸引力称为"诱饵"。这些"诱饵"反映了恐怖主义的支撑性因素，在采访或自传叙述中，这些因素可能连恐怖分子自己也不愿提及，或者无意间忘记提及。我们可能会把这些诱饵视为入行率不断攀升的积极诱导因素。它们多种多样、各不相同，对具体的个人而言，每一种因素对他们的影响和意义各不一样，在其心中，每一种特定因素的重要性也各不相同。

强调群体环境对于确认恐怖主义合法性创建和维持的源头至关重要。针对这种情况，珀斯特（Post）[③]进行了有益的区分，试图给恐怖组织分类。他并不是基于方式或动机进行分类，而是基于恐怖组织与其自身环境的关系，将恐怖组织划分成两大类。珀斯特称，每种类型都以不同方式对其成员施加心理影响，相应地，每种类型都以不同的预期奖赏吸引不同的恐怖分子。第一种类型被称为"无政府意识形态"组织。这类基于"革命思想"的组织一般规模较小，其成员大多是出于意识形态原因，致力于推翻现有的政治或社会体制。左翼激进分子是这类组织的典型。珀斯特描述的"与自己的家庭或关系密切群体的疏远"是这类组织成员的典型特征。

第二种类型的恐怖组织被称为"民族—分裂主义"组织。在这类组织中，亲属及家庭共同参与恐怖主义运动或"民族独立起义"的现象非常普遍（父子、叔侄、兄弟等一起参加）。此处值得注意的一点是：这种运动的成员与自己的家庭及群体之间的关系并未疏远，相反，他们声称自己代表的就是后者的利益。

珀斯特最初的分类如今已显得非常陈旧，但它与现实仍然十分契合。他提出的一个重要观点是：一个人决定加入暴力抗议或以其他更宽泛的方式涉入其中，以其本土生活环境为背景来看，其合法性可以被视为一种习惯传承，一种在更大群体中巩固自身身份的运动。

这一点在各种文献资料中均有详尽记述。纳斯拉·哈桑（Nasra Hassan）[34]曾采访过不同恐怖组织的多名武装分子，她描述道：

> 象征自杀式袭击者的图案出现在海报和街头涂鸦中。挂历上标有"本月烈士"及其画像。各式画作描绘死去的袭击者在天堂的生活，他们以胜利者的姿态出现在一群青鸟之下。

珀斯特和丹尼[35]采访过35名囚禁中的恐怖组织成员，事后他们惊奇地发现，这些个体加入恐怖主义的途径竟然如此相似。考虑到受访者家庭背景和个人历史的巨大差异，这一发现显得格外特别。

> 对恐怖分子来说，他们孩提时代的英雄都是宗教人物；对世俗恐怖分子来说，他们崇拜的偶像是革命英雄。他们大多接受过中学教育，有的甚至接受过高等教育。大多数访谈者报告称，自己的家庭在社区中广受尊重。这种家庭对群体事业的态度通常都是一致支持。

谈到暴力反应的合理性，模范和榜样就是其权威合法性的源泉。个体恐怖分子在这些"模范榜样"身上看到的"固有权威"对于维持其恐怖主义承诺非常重要，对他们进入暴力组织，甚至参与暴力活动也十分重要。珀斯特和丹尼的分析显示，社会环境对加入恐怖组织诱惑力的影响远超其他任何因素。研究者和狱中激进分子的访谈发现，这种入行的诱饵变得愈发清楚：

> 武装袭击的始作俑者被视为英雄，其家人得到许多物质优待，包括重建新房，以替代在报复行动中毁坏的房屋。
>
> 整个家庭都竭尽全力而战，并因此赢得了极大尊重。我所有的兄弟都在监狱。其中一个因为参与行动被判处终身监禁。
>
> 被招募者受到人们的极大尊重，得到更多的优待。

获得这种身份的另一个额外好处就是，它带来的社会地位不单局限于这些激进分子的直接交际圈，还可以投射到更广阔的群体社会。此外，这一好处还是保持、维系恐怖分子身份的重要因素。因此，恐怖分子不仅在其内部团体中拥有可预见的被接受价值，还在更广大的群团社会拥有随之而来的社会地位和兴奋感。这不仅是维系现有入行恐怖分子的有力保障，也是吸引旁观者加入的诱饵。

即使在更加个体的层面，来自重要他者的认同感也可以将普通社交催化成为更加极端激进的行为。另外，取决于特定历史文化对所讨论组织的影响，有时甚至连负伤（无论是真实的还是想象的）也会被视为入行后的积极特征，而非消极特征。阿特兰（Atran）㉚指出，有的地区的人习惯于利用宗教赋予个人创伤以社会意义，结果就是把创伤视为"荣誉勋章"，而非精神负担。

机遇、角色和进展

个人记述的另一个实用社会价值就是，它体现了加入恐怖组织的渐进过程。大体上讲，人们"变成"恐怖分子的诸多途径反映了入行人数逐步攀升的渐进过程。对许多人来说，这是他们涉入恐怖主义的共同路径（虽然有时并不清晰），通过仔细研读这些个人记述，我们当然可以认清加入恐怖主义的过程：这是一个缓慢但却真实的、从传统（"传统"是与该个体现今的方向相对而言）社会边缘化，逐步转向极端主义的过程。前恐怖分子的记述指出，备选道路逐渐幻灭和参与恐怖活动日益增长最终成就了恐怖分子。究竟什么是备选道路可能差异很大，但加入恐怖主义的愿景却是实实在在的，这也是促使其做出最后决定的原因之一。

最初涉入恐怖主义可能是由一系列步骤演化而来（如果孤立看待，每个单一步骤的重要性会大大降低），这种观点十分有力。正如在第 3 章所见，我们习惯于在谈论恐怖主义涉入过程时认定戏剧性的特定恐怖主义事件起决定作用，这种看法其实模糊了上述过程。

话虽如此，考虑到个人加入恐怖主义的性质，忽视涉入恐怖主义的个人记述对他们来说也许就是一个更大的歧视。换句话说，参加恐怖主义究竟牵涉什么？新的研究提供了更多的启示。例如，艾米莉·代尔（Emily Dyer）和罗宾·辛考克斯（Robin Simcox）㉛曾在 2013 年分析了美国的 171 名基地组织追随者，揭示了加入恐怖主义的五种不同类型：

（1）积极参与者（迫不及待地希望实施恐怖主义行为）；

（2）渴望参与者（表达兴趣、愿意加入，但没有详细计划）；

（3）行动助推者（为恐怖主义活动进行准备，包括传送文件、资金或其他相关物品）；

（4）渴望接受训练的人（在海外恐怖分子营地接受训练，但被派往国内实施恐袭的机会有限）；

（5）煽风点火者（怂恿、鼓励恐怖分子实施恐袭）。

这种区分对于分析恐怖主义涉入过程至关重要。维克托罗夫（Victoroff）曾说："如果无法根据层级和角色来应用研究成果，任何宣称能够刻画恐怖分子心理的研究可能都极具误导性。"他进一步解释道：

> 在此矩阵上的每一点都可能吸引具有不同特质倾向的个人，他们在恐怖组织中扮演的不同角色可能正是源于其截然不同的心理因素。比如，有人可能会假定某些头目更容易成为自我想象中的理想主义者或利他主义者；一些人受到幻想的救世主心态的驱使；一些人出于民族或宗教原因；而另一些人则是自己的事业抱负。当然，由于恐怖组织的类型和规模各不相同，他们的角色也可能被模糊。

在一项针对年轻人为何加入暴力极端主义运动的研究中，佩特·内瑟（Petter Nesser）展示了其初步分析。[⑧]内瑟的研究显示，恐怖组织成员来自不同的国家和民族，年龄、职业、社会背景和性格各异。针对不同角色进行可操作性区别十分重要，但此处有一个关键的薄弱环节：针对这些角色的有效性或可靠性，尚没有任何形式的实证性验证。内瑟[⑨]针对 2005 年 7 月 7 日的暴恐袭击者做了一个分类，暗示基地组织成员可能符合下列四个类型："事业抱负型""宗教门徒型""与社会格格不入型"和"流浪汉型"。

虽然契合度很高，但这种分类倾向于用概括性术语表述，且缺乏不同恐怖组织间的实证性验证。当然，该分类方法背后的原则在恐怖主义案件调查初期可能对执法部门有帮助，其隐含意义对摸清恐怖团体的组织构架有利。然而，它在增进对恐怖主义涉入、参与时期人们的心理特征的了解方面贡献较小。此外，普通分类方法还会分散研究者的精力，使他们不再根据个体角色进行差别化分析。这种做法带来的结果是：我们不仅对什么是"涉入恐怖主义"缺乏分析性理解，而且从政策制定角度来看，审判或释放恐怖分子的决定也显得随意，没有实证性研究成果支撑。尽管在恐怖主义研究文献中，越来越多的学者意识到我们应当区分激进主义分子和那些"暴力型人格"分子，但其认识也仅限于此。尤其值得注意的是，为何不同角色特质会以不同方式吸引民众，我们尚无有说服力的阐释机制。

与此紧密相关的是，人们普遍认为承担某一角色通常可以通过主题或叙述特质来理解。录像材料在宣扬某些特定角色"独特优势"上的作用正好说明了这一点。一个令人印象深刻的例子是"巴格达狙击手朱巴"的录像宣传材料，它一上线即引发热议。该录像是美军士兵被狙杀的一系列影像片段，明显经过严格剪辑，放映速度较快。值得一提的是，这些狙杀据称都是由一名狙击手完成。该影像片段上映后，多个互联网论坛随即出现热帖，称颂这名狙击手的"英勇行为"。2007 年 10 月，美军对伊拉克城镇辛贾尔（Sinjar）的一处基地分子藏身处展开突袭，缴获了大量物品，包括许多武装分子的传记档案。其中的数据资料显示，在加入恐怖组织的人群中，大多数人希望自己成为卫兵、战士或烈士。然而也有一些人请求自己承担医生、记者或其他媒体角色。

我们现在还不知道，在恐怖组织中获取第一个清晰角色或发生角色转换究竟需要多少时间。对恐怖分子生活的自传式描述确实可以为了解这种过程提供一些线索，但苦于可用的数据不多。[40]涉入恐怖主义是一个缓慢、渐进的过程，其主要特征是个人在加入后，对恐怖组织活动的忠诚度逐步提高。事实上，有证据表明，恐怖主义涉入方式逐步社会化及其渐进式过程，不仅是同一组织不同成员的共同特征，也出现在不同恐怖主义运动中。麦可利（McCauley）和西格尔（Segal）[41]的研究显示，在成为头目之前，很多人就分别积极参加反对核武扩散的社区激进主义运动和相对温和的团体。许多爱尔兰临时共和军（PIRA）成员来自新芬党（Sinn Fein）（一些人在加入后又最终选择退回新芬党）。在西班牙，克拉克（Clarke）[42]在对埃塔组织（ETA）的研究中注意到，渐进式社会化确实会导致恐怖主义入行率增高，但这一结论却是在定义如何成为合格的"埃塔成员"时得出的：

> 招募新成员是一个缓慢、渐进的过程。我们很难准确说清一个年轻人何时正式迈入了埃塔的大门，一个巴斯克青年何时被完全转化。这是一个漫长的过程，充满曲折和竞争。

在意大利，艾里逊·贾米森（Alison Jamieson）[43]对阿德里安娜·法兰达（Adriana Faranda）的访谈同样具有启示意义。

> 事情不像那样一清二楚。那时有数不清的人和我一样生活在罗马，和我一般年纪的孩子也不见得都涉入其中，不管是政治斗争还是后来做出的其他选择。我想多半可能是因为我当时经历事件的方式、我对问题的个人看法、各种危机、我们的希望和憧憬，以及外部世界发生的、决定那种特定道路的事情。在我变成这样之前，有很多微小的步骤。在世界看来，这并不是什么大的飞跃。它只是另一个阶段，另一个选择。

法兰达的回答令人醍醐灌顶，因为它在一定层面上揭示了为何有关恐怖分子动机的问题（"为什么"系列问题）从本质上讲都无法回答（"我想多半可能是因为我当时经历事件的方式"），同时，也凸显了这种职业路径如何受到她谈到的"许多细微步骤"的影响。法兰达也承认，她最后已经到了"无路可退"的境地。我们将看到，这最终会变成入行渐深的现实，人们将在恐怖主义中越陷越深（我们将在后续两章仔细探讨这个问题）。尽管如此，仍需注意，到"无路可退"或"正式成为组织成员"并没有一个清晰可循的特定道路，却可能有一些仪式特征，比如通过参与特定行动，使原本清楚的支撑性活动和"直接行动"之间的界限变得模糊起来。30 年以后，对于该议题的敏感性仍具现实意义。2012 年，在一项针对极端分子的研究中，麦可利（McCauley）[44]强调称："积极活跃的恐怖分子只占据恐怖主义支持者和同情者中很小的一部分，就像现役部队只是国家军事支撑力量的一小部分。"正是基于这一点，麦可利建议"把关注焦点从恐怖分子身上移开，转向更广大的同情恐怖主义者或者为恐怖主义正名的群体"。麦可利还再次强调了先前的观点：

我们需要进一步细化恐怖组织内部不同角色，以便更好地理解其涉入过程。历史上类似的例子不胜枚举。比如，比利希（Billig）曾谈到过一个叫"罗尔夫"（Rolfe）的成员，此人刚加入时只负责传递情报，但几年后，他便开始从事更加激进的工作，亲自参与了绑架和谋杀德国商人汉斯·马丁·施莱尔（Hanns Martin Schleyer）的案件。

个人履行恐怖主义承诺、按既定步骤向恐怖主义靠拢的另一个显性特征即是学习某些技能，虽然这些技能可能仅仅是利用语言或智力为暴力使用正名。这一点至关重要，因为它是恐怖分子长期参与、实施恐怖活动的有力保障。在对持异见的恐怖主义组织的研究中，霍根（Horgan）[46]开始注意到恐怖组织内部机制中"高频词汇"的社会和心理功用。随之而来的是新成员控制和权力欲望上升，其实现渠道有二：一是有经验的老成员通过非正式的支持行为潜移默化地影响；二是通过正式的训练和"教育"。克拉克（Clark）[47]发现，恐怖组织招募率和参与度上升，其关键原因之一就是有社会支持。通常情况下，一名年长的老成员会为新招募者提供社会支持，这是一种类似两人同行、互保安全的机制。

考虑到以上诸多因素，我们意识到恐怖主义活动及其忠诚度和参与度都存在不同层级，且不断变化。即便是最小的组织单位，这种动态机制都十分明显。正如麦可利和西格尔[48]依据不同的组织环境所述："他们（恐怖分子）有的刚刚上路，有的承诺加入，有的已经笃信不疑，有的信心开始滑坡，而有的则决定彻底脱离。"

同时，如果意识不到各种因素都会影响恐怖组织中特定个体承担不同角色，恐怖分子画像（即试图找出承担不同组织角色恐怖分子的个体特征）就会非常局限。要确定某一特定时期活跃恐怖分子的范围，可能需要考虑一系列本土的内部和外部组织，考虑其组织、领导、管理及其他相关议题。从反恐角度来看，必须制定一套评估恐怖分子能力大小及其威胁程度的方案，而并不是老调重弹，回到以往仅仅依靠清点成员人数的老路子。这种方法标准不清，且过于局限。

恐怖主义涉入率攀升的最后一个特征是：我们认为，参与恐怖主义的各个步骤有不同层次的传播等级。实际上，恐怖组织内部的角色和功能多样性令人惊叹，即使小型组织也是如此。但每种特定的角色或功用都有与之对应的"心理包裹"。虽然活跃角色（即那些直接负责安放炸弹、实施枪击的恐怖分子）在国家安全关切（即反恐部门通过挫败暴恐图谋使恐怖组织的威胁大打折扣，最大限度减小恐怖主义威胁）的作用下变得极其有限，但始终为恐怖组织成员提供参与活跃角色的机会对维持其心理价值具有重要意义。

哈桑（Hassan）[49]对恐怖组织成员的采访就很有说服力。该恐怖组织严格控制实施自杀式袭击成员的人数，故意使未被选中的恐怖分子感到"失望"。"他们必须学会耐心等待，直至得到真主安拉的召唤。"我们还要重申先前的观点：恐怖分子的实际人数（即那些直接参与暴力活动的成员）其实和恐怖主义运动关系不大。除了奖赏给人们提供机会参与恐怖主义的"招募者"，恐怖组织的领导层通常把心理筹码押在一些特定的高调角色身上。

毕竟这对维持恐怖主义吸引力具有重要功用。除开暂时的内部安全和组织管理问题，如果人人都有机会获得类似角色，那么在获取并实现角色意义的背景下，人们预想的角色吸引力降低，其传播价值也会大幅度下降。扎沃迪（Zawodny）[50]指出［沙皮诺（Shapiro）也回应］[51]，任何"膨胀"会员制度导致的问题都会产生不利影响，在敌我眼中都会造成信用差距。

危险因素评估

有一个大的问题一直存在，令人如坐针毡。试想一个团体或一个组织都暴露在恐怖主义影响之下，这个群体的每个成员都会接触预想的恐怖分子产生条件和诱发因素，每个人都至少模糊地知晓加入恐怖主义后可能带来的好处，为什么最终只有极少数人越过界线，从最早的简单支持到实际参与恐怖主义活动，从最初的初步涉入到后来愈陷愈深，成为顽固不化的恐怖分子中坚力量？

这个问题不仅推动了第 3 章所述的研究，也推动了新近一些很有价值的实证主义研究。例如，巴勃（Barber）[52]曾调查过 900 名少年，发现其中有 2/3 曾遭受过暴力袭击或被士兵枪口瞄准。有超过 80% 的受访者承认自己曾为激进分子投递物品或情报，同时还有大致相同比例的人去探望过战死"烈士"的家人。然而，在这些年轻人中，很少有人真正成为恐怖组织的正式成员并实施恐怖袭击。为什么？

　　考虑到上述例证，我们可能有必要确认相关因素，因为这些因素可能导致某些个体对参与恐怖主义有更高的开放性和容忍度。当然，这里对学者最大的诱惑就是我们又可以继续用某种个性特点来解释这种差别，但其实，现实还与个人特殊的（几乎无法预测）学习成长经历和其他因素有关。这个问题可能本来就无法回答。当然，离开系统性、控制型实证研究，这些问题本身就无法得到可靠、完整的回答，而且在尝试回答时，有可能陷入循环逻辑的怪圈。当然，也可以凭借后见之明找出不少潜在的"高危"因素，而且这些因素还可以有效地帮助那些试图为恐怖分子画像的个体或团体，至少比现今不少滥竽充数的所谓"专家意见"要强。尽管如此，此处有一个清楚结论：离开个人生活和活动的社会组织背景，就难以理解影响个人做出加入恐怖组织决定的各种因素。这些高危因素概括抽象，并无太大的预测价值。我们也无法知道早期高危因素是否就等同于涉入恐怖主义的高危因素，或是涉入其他组织的高危因素。

　　为了建立一个合理的恐怖主义过程模型，确认人们是怎样涉入恐怖主义的相关议题可能比找出人们为何加入恐怖主义的答案更有价值。从本质上讲，应该丢掉幻想，不再期望用一个简单甚至天真的答案来回答恐怖分子的动机是什么。泰勒和奎尔[33]早就注意到了这种复杂性，他们这样描述恐怖主义的涉入过程：

　　　　在这个方面，（恐怖主义）和人们从事的其他工作并无二致。从某种意义上讲，开始恐怖主义生活就像其他任何生活中的选择一样。要询问一个个体为何会选择某种特定的社会职业和家庭角色，其实看起来简单，实际上无法回答。尽管如此，我们可以做的是确认特定环境下的不同因素，帮助我们理解人们为何做出特殊的生活选择。同样，这种分析方法也适用于考察恐怖分子的成长过程。

　　不同记述中那些相同的个人、情景和文化因素，可以凸显与人们为何以及如何加入恐怖组织相关的各种议题。这些议题通常十分宽泛，且从实用角度看仿佛互不相干。究其原因，多半是因为涉入恐怖主义并没有清晰、单一的催化剂事件（当某一恐怖分子个体暗示有这种催化剂事件时，应当小心解读，因为它常常会掩盖涉入恐怖主义的其他显性特征，让我们无法看得见影响恐怖主义涉入因素的全貌）。当然，如果不是出自恐怖分子本人之口，就更不该暗示存在这种催化剂事件了。同样清楚的是，当我们考察世界各地恐怖分子的记述时，势必会发现不同特质，由于各自的经历不同，在意识形态控制、忠诚度和"反馈"等方面，都会出现个体差异。实际上，这些差异有时仅仅反映出激进分子在口才表达方面的不同，或者他们是否愿意公开陈述其活动合理、合法。事实上，当我们得以接触这些恐怖分子记述时，就意味着他们已经将自己的行为置于一个繁复精细的教条主义精神框架。在此框架下，很难发现他们有明显的意愿希望加入恐怖主义。[54]

此外，逐步社会化仿佛是一个共同主题，人们最初涉入的特征就是忠诚度逐渐上升。与此紧密相关的是，群体因素对确认最初涉入激进组织的支撑性特征至关重要。总体来说，我们对于参与程度之间的明显界线判断呈现出心理倾向，而非物质考量（在下一章我们将看到，实际的暴恐行动能够带给恐怖分子一种仪式感，延续他们对组织和行动的忠诚度），关注焦点不仅集中于成员身份，还更多地系于特定角色。

进一步讲，有显性特征表明恐怖分子个体的涉入程度加深，这些特征包括：迅速掌握某些特殊技能；自我权力感、自我重要性和目的性提高；自我控制感加强（这通常反映了思想控制和自我宣称的效果）；将某一特定涉入步骤作为传播要点（这显示出不同涉入程度之间的区别）；组织内部清晰可查的接受感；与此同时，还有社区群体内部实实在在的地位确认和上升。

另外，必须注意到，这些因素中的任何一项都可能影响个人涉入恐怖主义的各个阶段（这一点在后续两章会变得更加清楚）。正如本章开篇所述，要找出支持恐怖主义活动及其发展的各种前提条件其实并不困难，但我们发现极少数人愿意参加高忠诚度的激进主义，更不用说各种暴恐活动了。我们列举了一些因素，这些因素有助于理解为何这种参与开放性在一部分人身上显得格外突出（所有个体身处同一团体，且所有成员均暴露于同一种恐怖主义易感条件下，他们的参与倾向也高于他人）。然而遗憾的是，由于没有设计精密的控制型研究，这些因素的预测功用和能力还未经证实。

"什么成就了恐怖分子"这个复杂现实促使我们用上述方法理解这一过程。尽管有看似不可逾越的生命历程中的复杂性问题以及与记述真实性相关的各种问题，我们还是可以确认成为恐怖分子的一些核心心理特征。恐怖主义涉入的一个最明显特征恐怕就是基于最初支持性特质的个人发展历程。该历程对个人、团体、个人与团体之间的相互关系以及两者与环境之间的关系均有影响，且各不相同。事实是：有很多因素（加上其组合更是种类繁多）可以影响个人有意识或无意识的社会化过程，最终导致其涉入恐怖主义。正是由于这种复杂性，进一步深入研究个体角色可能为我们带来希望。如此概念化恐怖主义涉入，强调恐怖主义涉入是一种依赖行为特质的特殊过程。然而，需要特别注意的是，认识到角色多样性并不意味着角色与角色之间是线型转换。我们对特定角色的过程和特点了解得并不透彻，针对个人进行角色画像可以揭示更多恐怖活动对所涉个人的意义。我们需要更加努力，揭示角色获取的性质和范围，恐怖组织的类型和分布等。回到本章的中心议题，这才是理解这一问题的关键：我们的焦点应该放在考察恐怖分子的成长过程。用这种分析方式考察不同角色可以提供一个框架，借此更好地对恐怖分子进行区分。该区分关注的是与个体密切相关的角色、功能和行为，而并非假想的内心状态。

在这种研究出现之前，我们还需继续前进。下一章我们将把分析延伸至团体或组织对个体成员的影响，一旦参与暴力行为，这种影响随即变得非常明显。

参考文献

① D. P. Farrington, "Explaining the Beginning, Progress, and Ending of Antisocial Behavior from Birth to Adulthood," in J. McCord (ed.), *Advances in Criminological Theory*, vol. 3: *Facts, Frameworks, and Forecasts* (New Brunswick, NJ: Transaction Publishers, 1992).

② T. Bjorgo （ed. ）, *Terror from the Extreme Right* （London： Frank Cass, 1995）.

③ R. V. G. Clarke and D. B. Cornish, "Modeling Offenders' Decisions： A Framework for Research and Policy," in M. Tonry and N. Morris （eds. ）, *Crime and Justice： An Annual Review of Research*, vol. 6 （Chicago： University of Chicago Press, 1985）.

④ T. Hirschi, "On the Compatibility of Rational Choice and Social Control Theories of Crime," in D. B. Cornish and R. V. G. Clarke （eds. ）, *The Reasoning Criminal： Rational Choice Perspectives on Offending* （New York： Springer – Verlag, 1986）.

⑤ M. Silber and A. Bhatt, *Radicalization in the West： The Homegrown Threat* （New York： New York City Police Department, 2007）.

⑥ J. Bartlett and C. Miller, "The Edge of Violence： Towards Telling the Difference between Violent and Non – violent Radicalization," *Terrorism and Political Violence*, 24, 1 （2012）, pp. 1 – 21.

⑦ S. K. Rice, "Emotions and Terrorism Research： A Case for a Socio – psychological Agenda," *Journal of Criminal Justice*, 37 （2009）, pp. 248 – 255.

⑧ F. Moghaddam, "The Staircase to Terrorism： A Psychological Exploration," *American Psychologist*, 60, 2 （2005）, pp. 161 – 169.

⑨ D. Gartenstein – Ross and L. Grossman, *Homegrown Terrorists in the U. S. and U. K. ： An Empirical Examination of the Radicalization Process* （Washington, DC： Foundation for Defense of Democracies, Center for Terrorism Research, 2009）.

⑩ M. Sageman, *Understanding Terror Networks* （Philadelphia： University of Pennsylvania Press, 2004）; M. Sageman, *Leaderless Jihad* （Philadelphia： University of Pennsylvania Press, 2008）.

⑪ C. McCauley and S. Moskalenko, *Friction： How Radicalization Happens to Them and Us* （New York： Oxford University Press, 2011）. Also see C. McCauley and S. Moskalenko, "Individual and Group Mechanisms of Radicalization," in L. Fenstermacher （ed. ）, *Protecting the Homeland from International and Domestic Terrorism Threats： Current Multi – disciplinary Perspectives on Root Causes, the Role of Ideology, and Programs for Counter – radicalization and Disengagement*, US Government Interagency White Paper （2010）. Retrieved on February 6, 2014 from： www. start. umd. edu/ sites/default/files/files/publications/ U_Counter_Terrorism_White_Paper_Final _January_2010. pdf.

⑫ P. Davis and K. Cragin （eds. ）, *Social Science for Counterterrorism： Putting the Pieces Together* （Santa Monica, CA： RAND National Defense Research Institute, 2009）.

⑬ A. Elliott, "Where boys grow up to be jihadis," *New York Times Magazine*, November 25, 2007, pp. 70 – 81, 96. Retrieved on February 6, 2014 from： www. nytimes. com/2007/ 11 / 25/magazine/25tetouan – t. html? pagewanted = all&_r = 0.

⑭ E. Bakker, *Jihadi Terrorists in Europe, Their Characteristics and the Circumstances in*

Which They Joined the Jihad: An Exploratory Study (The Hague: Netherlands Institute of International Relations, 2006).

⑮ R. Borum, "Understanding Terrorist Psychology," in A. Silke (ed.), *The Psychology of Counter – Terrorism* (London: Routledge, 2011), pp. 19 – 33; also R. Borum, "Radicalization into Violent Extremism I: A Review of Social Science Theories," *Journal of Strategic Security*, 4, 4 (2011); and R. Borum, "Radicalization into Violent Extremism II: A Review of Conceptual Models and Empirical Research," *Journal of Strategic Security*, 4, 4 (2011).

⑯ See especially A. Silke (ed.) *Terrorists, Victims, Society* (Chichester, UK: John Wiley, 2003).

⑰ Moghaddam, "The Staircase to Terrorism."

⑱ J. Victoroff, "The Mind of the Terrorist: A Review and Critique of Psychological Approaches," *Journal of Conflict Resolution*, 49, 1 (2005), pp. 3 – 42.

⑲ S. Rotella, "Terror Group Recruits from Pakistan's 'Best and Brightest,'" *ProPublica*, April 4, 2013.

⑳ A. Akwagyiram, "Islamist Radicalism: Why Does It Lure Some Africans?" BBC News Africa, May 30, 2013. Retrieved on February 6, 2014 from: www. bbc. co. uk/ news/ world – africa – 22688781.

㉑ S. M. Kleinmann, "Radicalization of Homegrown Sunni Militants in the United States: Comparing Converts and Non – Converts," *Studies in Conflict and Terrorism*, 35 (2012), pp. 278 – 297.

㉒ M. Sedgwick, "The Concept of Radicalization as a Source of Confusion," *Terrorism and Political Violence*, 22, 4 (2010), pp. 479 – 494.

㉓ J. Githens – Mazer, "The Rhetoric and Reality: Radicalization and Political Discourse," *International Political Science Review*, 33, 5 (2012), pp. 556 – 567.

㉔ T. Bjergo (ed.), *Root Causes of Terrorism: Findings from an International Expert Meeting in Oslo* 9 – 11 *June* 2003 (Oslo: Norwegian Institute of International Affairs).

㉕ Ibid.

㉖ S. M. Kleinmann, "Radicalization of Homegrown Sunni Militants in the United States: Comparing Converts and Non – Converts," *Studies in Conflict and Terrorism*, 35 (2012), pp. 278 – 297.

㉗ B. Cordes, "Euroterrorists Talk about Themselves: A Look at the Literature," in P. Wilkinson and A. M. Stewart (eds.), *Contemporary Research on Terrorism* (Aberdeen: Aberdeen University Press, 1987), pp. 318 – 336.

㉘ M. Taylor and E. Quayle, *Terrorist lives* (London: Brassey's, 1994).

㉙ B. M. Miller, "The Language Component of Terrorism Strategy: A Text – Based Linguistic Case Study of Contemporary German Terrorism," unpublished doctoral thesis

(Washington, DC: Georgetown University, 1987); also Cordes, "Euroterrorists Talk about Themselves."

㉚ Cordes, "Euroterrorists Talk about Themselves."

㉛ M. Burgess, N. Ferguson and I. Hollywood, "From Individual Discontent to Collective Armed Struggle: Personal Accounts of the Impetus for Membership or Non – membership in Paramilitary Groups," unpublished draft (Liverpool: Department of Psychology, Liverpool Hope University College, 2003). Later version published as: M. Burgess, N. Ferguson and I. Hollywood, "From Individual Discontent to Collective Armed – Struggle: Personal Accounts of the Impetus for Membership or Non – Membership in Paramilitary Groups," *Perspectives on Evil and Human Wickedness*, 2, 1 (2006), pp. 36 – 46.

㉜ Ibid.

㉝ See, for example, the discussions in J. M. Post, "Notes on a Psychodynamic Theory of Terrorist Behavior," *Terrorism*, 7 (1984), pp. 241 – 256; J. M. Post, "Group and Organisational Dynamics of Political Terrorism: Implications for Counterterrorist Policy," in Wilkinson and Stewart (eds.), *Contemporary Research on Terrorism*, pp. 307 – 317; J. M. Post, "Rewarding Fire with Fire: The Effects of Retaliation on Terrorist Group Dynamics," *Terrorism*, 10 (1987), pp. 23 – 35; and also J. M. Post, "Terrorist Psycho – logic: Terrorist Behavior as a Product of Psychological Forces," in W. Reich (ed.), *Origins of Terrorism: Psychologies, Ideologies, Theologies, States of Mind* (New York: Cambridge University Press, 1990), pp. 25 – 10.

㉞ N. Hassan, "Letter from Gaza: An Arsenal of Believers – Talking to the Human Bombs," *New Yorker*, November 19, 2001.

㉟ J. M. Post and L. M. Denny, "The Terrorists in Their Own Words: Interviews with 35 Incarcerated Middle Eastern Terrorists." This was the original unpublished draft, which was later published (but without some of the detail mentioned here) as J. M. Post, E. Sprinzak and L. M. Denny, "The Terrorists in Their Own Words: Interviews with 35 Incarcerated Middle Eastern Terrorists," *Terrorism and Political Violence*, 15, 1 (2003), pp. 171 – 184.

㊱ S. Atran, "Social Science Review: Genesis of Suicide Terrorism," *Science*, 299, 5612 (2003), pp. 1534 – 1539.

㊲ E. Dyer and R. Simcox, *Al – Qaeda in the United States: A Complete Analysis of Terrorist Offenses* (London: Henry Jackson Society, 2013).

㊳ C. Benard (ed.), "A Future for the Young: Options for Helping Middle Eastern Youth Escape the Trap of Radicalization," Working Paper WR – 354 (Santa Monica, CA: RAND, 2005).

㊴ P. Nesser, "Profiles of Jihadi Terrorists in Europe," in C. Benard (ed.), *A Future for the Young*: *Options for Helping Middle Eastern Youth Escape the Trap of Radicalization*, Working Paper WR – 354 (Santa Monica, CA: RAND, 2005), pp. 31 – 49; also P. Nesser, "Jihad in Europe; Recruitment for Terrorist Cells in Europe," in L. Bokhari, T. Hegghammer, L. Brynjar, P. Nesser and T. H. Tonnessen, *Paths to Global Jihad*: *Radicalisation and Recruitment to Terror Networks*: *Proceedings from a FFI Seminar*, *Oslo*, 15 *March* 2006.

㊵ E. g. E. Collins (with M. McGovern), *Killing Rage* (London: Granta. 1997); M. McGartland, *Fifty Dead Men Walking* (London: Blake, 1997); S. O'Callaghan, *The Informer* (London: Bantam, 1998).

㊶ C. McCauley and M. E. Segal, "Terrorist Individuals and Terrorist Groups: The Normal Psychology of Extreme Behavior," in J. Groebel and J. H. Goldstein (eds.), *Terrorism* (Seville: Publicaciones de la Universidad de Sevilla, 1989), p. 45.

㊷ R. P. Clark, "Patterns in the Lives of ETA Members," *Terrorism*, 6, 3 (1983), pp. 423 –454; also see R. P. Clark, *The Basque Insurgents*: *ETA* 1952 – 1980 (Madison: University of Wisconsin Press, 1983).

㊸ A. Jamieson, *The Heart Attacked*: *Terrcrism and Conflict in the Italian State* (London: Marion Boyars, 1989), pp. 266 –267.

㊹ C. McCauley, "Testing Theories of Radicalization in Polls of U. S. Muslims," *Analyses of Social Issues and Public Policy*, 12, 1 (2012), pp. 296 –311.

㊺ O. Billig, "Case History of a German Terrorist," *Terrorism*, 7 (1984), pp. 1 – 10.

㊻ J. Horgan, *Divided We Stand*: *The Strategy and Psychology of Ireland's Dissident Terrorists* (New York: Oxford University Press, 2013).

㊼ Sec Clark, "Patterns in the Lives of ETA Members," and Clark, *The Basque Insurgents.*

㊽ McCauley and Segal, "Terrorist Individuals and Terrorist Groups," p. 55.

㊾ Hassan, "Letter from Gaza."

㊿ J. K. Zawodny, "Internal Organizational Problems and the Sources of Tensions of Terrorist Movements as Catalysts of Violence," *Terrorism*, 1, 3 –4 (1978), pp. 277 –285.

(51) J. N. Shapiro, *The Terrorist's Dilemma*: *Managing Violent Covert Organizations* (Princeton, NJ: Princeton University Press, 2013).

(52) B. Barber, *Heart and Stones*: *Palestinian Youth from the Intifada* (New York: Palgrave, 2003).

(53) Taylor and Quayle, *Terrorist Lives*, pp. 34 –35.

(54) For example, see the interviews conducted by Hassan in "Letter from Gaza."

第5章 参与恐怖主义

引 言

前述内容探讨了导致人们涉入恐怖主义的途径和原因。本章关注的焦点是人们参与恐怖主义行为后发生的事情。人们参与恐怖主义的表达方式多种多样。许多人实际并未参加任何暴力活动，但仍被认定为"参与恐怖主义"。当然，一想到恐怖主义，一般都会联想到暴力。事实上，自 2001 年起，对"哪些行为意味着参与恐怖主义"这个问题的回答或许已经成为最重要的研究议题之一。这可能是由于在过去二十年里，恐怖主义已经发生了某些根本性变化，然而我们却没有严格区分"加入恐怖主义"和"参与恐怖主义"，最多将后者限定为长期涉入或参与了超越"红线"的特定恐怖主义活动。同时，在另一方面，参与恐怖主义可能被视为抽象、模糊的，只有当个人参与显而易见的特定非法活动，或此人正处于拘押状态，并准备承认此类罪行时，参与恐怖主义才变得实实在在、一目了然。

如果想将恐怖主义和常规犯罪区分开来，我们就会发现，法律制度通常要求涉案人员犯下某种罪行，而一旦涉及恐怖主义，情况就要复杂得多。尤其是当我们不再考虑个人做了什么，而是开始着眼更为宽泛概括的成员制度、联系或附庸等问题时，这种情况就更加明显。更不用说我们还要思考，个人宣称某种联系或做出某种承诺后会对其未来行为造成何种影响。"9·11"事件过去后的 10 年里，恐怖分子的身份确认问题变得愈加复杂，学者们讨论的范围从以前的动机推测逐渐转向围绕合法性和先发制人寻找目标的前沿辩论。美国前国防部部长唐纳德·拉姆斯菲尔德（Donald Rumsfeld）提议，在时任政府先发制人观念的影响下，应该有一套"新词汇"与之匹配。①虽然我们很容易将他的提议斥为摆政治姿态，但倘若忽视语言对恐怖主义和恐怖分子身份确认的影响，无视其对如何理解恐怖主义过程的影响，将是一件十分危险的事情。

恐怖分子与其周遭环境之间的关系对于理解"谁/什么是恐怖分子"这个问题及理解它与研究的相关性非常重要，"9·11"事件以后，这一点变得愈发明显。同样，这与恐怖分子标签本身的合法性并无太大关系，而与问题本身涉及的范围和管理问题关系密切。基地组织暴行发生后的日子里，美国前总统布什做过一系列重要演讲，旨在团结美国和全球言论，为政府近在咫尺的打击行动奠定基调。他曾在一周内多次在演讲中发出严正警告："任何庇护恐怖分子或支持恐怖主义的个人都会被绳之以法""我们指的是那些为恐怖分子提供食物、房屋和避风港湾的人""这是一场不同类型的战争，有不同类型的战场""如果你庇护恐怖分子，为他们提供帮助，或藏匿他们，你就等同于恐怖分子"。类似的词汇和短语如今已经进入大众语言，考虑到当时的政治谈判和随后出兵伊拉克带来的强烈民众情绪，无论在美国还是英国，这种情愫的核心可能都是不欢迎异见。

尽管如此，它凸显了人们研究所谓"恐怖分子行为"的热情，拓宽了相关认知：即"谁是恐怖分子，他们的行为是什么"。布什演讲带来的一个令人意想不到的结果，"什么是恐怖分子"（而并非"什么是恐怖主义"）的问题开始逐渐成为中心议题，反恐目标突然变得十分尖锐，尤其是在事态逐步演变为"全球反恐战争"及其后续阶段伊拉克战争爆发期间。美军在也门、巴基斯坦、阿富汗等国发动定点清除时也是如此。上述事件代表了美国在本土以外打击恐怖主义的主要努力。

人们的目光开始转向，不再仅仅关注个体是否为某一组织做了什么（或他们可能做什么），或更加间接的是协助和教唆他人从事暴恐活动，这使得恐怖分子的定义愈加复杂。这也让我们从概念层面理解恐怖主义涉入变得扑朔迷离起来。有一个例子很说明问题：在英国，私藏基地组织主办的英文杂志《激励》（*Inspire*）会被视为严重的恐怖主义罪行，甚至可能被处以监禁。

这些区别（如果我们可以这样称呼的话）可能是我们针对一个恐怖事件可否确认的最可行的司法回应。法律倾向于纯粹绝对，可能正是由于这种原因，加剧了定义的模糊性，尤其是当我们试图回答何时可以将个人视为/不视为恐怖分子，或此人是否会在未来某个时间点完成某种行为时。

通过对涉入恐怖主义的一些支撑性特征的粗略确认，我们清楚地看到，恐怖主义是一个群体过程。团体组织在塑造恐怖分子内在行为过程方面发挥着举足轻重的作用，此外，它还在保持涉入现状、鼓动参与暴力和其他活动方面扮演着积极角色。就此类行为导致的具体种类恐怖主义而言，群体组织的影响可能微乎其微或十分牵强（如"独狼式袭击者"），但这种影响或许始终存在。即使对单独的两人组活动来说，这种影响也依然有效，因为至少从心理角度讲，一个团体最少就只有两个人。

尽管如此，参与恐怖主义活动连同源自并支撑此类行为的决策过程，均深受个人涉入恐怖主义后直接环境的影响。进一步讲，参与恐怖主义活动对个人涉入恐怖主义的加深和变化，以及个人对这些变化的反应，均有重要意义。

为了更好地考察加入恐怖主义带来的心理后果，我们别无选择，只能首先考虑恐怖主义事件的性质和复杂性。我们尤其应当考虑：恐怖主义行动的发展可以帮助我们理解直接或间接涉入恐怖主义行为的个人如何履行其职责。另外，可以找出相关因素，解读参加恐怖主义活动及后续深陷其中的社会和心理原因。

恐怖事件的周期

本书的核心观点是，恐怖主义是一项复杂的活动。无论我们考察何种具体的恐怖主义事件，在某一方面它都是独特的。每一事件都有其自身逻辑和动态背景，都是特定时间、地点的产物。同样，我们也可将恐怖主义事件视为经历了一系列过程，有一个自然的历史过程，从开端到结束。恐怖主义活动并非发生在真空中，而是在一定的社会、政治、意识形态或组织框架内出现，且这些因素都可能影响特定目标活动的性质、方向和范围。接下来就是从过程角度试图找出恐怖事件之自然历史特征。在此过程中，笔者将首先简要考察恐怖主义事件的主要特征，然后通过确认参加恐怖主义活动带来的社会和心理结果，制定正式的分析框架。

从一开始我们就提到，认为恐怖袭击源自个体恐怖分子的观点非常狭隘，效度十分有限。除了那些极其小型的组织和那些极其罕见的、有时被误标记为"独狼行动"的事件外，绝大多数恐怖主义行为属于有组织活动，涉及扮演不同角色的各色人种，他们分工明确，有的和暴恐行动直接相关，有的从事支持性辅助工作。当今世界的一些主要恐怖组织，其功能角色甚至开始专业化，特定事件的协调、组织和执行均有专人负责，另外还有专业人士利用该事件在更大范围内达成其政治、组织目标。（一个绝佳的例子就是 2004 年 3 月 11 日在马德里阿托查火车站发生的列车炸弹袭击）。要想理解这一点，有一个办法就是将恐怖事件视为一个过程，经历不同阶段，以此来考察其自然历史。

从上述章节可以看出，"恐怖主义"的各个组成部分均呈现出多样性。截至 2013 年年初，在美国提起的至少 200 起涉恐诉讼中，法官们都援引了"一到两种联邦物质支持法条"。这些陈述称，物质支持涵盖广泛，包括提供金钱、建议、庇护场所和武器等。③在缅因州起诉的一起案件中，被告瑞兹·可汗（Reaz Khan）被控通过关系人向马尔代夫居民阿里·杰里尔（Ali Jaleel）提供 2450 美元，用于后者在 2008 年 10 月参加一个恐怖分子训练营，同时指控其为阿里提供详细建议，帮助他偷渡至巴基斯坦。尽管看似和我们的分析不大相关，我们还是要首先提出下列与常规恐怖主义活动（即精细策划的暴力行为）紧密相关的各项原则。

可以首先确认以下四个具体阶段：

1. 决策和找寻；

2. "恐怖主义预备"活动；

3. 任务执行；

4. 任务后活动和战略分析。

决策和找寻

就恐怖事件周期而言，选择袭击的特定目标并确认袭击方式是首要的关键步骤。袭击目标不是随机选择，总是经过深思熟虑，故意为之。当某个重要的政治人物遭袭，或当某个标志性机构的人员或财产受袭时，这一点就清楚地凸显出来。如果受袭人群是没有特殊意义的偶然个体，只是恰好出现在袭击地点，那么这一点就隐藏起来了。

在下文中，我们将通过一系列例证看到恐怖分子目标选择的多样性，第一个例子就是西班牙巴斯克分裂主义运动组织制造的系列恐怖事件。1996 年夏，西班牙北部多个度假区发生炸弹袭击事件。7 月 20 日，一颗炸弹在罗伊斯机场爆炸，造成 35 名度假者不同程度受伤，该机场是旅行者飞往北部度假区的必经之地。其他度假地点也遭到了炸弹袭击，所幸没有造成人员伤亡。这些受袭地点包括位于西班牙南部格兰纳达的阿尔罕布拉宫售票处。在南部沿海的度假区域，恐怖分子也安放了一定数量的小型爆炸装置。政府迅速发出警告，要求公共场所安装小型安保装置，以确保安全。而且，虽然这些针对西班牙重要旅游产业的炸弹袭击与埃塔 30 年来的反政府运动息息相关，但我们还是要将相关事件置于当时的背景中来理解：那时的西班牙政府正转向右翼，这类行动旨在向埃塔与政府之间正在进行的谈判施压。

除开上述针对旅游景点、带有明显政治动机的恐怖袭击，在西班牙北部城镇奥尔迪西亚，埃塔组织成员还射杀了一家建筑公司的负责人伊西德罗·乌萨维亚加（Isidro Usabiaga）。被害者在参加完城市嘉年华返家途中被恐怖分子射杀，面部、腹部和腿部均有中枪。此次射杀与度假区袭击并无特殊联系。当地官员称，乌萨维亚加之所以成为埃塔的袭击目标，是因为他先前拒绝缴纳所谓"革命税"，这是埃塔通过敲诈勒索筹款敛财的重要方式。

此次袭击凸显了恐怖主义暴力的另一方面：即恐怖分子的日程安排并非总是围绕恐怖主义运动的政治目标（尽管通过传播恐惧，它能够以更宏观的方式服务该目标），有时恐怖组织的内部需求也会成为工作重点，尤其是筹集资金的需要。于是在这些例子中，我们可以发现影响目标选择的两大因素：一是政治环境，二是组织压力。

目标选择中有一个与众不同的特点，体现了恐怖组织维持自身团结和控制的内部力量。众所周知，恐怖组织需要行使并维持严格的纪律，以此来确保自身安全。从组织运作角度看，这一点十分重要，它可能与行动的本土化或基础性密切相关，对于保持组织严密性、防止线人渗透和塑造正确"形象"也有积极意义。

美联社曾发表过一封明显由基地组织高级领导层于 2013 年 5 月撰写的信件，据此我们可以窥见福斯特（Foster）④所谓的"基地组织的人力资源问题"。信件是寄给默克塔尔·贝尔默克塔尔（Mokhtar Belmokhtar）的，他本身就是基地组织马格里布分支（al – Qaeda in the Islamic Magh-reb）（简称 AQIM）的重要成员。AQIM 是基地组织最心狠手辣且资源丰富的分支之一，策划实施了横跨阿尔及利亚、摩洛哥等多国的各式恐怖暴行。但这封来自领导层的信件抱怨称，贝尔默克塔尔长期拒接电话、拒回邮件，并拒绝参加他认为"无用"的会议。福斯特（Foster）惊讶地注意到，具有讽刺意味的是，基地组织高层居然能屈尊容忍其放肆行径。"该地区前后历任埃米尔为何对你均束手无策？"他们还责备贝尔默克塔尔没有从被绑架者身上勒索到巨额赎金。贝尔默克塔尔回应称，他和他的直接部下已经"厌烦至极"。对该恐怖主义运动内部运作机制的深刻洞察凸显了后来贝尔默克塔尔和舒拉议会（the Shura Couneil）之间的分裂，随着裂痕加深，最终导致贝尔默克塔尔决定自立门户。

当今的恐怖主义是一种计划周密且充满变数的群体活动。多种目标可供选择、确认，有时甚至在同一时段，其目标也各不相同，这一切都暗示着需要精细计划。它也强调由领导层做出战略决策，思考组织现今所处的位置以及如何达成其既定目标。这些目标由不同层级来决定。一方面，它们可能和繁复的政治分析相关；另一方面，它们可能和组织内部的压力有关。在大型的恐怖主义运动中，领导层可以接触大量智力资源和规划资源，这些资源要么来自组织成员，要么来自恐怖组织同情者。尽管如此，对领导层来说，无论有何种压力，为了实现长远目标，一个重要的任务就是获取短期资源，并将这些资源分配给组织内部互有冲突的分支。在现实条件下，这些短期目标与资源和人力息息相关。

犯罪学中的概念也许可以再一次帮助我们将恐怖事件周期的本阶段和下一阶段纳入社会环境考虑。恐怖活动周期的这一阶段在很多方面和卡森（Cusson）⑤所谓犯罪分析中的"找寻"阶段不谋而合。恐怖活动周期的下一阶段，此处称为"准备阶段"，该阶段与卡森所谓"犯罪预备"非常类似。"找寻"阶段能够确认合适的"犯罪预备"情形，卡森将其定义为"一整套先于和围绕犯罪事件的环境因素总和，这些因素足以影响犯罪行为的难度、危险性和预期效益"。从本质上讲，这种找寻过程是评估和选择的综合。就恐怖主义而言，它可能在某些方面和常规犯罪不同，例如从表面看来，恐怖主义希望努力达成的是政治目的而非经济目的。而且，由于恐怖组织构成复杂，与绝大多数犯罪活动相比，通常展示出更高层次的专业化。

使用"找寻"这一术语来凸显本阶段的主要特征，可以让我们更加重视恐怖主义活动与其周边环境的关系。国家安全力量对恐怖主义行动的自由来说，代表着最有效的环境约束。"找寻"以及后续"犯罪预备"阶段中显示的恐怖分子和安全力量的相互较劲，是恐怖分子战术变化的一个重要推动因素。恐怖主义行为的机会［如同大多数暴力犯罪（包括性侵害）一样］并非事发偶然，而是经过了积极策划。寻找合适的犯罪预备条件暗示着侵害者试图有意突破目标的防御体系，找寻薄弱环节准备下手。

我们将关键要点梳理如下：

- 恐怖主义行为大多是经过精心策划的暴力行为。
- 除开个别例外，恐怖组织都有某种形式的领导层负责做出决策，并影响恐怖活动的方向。
- 为了更好地理解恐怖分子的目标选择，我们必须将其置于更广阔的背景中：不仅要考虑恐怖组织的需要，也要考虑其实施恐怖行为的目的。此外，还要从恐怖组织的政治、社会批判以及安全力量对其运作的限制方面来考量。
- 恐怖行为本身呈现出明显的政治或犯罪倾向，许多暴恐行为都指向有政治或其他象征意义的个人或财物。暴恐行为也可能针对无关平民、组织自身内部成员或对手成员，这反映出恐怖组织复杂多变的背景。

● 从运筹学和犯罪学角度看，这一阶段或许可以称为寻找适当犯罪预备条件的"找寻"阶段。

"恐怖主义预备"活动

一旦目标确定，或搜寻阶段圆满完成，恐怖活动周期即迈向准备期或"恐怖主义预备"阶段。此时，必要的准备必须到位，以发掘潜在恐怖事件，并使恐怖袭击的实施逐步成为可能。决策过程强调恐怖组织核心领导层的战略及政策功用。而恐怖袭击的准备工作则关注相应的后勤保障问题（有时是组织问题）。这一阶段可被视为恐怖行为的战术准备阶段。此时，战略角度的目标一旦确立，就必须做出相应选择，开展相应活动，使目标具有可操作性。在任何给定条件下，这些阶段都可能重叠，但它们各自代表的功用还是明显易辨的。

在其自白书中，挪威独狼式恐怖分子、冷血杀手安德斯·布雷维克（Anders Breivik）详尽回忆了他在长达两年的时间里精心策划，从战略和战术两个方面为其日后在挪威奥斯陆和于特岛的大规模杀戮做好准备。布雷维克制造的炸弹和枪击暴行共造成 77 人死亡，超过 300 人受伤。

经过一段时间对潜在目标的精心刻画和分类，布雷维克开始长达数月的所谓"爆炸物获取"准备阶段。在此阶段，他针对炸弹制作和改良进行了详尽研究，为此，他专门租用了一个近 5 公顷的农场，以便神不知鬼不觉地进行大当量炸弹实验。布雷维克解释称这是其战术"掩护"，他租用农场的目的就是测试"甜糖生产"。

进一步讲，每一起恐怖主义事件都有后勤、情报和资金方面的内容。从后勤方面来看，有人需要完成恐怖主义事件要求的一切，他们必须知道做什么，还要有适当的工具设备来完成这些事务。最简单的袭击方式可能是机会主义性质的：比如开车途径一片区域时，向警方车辆随意开枪。但即使要策划此类简单的恐怖袭击，也需要某种形式的战略考量，用来表达恐怖袭击背后的动机，并声称对此事件负责。自然，对于此类事件来说，其情报预测功用大大受限：因为任何正常巡逻的警员或警车都可能受袭。但即便如此，我们仍需要形成严格机制，向当地车辆发出预警，并防止其他车辆在救助受袭车辆时遭遇不测。实施此类袭击的个人需要武器，也需要知道如何操作武器。尽管可能被掩盖于简单的或小规模袭击中，这个事实本身其实就暗含两种清晰的功能：一是个人功能，因为必须有人实施袭击，并在事前接受足够训练完成任务；二是后勤功能，恐怖分子必须获得合适的武器。

在更加复杂的恐怖主义行动中（如"9·11"事件和孟买袭击案），考虑到直接或间接涉入的人数，这些功能就显得更加重要，其专业化程度也大大提高。总的来说，涉及精确目标的恐怖袭击比一般的恐怖袭击需要更多的情报支撑。许多历史先例可以说明这一观点。例如1989年11月的恐怖组织高调暗杀阿尔弗雷德·赫尔豪森（Alfred Herrhausen）的准备工作：事发前，他们曾在长达两个多月的时间里进行了一系列系统、复杂的监视活动。当赫尔豪森（Herrhausen）乘坐的车辆途径某一路段，扰动了由放在路边的光电装置发射的光柱时，炸弹随即引爆。在此情形下，确认汽车炸弹的潜在安放地点可能要比确认哪家航空公司的班机会被恐怖分子劫持简单一些，后者如基地组织在"9·11"事件发生之前的准备工作，或者恐怖组织在2008年孟买袭击案发生之前进行数月之久的广泛协调安排。即便是前者，也需要相当层次的准备和策划。

人事因素和此处的两个宽泛议题相关：一是确认合适的个人或团体来实施恐怖袭击；二是确认他们知晓如何实施。从某种层面讲，恐怖主义的人事需求仅需要满足处变不惊，能有稳定的精神状态完成暴恐行动。有时，确认恐怖分子个体有完成行动的毅力至关重要。2008年孟买大屠杀调查的医学报告显示，恐怖分子血样中有麻醉药剂成分。该调查得出结论称，这些特殊种类的麻醉药剂能够让袭击者在50小时内保持高度清醒，以完成冗长、复杂的系列袭击。任何诸如此类的复杂行动（尽管孟买恐袭案和"9·11"事件可能代表了恐怖袭击复杂性的顶峰），都需要不少专家参与，共同完成。选择个体实施自杀式恐怖袭击代表了另一种截然不同的、高度个性化和人员选择的问题。

第二个人事因素是训练。大多数恐怖组织都有某种形式的人员训练能力，但一些独狼式袭击者（尤其是布雷维克这样的恐怖分子）可能要花很长一段时间来训练自己。有证据显示，某些恐怖组织拥有正规、系统的恐怖分子训练能力，这不仅存在于地方层面，当国家作为恐怖主义支持者涉入其中，并将恐怖主义视为其外交和安全政策的一部分时，这种现象就变得尤其明显。

一些组织依靠远程遥控指挥远在他国的恐怖分子实施行动，不这样做的话，这些行动就会成为看似群龙无首的自发行为。在"9·11"事件以后，尤其是在美国主导的多国部队入侵阿富汗之后，这种方式变得愈发成熟完善。与恐怖分子基地和训练营地相关的各式报道自然真假难辨，而且由于情报误判导致美国入侵伊拉克一事余波未平，我们更需要谨慎、客观地审视类似传言。但是，恐怖组织间互有国际支持且共享训练基地是确凿无疑的事情。从实际功用角度看，这些联系暗示了恐怖组织具有相当层次的组织和军事能力，而这些能力我们以往常常忽视。这同样暗示了某些渠道对恐怖主义有资金承诺，能够保证维持恐怖组织基地运作和恐怖活动开展。

恐怖主义周期的这一阶段与训练密切相关，该阶段强调技术能力的发展。一方面，维护检修某种武器可能并不复杂；另一方面，如果要装备并安放炸弹，也许就需要更多技术了。进一步讲，要设计、制造并测试炸弹，可能就更复杂。炸弹制造者必须考虑到，他们制造的产品是装备给他人使用，而并非他们自己（尤其是在那些自杀式烈士行动中更加明显）。这就要求有足够的技术技巧，以及相应的设备工具和爆炸物资源。

然而，拥有制造炸弹的能力并不一定意味着参加了复杂的训练项目。如今，炸弹制造技术可以通过互联网无偿获得，从简单爆炸装置到结构复杂的炸弹和手雷都有。相对简易的管状炸弹的制作方法在网上随处可得（1996 年亚特兰大奥运会恐袭中使用的炸弹就是这种类型）。今天，类似制作向导很容易与基地组织的《激励》（*Inspire*）杂志产生共鸣。一个著名的例子是：2010 年，一名安瓦尔·奥拉基（Anwar al‑aw-laki）的追随者曾以"基地厨师"为笔名，在《激励》杂志发表文章，怂恿读者在"自家的厨房里"制作炸弹。[⑦]

2013 年 4 月发生的波士顿马拉松爆炸案,嫌犯萨纳耶夫(Tsarnaev)兄弟利用高压锅放置爆炸物,并几乎同时引爆。尽管人们在描述这种简易爆炸装置时称其"原始粗糙",但就其作为恐怖武器的直接致命性和心理冲击力来看,它的有效性毋庸置疑。萨纳耶夫(Tsarnaev)兄弟的自制炸弹直接造成 3 人死亡,近 300 人受伤。对于持异见者和其他政治、暴力团体来说,此类信息简便易得,意味着制造爆炸装置变得相对简单,美国境内炸弹使用率的增长也反映了这种情况。据一份针对美国境内恐怖分子策划和袭击的分析报告称,2001~2011 年,简易爆炸装置(Improvised Explosive Devices,IEDs)已成为"最普遍的武器"。[⑧]

高精尖技术能力的发展有时会向意想不到的方向延伸,几乎等同于制造。今天,在世界各地,简易爆炸装置早已成为人人使用的常规武器,从走私蛇头到毒品商人,从叛乱分子到恐怖分子。[⑨]从 2011 年 1 月到 2011 年 11 月,除去伊拉克和阿富汗,仍有 6 832 个简易爆炸装置在 111 个国家爆炸,造成 12 286 人伤亡。2013 年 4 月发生在亚洲和非洲最著名的恐怖袭击中,多名攻击者身穿伪造的军队制服在法院引爆了自杀式简易爆炸装置。仅这两起恐怖袭击就造成 73 人死亡,160 人受伤。[⑩]

2013 年底,随着美国和北约军队撤离阿富汗的日期日益临近,应对简易爆炸装置成了接防部队的主要挑战。这带来的直接后果就是人们开始重新关注基地组织的复兴。[⑪]巴基斯坦的简易爆炸装置网络在他国简易爆炸装置使用中起着核心作用,这一点人们心知肚明。阿富汗境内简易爆炸装置常用的硝酸铵钙化肥(calcium ammonium nitrate,CAN)、引爆装置和其他部件无一例外均来自巴基斯坦。位于瓦济里斯坦(Waziristan)南部和北部的简易爆炸装置组装设施从小作坊到大工厂,不一而足。随着训练中心和简易爆炸装置实验室的增加,这些设施的数量随之翻倍。部分简易爆炸装置的制作技术也来自一些伊拉克团体,他们可以提供有关制造和使用遥控装置及计时器的方法。伊拉克的武装分子还向来自巴基斯坦部族区域的恐怖分子和外籍战士提供战术培训。[⑫]就这样,巴基斯坦的简易爆炸装置网络与阿富汗和伊拉克的简易爆炸装置网络互联互通,建立了千丝万缕的联系,那里产生的技艺和战术很容易地就扩散到全世界。

在一项针对美国国内和全球恐怖袭击及目标多样性的研究中，桑迪福（Santifort）[13]及其研究小组暗示，反恐措施非常奏效，因为多年来恐怖分子目标选择和袭击模式的多样性已大大下降。他们得出结论称："恐怖分子正在用简单模式替换原来的繁复事件，尤其是炸弹袭击。它向我们展示了一个更加致命的恐怖主义世界：血腥屠杀愈演愈烈"。尽管如此，人们关注的一个相关话题是：创新活动和恐怖主义如何交织缠绕。这是一个研究程度并不深的领域。近来，基地组织阿拉伯半岛分支再次成为策划罪恶活动的急先锋。这些活动中的有些非常具有创意，霍夫曼（Hoffman）将其描述为"令人不安的精巧设计"。[14]

总而言之，可以在准备阶段确认下列因素：

1. 目标确认和监视功用，包括风险评估。
2. 确认并选择适当人员。
3. 训练要求，包括一般准备和针对特定目标的要求。
4. 与装置制作有关的设计、建造和生产功能。
5. 装置测试和准备，在某些情况下，需要创新能力。

再次重申，用战略术语来讲，可以将该阶段称为"恐怖主义预备阶段"。

任务执行

恐怖主义袭击，不管是爆炸、枪击、劫持还是其他，都仅仅是恐怖主义事件周期中所预设的让公众看到的一面。恐怖主义事件本身有特定后勤要求，该要求是短期的，它和准备阶段涵盖的其他宽泛能力不一样。该阶段的另一重要因素是维持安全的需求。具体来说，就是要在恐袭发生之前的物资准备阶段避免被查；成功实施恐怖行动；恐袭发生后确保恐怖分子迅速逃离；以及销毁可能对恐怖分子及其组织不利的证据等。正是这些本质上非常情境化的后勤要求和相关的安全需求决定并塑造了实施行动的实际过程。

为了进一步探讨这一问题，我们试以一次爆炸袭击为例。考虑到制作炸弹的零部件（计时装置或开关、引爆装置、炸药等）简便易得，第一步就是要把这些东西带到选定的爆炸地点。计划用来伤害路人或扰乱公共交通系统的小型炸弹可以随身携带。而大型炸弹运输必须有某种交通工具参与，通常是汽车。很明显，这种体型的炸弹仅就其体积和重量而言，就会给运输带来不少麻烦。同时，安全问题也十分棘手，对于恐怖分子来说，要在公共道路上运输如此体量的炸弹而不被发现，确实要大费脑筋。对速战速决型恐袭行动（如枪击）来说，恐怖分子可以使用悬挂假号牌的被盗车辆，迅速、安全地撤离。以奥玛爆炸案为例，在准备期间，两名恐怖分子从卡里克马克罗斯市盗窃了一辆欧宝骑士。警方可能已经知道车辆失窃，但这并不影响恐怖分子在枪击时暂时使用该车辆。然而，类似奥玛爆炸案的恐袭事件通常要比频繁发生的伊拉克汽车炸弹袭击需要更长的预备时间，因此被盗车辆也更容易引起警方注意。此外，那种体量的炸弹必须在相对安全的环境下制备，然后再运往袭击地点。当然，在某些情况下，恐怖分子也可能通过合法渠道购进车辆（或者至少用合法的方式）。

以枪击为例，不同恐怖组织的训练方式各异，但维护安全的需要是推动这一过程的终极动力。恐怖组织制定了相应程序，把武器和实施恐怖袭击的个人隔离开来，直至实际行动开始。事实上，这些武器可能先被拆解，部件分别藏匿（通常存放于恐怖主义同情者房屋内），直至实施恐袭前再重新组装。袭击实施后，武器马上被转移，重新拆卸并藏匿，保证实施袭击的恐怖分子不因持有武器而被定罪。实际上，在某些情况下，恐怖分子事先可能自己都不清楚谁是袭击对象，直到袭击发生的那一刻。他们可能事先被告知有任务要完成，但不一定知道究竟是什么任务。其他结构相对简单的组织可能没有如此复杂的程序，但基本原则仍然适用。

但无论行动前准备得多么充分，那些负责实施袭击的恐怖分子还是必须把恐袭现场纳入考虑范围。无论是安放炸弹还是击发武器，每个个体都需要根据现场情况随机应变。在上文例子里，两名正牌爱尔兰共和军成员驾驶装有炸弹的欧宝汽车驶向奥玛市。同行的还有另外两名恐怖分子，他们驾驶另一辆汽车走在前面，以防途中遭遇检查站。两车用手机保持联系。

有时，袭击者个人会收到指令引导其随机应变。当美国联邦调查局宣称他们在一件行李中发现了一份由阿拉伯语手写的 5 页文件，并暗示这份文件属于"9·11"劫机头目穆罕默德·阿塔（Mohamed Atta）时，我们终于得以窥见一个鲜活的例证。阿塔（Atta）的旅行包明显并未登上由洛根机场始发的航班（这件行李最后在缅因州的波特兰被发现，阿塔正是由此登上波士顿飞往洛杉矶的航班，飞机随后坠毁于纽约世贸中心）。该文件貌似是一份劫机者在劫机前和劫机过程中的行动指南，文中反复提及仪式性行为，旨在增强恐怖分子的决心以及在行动最后阶段保持精力集中。这份文件还提到要时常检查同伴的行李、着装、文件等，尤其提到如果乘客反抗，个人应当如何处置。劳斐尔（Raufer）[15]解释称，在此命令中用 zhabiha 而不是 qatala（意为任何形式之杀戮），凸显了仪式感的重要性。

> zhabiha 原意为割开动物或人的颈部静脉。它意指一种具有仪式感的屠夫，如同亚伯拉罕遵从上帝旨意，亲手用这种方式手刃其子，并将他献祭给上帝。这是一种用刀刃完成的精准的物理动作：鲜血必须流出。除开刀具，使用任何武器都无法达到这种效果。

在阿塔乘坐的美国航空公司 11 次航班上，其中四名劫机者割开了一位坐在头等舱旅客的喉咙，他们此前一直坐在受害者周围。无独有偶，几年后在美国承包商尼古拉斯·贝尔格（Nicholas Berg）和保罗·约翰逊（Paul Johnson）于伊拉克被斩首的视频中，恐怖分子也用到了 zhabiha 一词。

对 2008 年 11 月孟买袭击案的调查使我们对这一过程有了更加清楚的了解。此次袭击（或者更准确地说，此次系列袭击）时刻提醒我们：即便是规模不大的恐怖组织，只要通过精心策划，也可以实施恐怖袭击造成巨大伤亡。以此案为例，武装分子手持枪支、刀具、简易爆炸装置、自制手雷和其他武器弹药，实施了一次大规模的突击队式的恐怖行动，共造成 166 人死亡，300 余人受伤。袭击在孟买多个地点同时发生。除开 12 名实际袭击者外，还有其他人负责指挥控制，包括两名身在美国的男性。他们其中一人负责收集影像信息，以便后人可以借鉴并模仿袭击的每一步骤。

孟买警方发现了五部购于巴基斯坦的手机，恐怖分子与其指挥者们正是通过这些手机保持联络。在恐怖分子前往孟买的 930 公里航海旅程中他们会联系，在实施袭击过程中他们也会实时联系。证据显示指挥者们向恐怖分子发布指令并激励士气，其频率之高令人惊讶。恐怖分子们入住泰姬陵酒店（Taj Mahal Hotel）之后，打进打出的电话至少有 41 个；而当袭击者们冲进奥拜罗和三叉戟酒店（Oberoi and Trident Hotels）时，他们和指挥者之间的对话更多达 62 次。[⑯]通话中，指挥者就如何处决人质及如何自行了断向恐怖分子发出指令。下文即是一名恐怖分子与其指挥者短信交流的转写稿：

> 不明身份男性（通过短信）：听好了。
>
> 不明身份男性（通过短信）：是的，先生。
>
> 不明身份男性（通过短信）：马上开枪打死他们。赶紧摆脱他们。你随时可能受袭。留下他们你就危险了！
>
> 不明身份男性（通过短信）：现在这里还算安全。
>
> 不明身份男性（通过短信）：不，一刻也不能等。你不知道他们何时出现。注意开枪时不要被跳弹击中。
>
> 不明身份男性（通过短信）：老天保佑。
>
> 不明身份男性（通过短信）：我一直在线，继续，我听着呢，赶紧做！
>
> 不明身份男性（通过短信）：什么？打死他们？
>
> 不明身份男性（通过短信）：是的，赶紧照办。让他们坐起身来，朝后脑勺开枪打死他们。[⑰]

一名指挥者甚至通过一系列往来短信安抚一个中枪的恐怖分子，激励他继续战斗至死，千万不能被活捉。

恐怖行动自身有一套逻辑，它受现场一系列直接因素的影响，比如旁观者的移动，其他车辆的碰巧出现，或者袭击目标的抵抗等。然而，留给这一阶段的决策范围已经非常有限，不过是两个极端：要么继续袭击，要么放弃。

因此，就恐怖主义事件周期而言，可以确认以下几个重要议题：

1. 将人员和所需装备运抵袭击现场的后勤要求；
2. 保持对恐袭行动监督，确保安全；
3. 实际行动时随机应变，这与袭击时的直接环境密切相关，还要制定合适的逃跑路线；
4. 袭击后抓住适当时机，将武器藏匿至安全地点。

任务后活动及战略分析

袭击实施后，恐怖分子必须马上逃离（除开个别特定类型的恐怖袭击：如自杀式袭击）。从对恐怖主义事件的分析来看，有理由推测，是否考虑逃离因素是决定既定恐怖袭击是否按计划实施的首要原因，也是决定准确袭击地点和特征的关键因素。逃离时是否可以乘坐车辆并顺利进入主干道路，是否可以进入安全区域，是否有安全部队在袭击区域巡逻，步行逃离时是否可以得到掩护等，这些都是决定恐怖袭击特点的重要因素。

袭击发生后武器被转移和藏匿，袭击者迅速逃离现场，这时，真实恐怖事件的最后一个要素就是销赃灭迹。这类行为包括烧毁用来转移的被盗车辆，烧毁袭击时身穿的服装，最后，恐怖分子还要通过沐浴去除身上残留的化学或人体证据。总的来说，恐怖组织十分注意司法认定的可能性，采取非常严格的程序销毁证据，使得涉及恐怖分子的司法鉴定十分困难。

加入恐怖主义的心理后果

要把笔者描述过的"恐怖事件"相关话题和影响恐怖分子个体的心理因素（一旦他/她决定参与恐怖主义行动）截然分开，仿佛有些不同寻常。毕竟，群体因素在考察恐怖主义各个涉入环节和阶段都会对个人产生影响。实际上，从心理角度看，我们尽可以认定，与群体和组织相关的各种因素观念正好构成了主要的控制性原因，影响着相关社会环境，这些环境与恐怖分子的行为及其性质、范围和方向关系密切。

尽管学者们很早就认识到了这一点［参见德拉·波尔塔（della Porta）[18]］，其影响如何显现、何时显现、为何显现还是疑点重重，令人沮丧。到 2013 年，随着在法国图卢兹漫长之围中"图卢兹枪手"被反恐部队击毙，这一点愈发清楚起来。据报道称，在死前几分钟默拉大喊："不是钱的问题，关键是欺骗。"[19]默拉的"谜之喊叫"正是一个证据，从广义讲，这是恐怖分子隐藏自己身份的一种方法。但关于该话题表面肤浅的评论很快就出现前后矛盾。通过参与犯罪来掩盖身份听起来不可思议，因为这样最终还是将恐怖分子引向执法部门。当然，在默拉的例子中，那种掩盖反映了他对参与恐怖主义意义何在的困惑和迷茫。同时参与常规犯罪和恐怖主义其实并不少见，但也很难将其视为涉入和参与恐怖主义的一般特征。

这个例子凸显了一系列更加宽泛的问题：如果团体（及组织）针对恐怖主义活动的各个维度轻易就能得以确认，那么接下来可以认定，这些维度同样也反映了承载于个体身上各式因素和议题的宽泛性质。大多数恐怖组织制定了正式的规则和制度，对某些团体和组织而言，遵循这些规则和制度极大地提高了其生存概率。以孟买恐袭案为例，可以看到上级指令如何在袭击实际实施过程中扮演关键角色，确保恐怖袭击者在投降成为极具诱惑的一个选项时依然能保持精力集中，坚持命令法纪。正如基地组织舒拉议会在写给默克塔尔·贝尔默克塔尔（Mokhtar Belmokhtar）的信中表达的意见一样，一个组织最重要的任务就是确保各级之间精诚团结，并保证人人都能服从权威。从领导层（无论层级高低）的角度看，他们关注的一个焦点就是个人是否能在接到指令后完成自己的任务。于是，对恐怖组织来说，保持精力集中，维持忠诚和纪律法度就成了当务之急。正如在上述例证中看到的，恐怖组织如果不理会这些关切，就会出现问题，随后，由先前经验引导的精细事后分析会使得人们更加重视这些关切。

为了确保这些关切的实现，当然最好能有训练，但如果没有那种类似大型军队表现出的能力（尽管少数大规模游击运动也具备相应能力），对恐怖分子个体来说，社会影响（旨在确保遵从组织决定、维护组织团结和保证对组织绝对忠诚）和具体命令的执行可能就需要更加直接、更加清楚、更加迅速，尤其是当人们对新招募者应该做什么或已经做了什么心存疑虑的时候。

服从权威

通过一系列著名实验，心理学家史丹利·米尔格兰姆（Stanley Milgram）[20]向我们展示：在适当情境下，随机选出的个人可能表现出残忍的行为。米尔格兰姆解释称，这些情境涉及在权威人物指令下去实施某个特定任务。在这个简单实验中，米尔格兰姆安排了两个角色。一个扮演"教师"角色，另一个扮演"学生"角色（实际上是米尔格兰姆的一个同事）。"教师"会让"学生"参与简单的学习任务，"学生"一开始表现很好，完成得很出色，后来表现逐渐糟糕（其实是在米尔格兰姆的授意下）。此时米尔格兰姆建议"教师"参与某项活动，以便帮助"学生"有更佳表现。这些帮助包括实施"电击"：根据学生准确回答问题的能力决定电击的剧烈程度。实验中其实并没有进行真正电击，但"学生"会在旁人暗示下装出受伤和痛苦的表情，"教师"可以清楚地看到他的痛苦逐渐升级。如果"学生"没有正确回答下一个问题，"教师"会被要求对其进行新一轮电击。

大多数时候，"教师"会清楚地表现出压抑痛苦，自始至终极不情愿。然而不管他们多么沮丧痛苦，在米尔格兰姆的要求下，"教师们"仍会选择继续："实验要求你必须继续下去。"令人惊讶的是，部分"教师"会愈演愈烈：他们实施的电击越来越强，以至于如果是真实电击，"学生们"可能早就一命呜呼了。米尔格兰姆的实验对象并非虐待狂，他们大多数会对"学生"的境况表示出关切，[21]并且真正因自己参与此项活动感到压抑和沮丧。尽管如此，仍有三分之二的"教师"选择遵从米尔格兰姆的指令，仅仅因为他"命令"他们这么干。

米尔格兰姆的系列实验强有力地证明：当向他人施加伤害的罪责屈从于更重要的对权威的遵从时，就可能引出个体的极端行为。这项工作其实发端于科学家们试图解释为何在"二战"中有大量纳粹军人自愿参与种族屠杀。

柯尔曼（Kelman）[22]确认了服从权威在组织机构中发挥作用的两种典型方式。一些个人觉得他们不会为自己的行为后果负责，因为他们自以为只是照章办事，只是权威的媒介和延伸，理应受到保护。柯尔曼解释称，对于那些高度认同权威系统、夸大忠诚权威之道德责任的组织成员来说，这种情况并不少见。以米尔格兰姆的系列实验为例，一旦心中出现怀疑和焦虑，许多"教师"马上开始扮演"附属次要"角色，在向米尔格兰姆谈及针对这些"不对的事情"自己应该承担的责任时，他们声称如果出现问题，自己无须承担任何责任。

另一类倾向于极端服从权威系统的个人，可能感觉自己已经完全被权威排除在外，坚信自己除了服从别无选择。在实验中，这显得有些不同寻常：米尔格兰姆发现实验中如果权威人物不在场，"教师们"会早早退出实验。

通过孟买恐袭案中频繁的电话交流，以及另一层面自杀式袭击者为何总是由其他组织成员陪同前往袭击地点，可以看到恐怖组织如何无声地表达这种关切。虽然权威人物并不直接在场，但想到可以促成某些团体目标的达成，就可能激发这些人的热情，因为他们希望表现良好，以期在不远的未来获得实实在在的奖赏。事实上，独自实施类似行为表现出的"孤独感"可以被视为一种值得首肯的特征，它能把这些特殊个体和那些只有通过引导才会实施类似行为的一般人区分开来（那些只知道服从权威人物命令的个人）。柯尔曼曾描述海因里希·希姆莱〔Heinrich Himmler，纳粹德国秘密警察（盖世太保）首脑〕对那些在劳改集中营负责"消灭程序"的纳粹分子大加赞赏，称他们残杀无辜是"对自己的职责充满勇气和敬业精神"。

尽管如此，通过心理实验营造的场景环境和恐怖组织内部的真实生活还是有本质的区别。我们可以很自然地推测，心理实验中的"教师"可以轻易地退出实验室，然而新近入行的恐怖分子却很难从其绞尽脑汁加入其中的恐怖组织退场。恐怖分子不仅在事先就被告知对付敌人的多种方法，他们自己可能也早已清楚涉入恐怖主义意味着什么。

通过对恐怖分子训练手册的仔细研究，我们对此有了一定的了解。

《基地组织手册》^㉔（又称《伊斯兰圣战反抗暴君之军事研究》，*Military Studies in the Jihad against the Tyrants*）展示了其欺骗行为的种种细节以及如何采取安全防范措施（包括多种活动，如藏匿物资材料、秘密进行通信、会面、旅行和训练等）。其目的即是鼓励与激发偏执和妄想。此外，它还提供了一些基本准则，列举了成为恐怖组织正式成员所需的必备条件：从勇于牺牲（必须乐于承担工作并愿意牺牲自我）到愿意倾听和服从。它反复强调牺牲和服从的重要性，并引用宗教经典作为权威依据。但在后续章节中，该手册详述了在预备成员正式受训之前应该具备的两个必要条件：

8. 耐心：如果被敌方俘虏，（成员）在受困期间须有足够忍耐力。他不应摒弃伟大道路，为了获释出卖自己和自己的宗教。即便持续时间很长，执行任务期间他也应该十分耐心。

9. 平稳冷静、"镇定自若"。（成员）须有平稳冷静的个性，能够承受正向心理创伤（如涉及血案、谋杀或被捕、囚禁等）或反向心理创伤（如杀死同伙甚至所有组织成员）。他应能实施这种工作。

该《手册》同时强调：为了保证隐秘任务的安全，招募者不应对与己无关的事务心存好奇，四处打听。

尽管对新招募者或正式成员来说，这本基地组织手册都是重要的操作手册或入行指引，但与此形成有趣反差的是爱尔兰共和军的训练手册。后者的"绿皮书"清楚地言明了对新入行成员的期望。该书以"成为志愿军意味着什么"为题，陈述道：

　　如果没有强大的正当理由做支撑，拿起枪支外出杀人并非一件易事。爱尔兰共和军，其驱动力量，正是基于强大的信仰，正当理由之信仰。正是这种强大的信仰让我们的军队团结成为一股力量，因此任何未来的志愿军战士决定加入我们的队伍，都要有这种强大坚定之信仰。这种信仰必须足够坚韧，能够给予我们战士信心，让他在杀人时毫不犹豫、毫无悔恨，让他在实施炸弹袭击时也能如此。再次重申，希望加入共和军的人员必须清楚地认识到，当有人丧命时，此人很可能就是你自己。当你外出袭击军人或警察时，你必须清楚，他们也可能随时袭击你。如果你对游击战或游击战士的生活方式心存浪漫主义幻想，加入共和军就是一件危险的事情。任何形式的战争都毫无浪漫可言，地下军队的情况可能稍微好些。至于对游击战士生活方式的憧憬，更是毫无浪漫和快乐可言。地下军队的生活极其艰苦，有时甚至残忍和幻灭。因此任何人决定加入共和军之前，都必须严肃地考虑这些事情。

作为一个组织，共和军期望并明示：我们需要你毫无保留的忠诚。一旦加入，军队会进入你生活的方方面面：它会侵入你家庭生活的隐私，它会拆解你的家人和朋友。换句话说，它需要你的绝对忠诚。[35]

转向暴力：一个招募者的视角

如前所述，恐怖分子激进化研究，无论是巴特里特和米勒（Bartlett and Miller）[26]、塞格门（Sageman）[27]、博杰（Berger）[28]、波特和肯贝尔（Porter and Kebbell）[29]还是其他诸多学者的研究，都无法回避这样的问题：为何有的人继续前行，最终走上了暴力之路，而其他人却没有？巴特里特和米勒（Bartlett and Miller）着重强调了一个具体的例子：对团体中的恐怖分子来说，其共有的关键目标就是团体的社会参与，并非暴力恐怖活动。他们解释道：

据曾和恐怖分子居住在同一住所的居民反映，"人人"都听到过圣战歌曲，看到过宣扬圣战的图片，但没人愿意像他们那么做。关键的区别好像就是他们只是在一起观看相关录像，收听这些歌曲。

这一点在博杰（Berger）针对恐怖组织网上宣传材料引诱的评论中也得到了印证（这些宣传材料有时十分血腥残暴）。他说，"这些宣传材料吸引了大批社会底层人士：暴力成瘾者、反犹太主义者以及被仇恨和自我厌恶蒙蔽双眼的人群，他们自己没有独立行动的意志力，却愿意为那些具备此能力的人提供必要的社会环境"。

　　从前述章节得出如下一个结论：如果仅仅关注恐怖分子或作恶者自身的经历，理解恐怖主义涉入将十分困难。在很多情况下，招募者的角色十分关键，他对于理解转向暴力人群与未转向暴力人群之间的区别有很大帮助。威克托柔威茨（Wictorowicz）[30]对英国移民网络的研究进一步凸显了团体社会化在说服个人参与"高风险"活动中所起的关键作用。有许多类似案例可让我们从不同角度审视招募过程，但正如黑格海默（Hegghammer）[31]注意到的，我们对于谁是直接权威，即谁扮演招募者角色这个问题仍然知之甚少。吉特·克劳森（Jytte Klausen）[32]发现，在其掌握的恐怖分子数据集中，350 名圣战分子里 80% 有共通的信息网络，最终均可追溯到四大酋长中的某一人或某几人。理解四大酋长的战略和战术至关重要。黑格海默（Hegghammer）的观点此时也再次得到印证：要知道谁、如何参与了恐怖主义，当务之急是要了解恐怖组织如何"精心策划、慎重决定其准入程序"。

　　黑格海默（Hegghammer）称："一个常见的误区是：人们认为只要恐怖组织手上有愿意入行的人，他们都会招至麾下，但实际上，招募是一件非常危险的事情"。招募者可能不一定清楚他们接触的人到底是谁，每一次筛选与培养潜在入行者的努力都可能以招募者自己即刻被捕或恐怖组织本身被长期渗透告终。他提出，所有的招募策略从本质上讲都是一种信任游戏，其特点就是"寻找一个成本区分标志，即模仿者想要伪装就意味着成本高昂，而对真正值得信赖的被招募者来说则可以承受"。黑格海默（Hegghammer）对缺乏第一人称撰写的招募记述深感遗憾，退而求其次，他认为虽然有恐怖分子手册作为研究对象，但这些材料"多谈及可信的被招募者的个性特征，很少提到如何从人群中找到这样的人。"

　　其实恐怖分子招募者也有第一人称记述，但数量相当有限。一名为北爱恐怖组织效忠者（Loyalist）招兵买马的招募者曾吹嘘说，他有一套方法可以从人群中筛选出合适的恐怖分子，他为此深感自豪。[33]

　　　　这就是我的工作。我曾干过领导，我曾当过校长。校长的职责之一就是审视学生身上的优势和弱点。校长的工作就是找出谁数学好，谁英文差，诸如此类，所以我的工作就是寻找、发现。我知道他是合适人选，我知道他会守口如瓶，我知道他心知肚明，你明白我的意思吗？你可能会告诉我，我本应该有所选择，本应该检验和试探他们，本应该用具体行动考验他们。但我告诉你，如果你有军事经验，你完全可以感知到，如果你从军多年，你完全可以从他们的眼睛中看出端倪。你可以从眼睛看到他们的内心，如果他们愿意入行，你完全可以察觉到。

哈桑（Hassan）[34]曾采访过一名招募者，从后者的叙述中也能够得出不少真知灼见：

> 我们问这个年轻人，也叩问自己，为什么他如此急切地想成为一名人体炸弹？他的真正动机是什么？我们的问题首先旨在厘清这个男孩自身的真正理由，以及其忠诚背后的力量。即便他是我们组织的资深成员，一直以来也梦想成为一名烈士，但他仍然需要清楚地意识到，这种行动没有退路可言。

基地组织的手册中全文都有涉及恐怖主义运动如何招募新成员的详尽信息指导。它展示了一种针对"招募潜在对象"的总体概观，并通过动机类型对其进行研究。考虑到其复杂性，这些指示在此不再赘述。但该手册通过"寻找""评估""接近""招募""测试""训练"等必要步骤，详细叙述了如何招募可以代表恐怖主义运动的"代理人"。手册中甚至还包含一份指导意见，教授基地组织成员如何在时机成熟的时候，彻底终结"代理人机构"本身。

心理学家阿里尔·梅拉里（Ariel Merari）[35]通过对自杀式袭击未遂者及其操纵者的研究，揭示了招募者在确保招募对象后续参与恐怖主义活动时所起的关键作用。在谈及自杀式袭击任务的准备工作时，梅拉里注意到这个工作通常十分简短。从招募者找到合适人选到实际"派出"，总时间很少超过40天。在袭击前一天，招募对象会被安排站到摄像机前，手中握着一份准备好的声明。梅拉里描述称，许多袭击者在任务前一天都会经历矛盾和痛苦，招募者能够十分敏锐地察觉到这些压力，并会帮他们缓解。此时，集体讨论在坚定决心方面扮演着关键角色，最后的遗嘱和誓言影像不仅可以帮助恐怖组织编排负责声明，还是自杀式袭击者认识到自己即将"有去无回"的心理转折点。招募者会花时间帮助个体袭击者做好准备，与此同时，他们还十分注意防范来自袭击者家庭的影响，尤其是在行动之前。

尽管如此，有时即使有权威人物的影响，袭击者仍会表现出缺乏信仰，从而导致犹豫不决。阿布杜·萨玛特（Abdul Samat）是一名来自巴基斯坦奎达（Quetta）地区的 13 岁男孩，他被塔利班"从大街上挑选出来"，为其执行任务。由于成年人长期蛊惑他要完成目标，直至其马上要执行任务的前一刻，他才突然意识到有些不对劲：

> 当我睁开眼睛，我突然发现他们要我做的是一件非常"黑暗"的事情。于是我又哭又喊。人们从屋里走出，问我发生了什么事。我把背心里藏着的东西拿给他们看。他们惊恐万分，赶忙报警。后来警察把炸弹从我身上卸了下来。㊱

这个男孩的遭遇并非独一无二，冲突中有很多类似的例子，只不过自愿性的问题鲜有人提及。比如在爱尔兰，爱尔兰共和军就曾强迫他们眼中的"叛徒"用卡车转运爆炸物。爱尔兰共和军的人体炸弹袭击十分短命，很大程度上是因为该战术引发了本地居民的强烈反感和抵触。一名共和军支持者惊呼："你们让我们看起来像中世纪的宗教狂热分子一样。"㊲代理炸弹和典型的自杀式袭击有本质的区别：前者是受到胁迫被迫行事，在任务完成之前，其家人一直在共和军的枪口之下。

去人性化和理由正当化

上文提及的穆罕默德·默拉（Mohamed Merah）的最后呼喊（关于欺骗的）从某一方面讲可以视为意识形态对其行为施加的影响，尽管应当意识到：在缺乏记述准确性时，意识形态（主要考察内容，即某事"说明"了什么；而并非过程，即它如何实际影响行为）可能并不靠谱。很明显，意识形态对恐怖分子的发展更具针对性，尽管如前所述，对于（意识形态的）这种影响在何时何处能够以何种方式准确地感知（或表达），学者们尤其难以确认。当然，还可以从恐怖分子的祷文中清楚地发现一些表面特征，从中看出他们是如何将敌人妖魔化的。这正是恐怖分子对其所属的特殊群体忠诚度日益上升的特点。

对团体忠诚度上升带来的一个副产品是：恐怖分子都习得了一种特殊语言，这种语言不仅可以将意识形态背景注入恐怖主义活动，而且能够向个体恐怖分子传递其所需的基本元素，帮助他们有效地转移和扩散行为责任。当哈桑（Hassan）[38]问及自杀式袭击者的候选条件时，受访者无一例外地强调，候选者要展现出"按组织要求讲话和发言"的能力：

> 如果仅靠复仇鼓动自杀式袭击者，安拉不会认可他们的烈士身份。这是一种军事回应，并非由个人苦痛驱动的行为。荣誉和尊严在我们的文化中非常重要。一旦受到侮辱，我们就会以愤怒回应。

不仅是这种烈士行为和烈士角色受到声望感的影响，而且现实的选择过程也表现出一种价值感，这种价值感与如何为第一个例子中的"军事回应"找到合理、正当的理由紧密相关。虽然针对道德思想和行为的科学研究正在"快速发展"，[39]但这类研究总体受到严重限制，不仅仅因为其在"人为环境"条件下产生的不适用性。

自班杜拉（Bandura）[40]提出其如今看来十分经典的观点以来，道德分离及其与恐怖主义的关系已被学界研究多年。然而时至今日，我们对于走向暴力的具体途径依然知之甚少。莫伽达姆（Moghaddam）[41]解释称，只有在被招募者经历了"抑制机制""避让"后，"恐怖主义行为"才会发生。他还提出：一个关键的发生因素其实就是对目标进行分类。新入行者需要完全准确地认清谁是"敌人"，才能夸大团体内和团体外的区别。恐怖分子理性化和正常化的一个方面就是通过将恐怖分子敌对方战术的合法性和恐怖分子自身具体战术的合法性做对比，从而得出结论。于是，从相对主义视角看来，恐怖分子行为仿佛就变成了"两害相权取其轻"。这是恐怖分子"道德"的一个常见特征。

柯尔曼（Kelman）[42]（在种族屠杀的背景下）辩解称，程式化过程对个体来说满足了两个基本功能：（1）有意识的、深思熟虑的制定决策工作减少，从而使个体成员参与道德评价的机会最小化；（2）个体成员发现通过"专注工作细节，而非工作意义"可以轻松回避自我行为的隐含价值。参考恐怖分子手头材料中的各项内容，不难看出其表现出的清晰语言特质如何在恐怖团体中生根发芽。

米尔格兰姆提出，存在一些特定的情境调整因素，可以拉开其研究对象与自身行为后果之间的距离。与受害对象的距离接近是一个考量因素（从远处实施杀戮总是更容易找出正当理由），但米尔格兰姆特别注意到，"教师们"如何深度参与其所涉任务的技术方面，他们"试图能够胜任工作，并将具体程序的责任归因于实验人员"㊸。

或许此处最切合的因素与群体心理有关。恐怖主义运动非法且隐秘，因此，由于找寻目标的机会有限，加上共担的风险和威胁，此类场合注定要承担异于平常的内部压力。当群体内部团结一致、无所争议，遵守和服从命令就会得到加强，尤其是当这些命令来自更高层级和权威。群体成员身份的另一个普遍特质是，群体成员身份本身就可以让人放松对某些冲动行为或反常行为的限制，这些行为在正常状态下即便被认可，也会受到压制。去个人化是一个正式术语，用来描述"当个人成为更大群体的一部分或通过某种方式隐去个人身份之后，社会限制逐渐被弱化，冲动行为和暴力倾向逐步被释放的过程"㊹。去个人化可以帮助我们理解为何平日温和安静的老实人可能也会参加暴力政治抗议，或加入暴力组织洗劫商店。德沃雷克茨基（Dworetzky）㊺解释了这种情况是如何出现的：

> 被各式事件和群体观念席卷裹挟，我们逐渐失去自我。一旦我们的个性被削减，我们对"自己是谁，我们的价值观是什么"这样的关键问题也逐步失去判断。这反过来会使我们更加冲动，对目前自我的情绪状态更加敏感，从某种程度上讲，也更难控制约束自己的行为。同时，伴随着个性削弱，我们对他人关于自己的看法以及他人可能对自己实施的行为都变得漠不关心。我们更关注的是如何作为群体的一部分针对外部做出回应。

在恐怖主义过程的各个节点，去个人化的特质都非常明显。此外，这些特质能够让组织成员在事后减轻忧虑，帮助他们减轻责任，消除其疑虑，恢复其信心，并为刚刚发生的恐怖事件找出正当理由。对那些刚刚参与了自己首次行动的恐怖分子来说,他们或许会有罪恶感和压抑感,但随着上述过程的推进,这些感觉可能会逐渐消失。事实上,我们还能够看到去个人化如何在更基础、更实际的层次上起作用。思尔克(Silke)[46]发现,北爱恐怖分子使用伪装的程度与其暴力犯罪现场不断增强的力度和不断变化的花样关系密切。此外,他还发现,伪装下的恐怖分子对受害者造成的伤害,往往比那些以真实面貌示人的恐怖分子造成的伤害更严重。

去个人化过程的一部分需要使用一种特殊语言,这种语言使用在传统军事环境中十分常见。军事文本中充满了班杜拉(Bandura)[45]所谓的"缓和表达"。我们习惯于听到教官教授士兵时常常说与"目标"交火,而不是与"人们"交火。我们不应低估语词在控制或维系个人行为方面的重要作用。2004年年中,联军在伊拉克费卢杰(Fallujah)对疑似恐怖分子藏身地展开地毯式轰炸,其间经常造成平民伤亡。于是,上述标签就时常作为常用表达用在回应中。极具讽刺意味的是,这些"目标"的伤亡通常是由那些声称"出于良心"部署的各种武器造成的。

2003年3月,基地组织发布了系列重要文件的第5号和第6号,旨在确认和澄清其活动的环境和焦点,在一篇名为"致我们伊拉克和海湾地区人民及我们伊斯兰伊玛目(Ummah)的一封信:伊斯兰抵抗运动反美军入侵坎大哈及所获教训"的文章中,赛义夫写道:[49]

> 我们和敌人在心理战方面截然不同。我们的敌人依靠杜撰谎言,放大自身的力量:他们声称自己不可战胜,声称战争不会超过一周,因为他们有势如破竹的力量可以创造奇迹。他们的伎俩只能恫吓竞争者,因为东征十字军的战斗力着实糟糕透顶。而我们则是努力将每个人和安拉相连,我们的安拉无比强大有力。因此,我们的事业依靠那些笃信宗教秘密的信众。

> 事实上,我们并没有多少心理负罪感,原因很简单:我们并未强迫青年加入训练营。我们帮自己的祖国睁开双眼,关注焦点议题,所以青年们才会自觉上前,心中充满了成为烈士的渴望,为尊严而战。这是圣战游击战士英勇行为背后真正的动机,也解释了他们为何有能力胜任极端棘手的任务。

当与基本的归因错误结合，这些议题就组成了严重偏见的一个基础，用于解读我们自身的行为，并为其找出正当理由。同时，当我们试图从否定视角描述他人的动机和行为时，上述论点也成立（还可暗示"敌人"固有的反面性格特征）。于是，针对敌方的故意诋毁和中伤就出现了，同时，我们也开始刻意回避对敌方采取必要行动后自身应负之责任。这些过程合并起来就可以解释涉入恐怖主义的障碍如何土崩瓦解。但从个人角度看，这些过程也足以成为重要心理工具的基础，通过这种特殊语言，我们可以为个人或他人涉入并参与恐怖主义找到正当理由，使这种活动理性化、正常化。

中立化

另一个密切相关的现象是中立化技巧的使用。这些技巧意指那些在恐怖分子和普通罪犯身上都可以观察到的一般过程。"中立化技巧"主要指的是个人"习得各种借口和理由，借此压制正常的价值观念，并在事前或事后为自身行为寻找合理化依据"[50]。斯塔德勒和本森（Stadler and Benson）继承赛克斯和马特扎（Sykes and Matza）在中立化研究方面的开拓性成果，提出了五项具体的技巧：（1）抵赖否定责任；（2）否认伤害；（3）无视受害者；（4）谴责批评者；（5）诉诸更高权威。

根据波特和肯贝尔（Porter and Kebbell）[51]提供的 21 个已定罪的恐怖分子样本，研究者们考察了其讲演录像，特别注意其语言中"诉诸更高权威"的频繁出现，言下之意就是"圣战是一种职责"。共享语言可以成为团体内部一条有力的纽带。对波特和肯贝尔（Porter and Kebbell）的样本来说，共享语言的特质为中立化提供了丰富例证，其发展顶峰就是"圣战主义任务之国际化"。具体来说，他们发现的有力证据显示，样本中绝大多数恐怖分子习惯上网，并持有支持、教唆的材料。其中 12 人持有极端暴力的恐怖主义录像，包括影像资料。

据 J. M. 博杰（J. M. Berger）称，莫哈纳十分专注网络活动，通过线上或线下的方式，定期与朋友分享视频和宣传资料。博杰（Berger）[52]曾讲述过莫哈纳的一个成功案例，即丹尼尔·马尔多纳多（Daniel Maldonado）的例子。马尔多纳多是一名来自马萨诸塞州的白人，最初由莫哈纳的一个同事介绍给他。博杰（Berger）解释称，莫哈纳疯狂地向马尔多纳多灌输恐怖主义思想，包括为屠杀平民和自杀式袭击寻找所谓"正当理由"。一有机会，两人便聚在一起，花数小时集体观看网上找到的宣传视频。

这些议题在网上活动中逐步展开，且一直呈上升趋势。在其对美国恐怖主义分子的分析中，博杰（Berger）惋惜地陈述道：网络活动的重要性未得到认可，学界很难前后一致地对其进行有效评估。他说这对新闻记者也是一个挑战，因为他们要么忽略它的存在，要么就把它吹上了天。但博杰也承认，即使是最积极的网络激进分子，"也不会轻易走上前线"，他们大多数只有在到达阿富汗或其他区域之后，才会严肃地接受这些宗教理论。他承认，互联网提供了一种潜在途径，但在这一方面同等重要的还有维系恐怖主义涉入和参与的社会环境，通过仪式、幻想和其他共有的社会事件，可以鼓动恐怖组织成员宣泄过剩精力。事实上，网络活动的社会背景及心理环境如此引人入胜，以至于对某些人来说，它可以取代任何现实的或线下的参与活动。

博杰（Berger）特别追踪了扎卡里·切瑟（Zachary Chesser）的案例，后者是一个网络"名人"，不管不顾现实世界真实活动，专门从事网上挑衅和误导。"比如他曾就'反对反恐'发表了系列博客文章，旨在诱导恐怖主义研究者彼此论战，制造内部分歧"。当然，也要注意不能夸大其词，因为网络涉入本身可能就是一种独特的参与方式，而并非成为走向"真实世界实际参与"的一种途径。

波特和肯贝尔（Porter and Kebbell）的样本展现出一种别样的群体画像，该画像主要由"消费"掌控，而非行动。他们这样描述一些群体成员如何下载网络材料：

（材料）会在部分团体成员之间分享：有时通过正式的训导教授，有时通过非正式的交谈闲聊，比如一名成员向另一名成员询问"精彩网址"，并且也投桃报李地教后者如何登录恐怖主义网站。在另一个场合，同一名成员可能会向其他成员讲授如何登录某个网站获取恐怖分子影像资料。

尽管互联网占有主导性地位，但不应忽视涉入恐怖主义人员所获得维系与支持的传统来源。巴特里特和米勒（Bartlett and Miller）[53]考察过他们所谓的"恐怖分子书架"现象，发现恐怖分子通常只阅读一小撮"思想家"的著作。巴特里特和米勒警告称，这些人的论著不仅在恐怖分子书架上占据重要位置，也是所有"激进分子"的必读书目。

激进分子清楚地认识到时代背景的重要性，即上述作者在写作其论述时的社会背景。激进分子承认这些作品包含许多偏激思想，但他们将此解读为他对自己身陷囹圄和身受酷刑的回应。对他们来说，大部分激进分子都意识到他的作品"很有深度"，但他们大多数都断章取义，只关注负面的部分——其实他们应当将其纳入时代背景，并且应该采取一定的视角。

隐藏之心理

恐怖分子如何减轻心理负罪感值得我们注意，可以通过恐怖分子涉入恐怖行动后产生的各种社会和心理影响来理解这个问题。成为恐怖分子后的一个毋庸置疑的特点就是涉恐活动明显增加，与此同时，和恐怖分子先前生活相关的活动（即非恐怖主义活动）逐渐减少。该机制的活跃程度取决于成员所属团体或组织的性质，但上述总体特征对于每个涉入成员都适用。凸显这种紧张关系的一个典型例子就是胡曼·巴拉维（Humam al-Balawi），他曾是一名约旦医生，后来一直以阿布·杜加纳·霍拉萨尼（Abu Dujana al-Khorasani）为假名运营着一个博客。[54]卸下自己在当地诊所的医生职责，巴拉维后来摇身一变，成了阿布·杜加纳（Abu Dujana）。巴拉维的妻子曾回忆称"他常常连续数小时俯身电脑，直到两眼通红"。巴拉维（Balawi）曾有"隐士"之称，他对妻子坚称自己是在"学习"，以转移妻子的注意力。其妻后来报告称，"他几乎全神贯注，仿佛生活在另一个幻想的世界中"[55]。

巴拉维（Balawi）完全沉浸在自己的网络角色中，将所有闲暇时光悉数用于经营其秘密生活。在网上，他著述颇丰，坚定支持基地组织及其分支。巴拉维坚称自己的个人博客不仅会向他人提供书面宣传材料，还会向有需要的人士提供照片和影像资料。巴拉维后来成了臭名昭著的"三面间谍"，2009 年 12 月底，他最终在阿富汗查普曼基地（Camp Chapman，Afghanistan）的自杀式袭击中引爆了自己。这次袭击造成巴拉维和 7 名美国中央情报局探员丧生。

值得注意的是，安全顾虑仍然是恐怖分子最为关注的问题。这一切在基地组织的训练手册和爱尔兰共和军的绿皮书中再次扎眼凸显。后者这样阐述道：

> 所以最紧要的事情就是安全，这意味着你：不能在私人领地或公共场合随意交谈；不能告诉你的家人、朋友、伴侣或同事你是爱尔兰共和军成员；不能就军事议题发表意见。换句话说，你对他人必须事事守口如瓶。不要被人发现参与公众集会或游行示威。不要被人发现陪同任何已暴露的共和军成员，不要常去共和军聚会点。你的首要任务就是不被敌人和公众发现。[56]

对恐怖组织成员来说，[57]双面生活意味着要应对各式心理压力和社会挑战。"加强忠诚度"就变得势在必行：

> 部分（成员）习惯于夜晚时在家中陪伴妻子或女友，或是在当地酒馆和朋友玩牌，而当他们由于参加不明"会议"或接打不明身份"朋友"的电话频繁缺席上述活动时，从事可疑活动或不忠的"指控"让他们倍感需要解释的压力。早年，他们处理此事非常灵活，他们让成员自主决定是否告知家人自己从事的活动，但在某些情况下，家人的震惊和否定也直接导致了成员退出军事参与。

> 对那些正打算涉入恐怖主义的人员来说，过上双面生活的诱惑可能已经足够强大，但现实或许会让他们付出沉重代价。针对隐藏身份的心理研究表明，压抑秘密对己对人均有负面影响。即便是基地组织训练手册（那本关注传授谍报技术远超教授心理准备的册子），也清楚地提及成员有"保守秘密和隐藏信息"的迫切需要，警告他们"欺瞒敌方并不容易"。

事实上，任何形式的隐藏可能都不容易。克里彻和弗格森（Critcher and Ferguson）[58]发现，隐瞒真相的努力会导致智力敏锐度下降，人际关系紧张，身体耐力和执行功能降低。保守秘密不仅会损害人际关系，而且会挑战个人的调节能力。研究者们发现，在交谈过程中保守秘密不仅要求谈话者随时注意谈话内容，还要求他们改变自己平时的说话方式。他们进一步解释道：

> 为了不表露自己想隐藏的内容，我们可能有必要对原本要说的内容进行调整。这样，如果说隐藏会带来耗减，它可能源于说话者要随时监测自己潜在语流中的禁止成分（监控）；也可能源于说话者要改变或调整自我言辞（改变）；也可能两者兼而有之（两者兼具）。

简单地说，隐瞒会让人感觉"疲惫不堪"。

转向暴力：被招募者之视角

黑格海默（Hegghammer）说得不错，应当更加关注招募者的角色，力求搞懂那些转向暴力的人员和未转向暴力人员之间的区别。这个话题让研究者们大伤脑筋，促使他们反复讨论网络涉入恐怖主义的问题。这里的一个问题是：为何以一种方式涉入恐怖主义的大多数人（如网上表示效忠恐怖主义）在线下并不会参与。在某些例子中，造成上述情况仿佛是由于某种因素缺失：这种因素原本能够促进行为的达成，此类因素包括：关键人物，或者超越组织宣传的散播和接收、有能力直接号召个人或团体采取行动的招募者。但另一种理解方式是网上活动扮演的关键功用只对自身有效。对某些人来说，线上参与可能是线下活动的有效途径，但并不一定总是如此［切瑟（Chesser）和其他人的供述证明了这一点］。无论如何，恐怖主义参与度上升意味着个人从一种社会关系转变为另一种社会关系。然而，个人在恐怖组织中发现的是，由于有共同的过往经历、共同的威胁和共同的非法行为，他人有更加广泛的类似经历，关系亦更加巩固。而形成上述关系的唯一目的就是延续彼此对恐怖组织及其相关活动的忠诚度，使之逐步正常化和有效化。但倘若接触并不容易，恐怖主义涉入就不一定直截了当。正如博杰（Berger）[39]在其对恐怖分子多样性的描述中注意到的："尽管曾多次尝试，塔勒克·莫哈纳（Tarek Mohanna）仍未找到关系人。阿罕默德·阿布萨姆拉（Ahmed Abousamra）成功进入伊拉克，但仅仅两周后又退了回来。约瑟夫·哈塔卜（Yousef al‑Khattab）很明显曾一度退出。而扎卡·切瑟（Zach Chesser）甚至没能成功登上飞机。"

此处出现的一个问题是：个人是否在特殊的社会环境中"找到自我"，抑或有机会根据自我喜好选择涉入恐怖主义。新近的一个挑战是，那些涉足或计划涉足国内暴力极端主义的人员和那些出国或准备出国涉入海外暴恐的人员之间有何区别。在那些希望出国的人员中，又可以进一步区分那些愿意在海外参战的人员，和那些计划受训后返回本国在当地发动袭击的人员。除此以外，还有"离开是为了国际恐怖分子一同受训"和"离开是为了本地起义者一同战斗"的区别。黑格海默（Hegghammer）区分了"国内武装人员"（那些在西方本土使用暴力的人员）和"外籍武装人员"（那些离开西方前往他国作战的人员）。他提出，绝大多数外籍武装人员"不会返回本国参战，而那些少数返回西方的人员手法老到，比新手更加奏效"[60]。

从黑格海默（Hegghammer）的区分得出的一个话外之音是：想要理解武装分子的动机并准确衡量国内（与国际相对）恐怖主义活动，"国内滋生恐怖主义"这一术语其实用处不大。

外籍武装分子返回原籍国后会被如何接纳如今还不得而知，但这个问题带有巨大的社会和政治复杂性。考虑到欧洲各国公民离开本国远赴叙利亚参加暴恐组织的保守估计数字，我们估计好几个欧盟国家都面临着严峻的人员管理挑战。

结　论

参与阶段可被视为个人逐步涉入恐怖主义直至参与恐怖事件逐渐明朗之过程。尽管我们先前确认，特殊事件因素对于理解积极恐怖分子被何种原因激活的问题非常重要，我们应该记住，其他相关过程因素也值得注意，这些因素包括：技能习得[61]、融入角色、掌握特殊语言、逐步接受、悦纳被赋予角色并将其与个人幻想结合，控制感、权力感和个人力量感增强，以及利用涉入作为筹码获取更高地位等。与涉入过程类似，涉入恐怖主义程度逐渐加深的现实反映了一个理智、清醒和充满奋斗的过程。

社会和群体过程的作用十分强大，都有或明或暗的从众、遵守与服从，作为参与过程中强大的支撑因素。恐怖组织的性质就是这样：即使在网上，组织内部也不轻易容许出现不同声音，于是，组织氛围经常变得沉闷窒息。但是对于个体恐怖分子来说，日益加大的心理投入（即逐步成为一个高忠诚度成员的过程）主要是由参与各式恐怖活动塑造而成。

对个体恐怖分子来说，涉入和参与恐怖主义程度加深的特征可能包含以下各方面（排列不分先后）：

1. 习得并使用特殊的组织内部语言：（A）解读；（B）合理化；（C）中立化。以上因素均深植于恐怖组织暴力发生的社会和政治环境。

2. 赋予权力、控制力和防御力。

3. 随着参与恐怖事件程度加深，参与高风险行为的意识增强。

4. 醉心于个人幻想和发展。

5. 与暴力行为表达相关的禁忌限制逐步减少（源于群体影响和控制）。

6. 结果是：恐怖主义相关之专门社会活动增加（包括线上和线下活动）。

7. 与恐怖主义无关之其他社会活动相应减少，这有时会对恐怖分子个人或他人带来负面影响。

我们在前一章看到，人们为何成为恐怖分子这个问题往往十分复杂，难以查找到具体途径（因为每个人的个体因素都有很大差别）。这些关于人们缘何成为恐怖分子的问题常常无法回答，尤其是当我们将恐怖分子陈述之动机当作恐怖行为的真实原因时。然而，与恐怖事件相关的议题却相对较小，容易掌控，这些议题主要和恐怖分子个体所生活的直接环境密切相关：如环境、机遇、政治背景、领导关系等各种因素。

另一个观点是：我们发现与实际恐怖事件相关的各种议题其实总是处于反恐机构的某些措施和掌控之中，而影响个人涉入恐怖主义的因素则很少如此。具体来说，后者多基于某种遥远的过往，与背景因素、个人特有之经历和感触息息相关，而且不容易改变。当我们考虑反恐控制中的角色和责任时，上述区别就显得尤为重要。

可以确认好几个因素，它们对维系个人参与恐怖主义至关重要。可以从风险管理角度考察这些因素，因为它们预示着那些经历初步涉入阶段的个人可能面对的危险等级。意识到个人面临的潜在威胁并不意味着找到了降低风险的办法，但关注特定环境中的这些因素的确可能为我们带来实际好处，这一点法西（Fussey）也多次强调。[62]比如，如果从审讯计划方面考察这些因素，或许能够帮助更好地理解恐怖分子个体。这一论点在司法心理领域并不新鲜（如针对性犯罪者），危险性概念在该领域被广泛讨论，但针对涉入和参与恐怖主义活动，这一概念却鲜有人涉及。

下一章将讨论恐怖主义"涉入—参与—脱离"模式的最后一个主要环节。该章主要涉及导致个体恐怖分子离开或脱离恐怖主义的各种相关因素。

参考文献

① J. Horgan，"The Social and Psychological Characteristics of Terrorism and Terrorists," in T. Bjorgo（ed.），*Root Causes of Terrorism：Myths，Reality and Ways Forward* （London：Roudedge，2005）.

② Ibid.

③ N. Crombie，"Portland Terrorism Arrest：" Material Support "Charge a Frequent Legal Strategy by Feds," *The Oregoman*，March 6，2013.

④ D. Foster，"Al－Qaeda's HR *Issues*," *National Review Online*，May 30，2013.

⑤ M. Cusson，"A Strategic Analysis of Crime：Criminal Tactics as Responses to Precriminal Situations," in R. V. Clarke and M. Felson（eds.），*Advances in Criminological Theory*，vol. 5：*Routine Activity and Rational Choice*（New Brunswick，NJ：Transaction Publishers，1993），pp. 295－304.

⑥ A. Ostovar，"Iran's Basij：Membership in a Militant Islamist Organization," *Middle*

East Journal, 67, 3 (2013), pp. 345 – 361.

⑦ "The al – Qaeda Chef, 'Make a Bomb in the Kitchen of Your Mom'," *Inspire*, 1: 31 (2010).

⑧ B. Chakraborty, "Boston Attack Underscores Growing Threat of IEDs in America," Fox News, April 16, 2013.

⑨ Ibid.

⑩ Centre of Excellence Defense Against Terrorism (COE – DAT) Monthly Report, April 1 – 30, 2013.

⑪ S. Tankel, "The Militant Groups Next Door," *Foreign Policy*, April 24, 2013. Retrieved on February 8, 2014 from: http://afpak. foreignpolicy. com/posts/ 2013/04/24/the_ militant_groups_next_door.

⑫ S. Jones, *Counterinsurgency in Afghanistan* (Santa Monica, CA: RAND, 2008), p. 63; also see S. Yousafzai and R. Moreau, "Unholy Allies," *Newsweek*, September 26, 2005, pp. 4 – 42.

⑬ C. Santifort, T. Sandler and P. T. Brandt, "Terrorist Attack and Target Diversity: Changepoints and Their Drivers", *Journal of Peace Research*, 50, 1 (2012), pp. 75 – 90.

⑭ B. Hoffman, "Al Qaeda Rises in Yemen's Chaos: Review," *National Interest* January – February 2013.

⑮ X. Raufer, "Al Qaeda: A Different Diagnosis," *Studies in Conflict and Terrorism*, 26 6 (2003), pp. 391 – 398.

⑯ *Final Report: Mumbai Tenor Attack Cases*, November 26, 2008, p. 24. Retrieved on February 8, 2014 from: www. hindu. com/nic/mumbai – terror – attack – final – form. pdf.

⑰ CNN, CNN Live Event/Special: *HBO Documentary Films – Terror in Mumbai* (2012). Rush Transcript. Retrieved on February 8, 2014 from: http://transcripts. cnn. com/ TRANSCRIPTS/1211 /25/se. 01. html.

⑱ D. della Porta, *Social Movements, Political Violence, and the State: A Comparative Analysis of Italy and Germany* (Cambridge: Cambridge University Press, 1995).

⑲ A. – D. Louarn, "Taqiyya, or the Terrorist 'Art of Deception,'" *France* 24, March 14, 2013. Retrieved on February 8, 2014 from: www. france24. com/en/20130313 – taqiya – france – islam – deception – favoured – terrorists – jihad.

⑳ S. Milgram, "Behavioral Study of Obedience," *Journal of Abnormal and Social Psychology*, 67 (1963), pp. 371 – 378; also see S. Milgram, "Some Conditions of Obedience and Disobedience to Authority," in I. D. Steiner and M. Fishbein (eds.), *Current Studies in Social Psychology* (New York: Holt, 1965).

㉑ J. P. Dworetzky, *Psychology*, 3rd ed. (St. Paul, MN: West, 1991).

㉒ H. C. Kelman, "Violence without Moral Restraint: Reflection on the Dehumanization of Victims and Victimizers" *Journal of Social Issues*, 29, 4 (1973), pp. 25 – 61.

㉓ Ibid. , p. 45.

㉔ J. Post (ed.), *Military Studies in the Jihad against the Tyrants: The al – Qaeda Training Manual*, translated by USAF Counterproliferation Center, Maxwell Air Force Base (2004).

㉕ Copy in author's possession, pp. 8 – 9.

㉖ J. Bardett and C. Miller, "The Edge of Violence: Towards Telling the Difference between Violent and Non – violent Radicalization," *Terrorism and Political Violence* 24 1 (2012), pp. 1 – 21.

㉗ M. Sageman, *Leaderless Jihad* (Philadelphia: University of Pennsylvania Press, 2008).

㉘ J. M. Berger, *Jihad Joe: Americans Who Go to War in the Name of Islam* (Washinrton D. C. – Potomac Books, 2011).

㉙ L. E. Porter and M. R. Kebbell, "Radicalization in Australia: Examining Australia's Convicted Terrorists," *Psychiatry, Psychology and Law*, 18, 2 (2011), pp. 212 – 231.

㉚ Q. Wiktorowicz, *Radical Islam Rising: Muslim Extremism in the West* (Lanham MD – Rowman & Littlefield, 2005).

㉛ T. Hegghammer, "The Recruiter's Dilemma: Signalling and Rebel Recruitment Tactics," *Journal of Peace Research*, 50, 1 (2012), pp. 3 – 16.

㉜ Cited in S. M. Kleinmann, "Radicalization of Homegrown Sunni Militants in the United States: Comparing Converts and Non – Converts," *Studies in Conflict and Terrorism* 35 (2012), pp. 278 – 297.

㉝ J. Horgan, *Walking Away from Terrorism: Accounts of Disengagement from Radical and Extremist Movements* (London: Routledge, 2009).

㉞ N. Hassan, "Letter from Gaza: An Arsenal of Believers – Talking to the Human Bombs," *New Yorker*, November 19, 2001.

㉟ A. Merari, *Driven to Death: Psychological and Social Aspects of Suicide Terrorism* (New York: Oxford University Press, 2010).

㊱ B. Farmer, "Afghan Boy Suicide Bombers Tell How They Are Brainwashed into Believing They Will Survive," *Telegraph* (London), January 13, 2012. Retrieved on February 8, 2014 from: www. telegraph. co. uk/news/worldnews/asia/afghanistan/ 9014282/ Afghan – boy – suicide – bombers – tell – how – they – are – brainwashed – into – believing – they – will – survive. html.

㊲ M. Bloom and J. Horgan, "Missing Their Mark: The IRA Proxy Bomb Campaign 1990," *Social Research: An International Quarterly of the Social Sciences*, special issue: Martyrdom, Self – Sacrifice, and Self – Denial, 75, 2 (2008), 80 – 94.

㊳ Hassan, "Letter from Gaza."

㊴ J. Graham, P. Meindl and E. Beall, "Integrating the Streams of Morality Research: The Case of Political Ideology," *Current Directions in Psychological Science*, 21, 6 (2012), pp. 373 – 377.

㊵ A. Bandura, "Mechanisms of Moral Disengagement," in W. Reich (ed.), *Origins of Terrorism: Psychologies, Ideologies, Theologies. States of Mind* (New York: Cambridge University – Press, 1990), pp. 161 – 191.

㊶ F. Moghaddam, "The Staircase to Terrorism: A Psychological Exploration," *American Psychologist*, 60, 2 (2005), 161 – 169.

㊷ Kelman, "Violence without Moral Restraint," pp. 36 – 38.

㊸ K. Heskin, "The Psychology of Terrorism in Northern Ireland," in Y. Alexander and A. O'Day (eds.), *Terrorism in Ireland* (London: Croom Helm, 1984), pp. 85 – 105.

㊹ Dworetzkv, *Psychology*, p. 571.

㊺ Ibid.

㊻ See the accounts of former terrorists presented in Horgan, *Walking Away from Terrorism.*

㊼ A. P. Silke, "Deindividuation, Anonymity, and Violence: Findings from Northern Ireland," *Journal of Social Psychology*, 143, 4 (2003), pp. 493 – 499.

㊽ A. Bandura, "Mechanisms of Moral Disengagement," in Reich (ed.), *Origins of Terrorism.* pp. 161 – 191.

㊾ B. Venzke and A. Ibrahim (translators), *The al – Qaeda Threat: An Analytical Guide to al – Qaeda's Tactics and Targets* (Alexandria, VA: Tempest, 2003).

㊿ W. A. Stadler and M. L. Benson, "Revisiting the Guilty Mind: The Neutralization of White – Collar Crime," *Criminal Justice Review*, 37, 4 (2012), pp. 494 – 511.

(51) Porter and Kebbell, "Radicalization in Australia."

(52) Berger, *Jihad Joe.*

(53) Bartlett and Miller, "The Edge of Violence."

(54) J. Warrick, *The Triple Agent: The al – Qaeda Mole Who Infiltrated the CIA* (New York: Vintage. 2012), p. 33.

(55) Ibid.

(56) The IRA's Green Book, p. 4.

(57) A. Jamieson, "Entry, Discipline and Exit in the Italian Red Brigades," *Terrorism and Political Violence*, 2, 1 (1990), pp. 1 – 20 at p. 3.

(58) C. R. Critcher and M J. Ferguson, "The Cost of Keeping It Hidden: Decomposing Concealment Reveals What Makes It Depleting," *Journal of Experimental Psychology: General*, *June* 24, 2013. Advance online publication. doi: 10. 1037/a0033468.

(59) Berger, *Jihad Joe.*

(60) T. Hegghammer, "Should I Stay or Should I Go? Explaining Variation in Western

Jihadists' Choice between Domestic and Foreign Fighting," *American Political Science Review*, 107, 1 (2013), pp. 1 – 15.

(61) See also D. Gambetta and S. Hertog, "Engineers of Jihad," Sociology Working Paper 2007 – 10, Department of Sociology, University of Oxford.

(62) P. Fussey, "Eternal Return? Social Science Perspectives of 'Upstream' Terrorist Activities," *Journal of Police and Criminal Psychology*, 28 (2013), pp. 102 – 114.

第6章 脱离恐怖主义

引 言

在将恐怖主义视为一个群体过程时就会发现[①]，在心理上依附群体甚至保持群体成员身份变得非常重要，它通过维系忠诚诺言和参与行为，既可以吸引新成员，又能够把他们团结在一起。领导人物对此有着清醒的认识。在黎巴嫩的黎波里（Tripoli，Lebanon），恐怖组织"侨民"的前领导人在接受采访时叹惜道[②]，面对信息来源越来越广的被招募者，群体行为必须依靠"引诱"才能得以完成。巴克里（Bakri）警告称，"从谷歌搜索酋长"如今已使得潜在的组织成员在参与恐怖主义之前就清楚地了解加入恐怖组织的利弊。在某些情况下，遵守命令和绝对服从是组织基石，恐怖组织头目时常将其用于管理棘手、秘密的团体组织，提高管理效能。随后，维系这种遵从就成了重中之重。拥有共同的目标、统一的行动方向也是重要任务，而有一个明确可辨的共同敌人可以更迅速地完成这一任务。

从某种意义上讲，"正在变成恐怖分子"和"已然成为恐怖分子"的区别就是心理层面的区别。但将参与恐怖主义事件作为一个描述要点是有益的：通过参与那些被恐怖组织视为最有价值的各式恐怖活动，任何阻碍恐怖分子个人在恐怖组织内部确认自我身份的障碍都可以清除。

恐怖主义"涉入—参与—脱离"模式的最后阶段必然就是脱离：人们为何以及如何离开恐怖主义和恐怖活动。话虽如此，我们还是开头就要承认，本章之所以成为全书最短的一章，是因为我们对恐怖分子个体离开恐怖主义的背后原因着实知之甚少。贝约阁和霍根（Bjorgo and Horgan）[③]调查过该领域 2008 年的研究情况，发现关于恐怖主义脱离经历的研究大多针对极端主义右翼运动的退出过程，顺带还确认了涉及面极广的潜在研究。除开个别例外（如近期 Rosenau 等人的研究[④]），鲜有学者涉足该话题，我们掌握的关于恐怖主义脱离的相关情况多源于个人脱离传统团体和群体性组织的研究。在针对索马里前海盗的一项精彩研究中，耶尔斯维克和贝约阁（Gjelsvik and Bjorgo）[⑤]展示了宗教人物在帮助海盗脱离罪恶组织时所起的重要作用，并强调家人可以帮助他们进一步与组织剥离。有意思的是，家庭成员在海盗入行时也起着同等重要的作用。基于霍根（Horgan）[⑥]2009 年关于个体脱离研究的《走出恐怖主义》（*Walking Away from Terrorism*），马萨诸塞大学洛威尔分校（University of Massachusetts Lowell）反恐与安全研究中心（Center for Terrorism and Security Studies，CTSS）启动了一项已耗时 3 年的研究项目（计划 2014 年底完成），该项目将对参与过各种运动的前恐怖分子和极端主义者的个人陈述进行细致、深入的研究。[⑦]

然而，我们非常清楚：长期以来，研究团体只关注与恐怖主义涉入有关的话题（比如近期又近乎痴迷地专注于激进化研究），导致我们在其他方面出现知识空缺。写作之初，我们对人们为何以及如何脱离网上恐怖主义相关活动一无所知，对独狼式恐怖主义社会环境的消解也缺乏了解。同样，一些关于脱离恐怖主义的基本话题亦被"去极端主义"的相关讨论吞噬，后者关注的是如何减少恐怖分子再犯和累犯，而并不关注哪些因素影响恐怖分子脱离组织。关于恐怖主义退出的研究较少，其中一个令人沮丧的原因可能就是学者们对相关话题的观点莫衷一是。许多学者认为，一旦脱离恐怖主义，恐怖分子与恐怖组织便不再相关，不必迫切地对其进行严肃的学术研究。这一观点左右着恐怖主义研究，是其关键性的驱动因素。

丁利（Dingley）[⑧]表示，倘若恐怖主义运动偃旗息鼓，学者对恐怖主义的研究兴趣和热情势必也会大大下降。如果他说得没错，上述研究者对于我们的研究对象"应该"是什么的观点会导致我们失掉珍贵的机会：例如在近期的爱尔兰和平提议之前，研究者们很难想象能有机会和涉足恐怖主义的人员会面、交谈。近期针对爱尔兰共和军分裂团体［包括由约翰·莫里森（John Morrison）领导的团体］的研究向我们提供了关于恐怖组织内部社会和心理运作机制的深刻洞见，这些机制决定了恐怖组织的发展方向。⑨但如果针对此类"失效"团体的研究并非由力求填补知识空白的研究者来完成，我们也无法得到上述洞见。正如在第二章简要述及的：如今访谈恐怖分子已经变得现实可行⑩，并且能够积极、安全地完成。长期忽视该研究领域带来的不利影响，终究会在未来对恐怖主义行为的评判中显现。

恐怖主义为何（以及如何）完结

恐怖主义研究文献愈来愈重视考察更广范围的因素，正是这些因素导致了自冷战结束后恐怖主义传统形式的缓慢衰落，也正是这些因素使世界上最活跃的恐怖组织的性质和发展方向不断发生变化。这些前沿成果主要包括阿隆索、阿舒尔、克朗宁、古普塔、雷纳瑞斯（Alonso⑪，Ashour⑫，Cronin⑬，Gupta⑭，Reinares⑮）和其他学者⑯进行的一些个案研究和对比分析。当意识形态恐怖主义未能适应变化的时代和人民意愿而逐渐式微之时，民族、国家恐怖主义却凭借其愈发娴熟的政治技巧和强大的政治影响，经受住了时间的考验。以爱尔兰共和军为例，它因有着深厚的民众基础、灵活的战略战术和组织适应性（从其艰苦的经历中习得）、强大的经济支撑和成功的政治派别（新芬党）而坚持多年，这一切使得其成为最难对付的恐怖组织之一。得益于坚信自身必将取得胜利的决心加上对之前咄咄逼人的意识形态的微调，爱尔兰共和军运动最终成长为爱尔兰不容小觑的政治力量。后来，它开始逐渐涉足与恐怖主义无关的各种活动（合法非法均有），终于得以幸存。

随着近来的和平进程，新芬党在爱尔兰迅速崛起，这代表着一种显著的变化。自 20 世纪 90 年代初登上历史舞台以来，尽管爱尔兰和平进程一直是多方评论的话题（虽然评论略显幼稚），我们仍然能够确认一些基本原则来帮助我们理解爱尔兰临时共和军自 20 世纪 80 年代开始恐怖活动逐渐减少、政治活动逐步增加的总体趋势。这些原则包括（但不限于）下列几点：

- 认识到单凭恐怖主义不足以实现共和军运动的宏愿（使得新芬党崛起后爱尔兰共和军开始调整战术，有区别地使用恐怖主义袭击策略）；
- 英国政府愿意主动接触爱尔兰共和军，秘密商讨如何终止冲突；或至少达成间歇和平（即停火），以期找到暴力以外的和解方案；
- 反恐努力卓有成效，加之20世纪90年代初政府支持者在北爱尔兰的反共和军和反民族主义运动出现恐怖暴力倾向，民众希望保持地区和平稳定的愿望空前高涨。

虽然爱尔兰共和军最初的停火计划无疾而终，但自北爱和平进程启动后的数年内，英国政府与北爱境内多个准军事化运动及其政治组织达成妥协，这意味着这些组织越来越多地参与政治进程，最终使恐怖主义活动即致人死亡的枪击事件和爆炸事件大大减少。此处再描述和平进程的曲折起伏（如妥协与反妥协如何精心编排、交替上演）已无意义，但有一个特殊事件促使我们思考：当恐怖主义完结之时，恐怖运动个体成员身上究竟会发生什么。

"9·11" 恐怖袭击事件发生几周后，在位于贝尔法斯特康威密尔（Conway Mill）的新芬党前总部召开了一场新闻发布会。新芬党领袖格里·亚当斯（Gerry Adams）和马丁·麦吉尼斯（Matin McGuinness）宣布，爱尔兰共和军将于近期放弃所有武器（共和军运动的批评者均一致认为，这是北爱地区政治稳定的最大障碍），使得和平不再是遥不可及的目标，而成为触手可及的现实。对许多非共和军人士来说，这不仅证明（如果需要的话）国际事件给不可一世的爱尔兰共和军不愿解除武装、坚决要求政治平等的强硬立场蒙上了阴影，而且清楚地表明新芬党和爱尔兰共和军开始积极回应这种压力。各方均对这份突破性声明表示欢迎，毫无疑问，新芬党终将在此政治进程中获得自己的一席之地。针对民众，新芬党领导层赞扬此举乃是爱尔兰共和军拯救了和平进程：正是共和军的"勇气"打破了政治僵局。

但共和军内部的反对意见也是显而易见的。亚当斯（Adams）刚离开会场，就遭遇了同僚们的怒吼和讥讽。"格里，你出卖了我们！"这句呼喊代表了共和军成员需要面对的新现实，领导层原本向他们许诺："没有炸药，也没有子弹"。北爱多地由异见人士组成的恐怖暴力组织稳步发展，代表了持异见者对上述立场的公然反对，这种政策的未来发展和最终影响还有待观察。[17]

虽然这仅是对一个恐怖主义运动某一特定时期的粗略一瞥，但一系列的相关研究问题已经显现。需要回答的问题有：离开恐怖主义的人们身上究竟发生了什么，哪些因素促使他们最终选择离开（自愿或非自愿），以及这一过程的隐含意义是什么。

术　语

考虑到恐怖主义涉入日趋复杂，一个更宽泛的议题是关于我们所说的"离开或脱离"究竟是何意。自 2000 年开始，对恐怖分子"去激进主义"的过度关注反映出学界开始愈发重视针对作恶者的特定干预措施，并不惜进行长篇累牍的阐述。[18]然而，希望迅速解决恐怖分子囚犯问题的迫切心情，可能给我们试图从个体层面清楚理解脱离恐怖主义基本过程的努力蒙上阴影。脱离和去激进主义是两个经常容易混淆的术语，其实两者有时可以互换，但后者多指各式种类繁多的计划，而非我们所假定的现象。笔者认为应将其称为"心理脱离"，这样更加易于理解。

首先，我们要基于先前工作做一些简单区分。[19]脱离意指涉入恐怖主义的终止，并停止参与恐怖活动。这和常说的终止犯罪有几分类似。脱离可能是一个自愿的过程：个体恐怖分子寻求离开恐怖主义，并采取相应措施（或并无后续措施，或无法采取后续措施）。它也可能是一个非自愿的过程：如恐怖分子个人所在的组织宣布停火，抑或个体成员遭到逮捕并被拘押。脱离并不一定意味着恐怖分子实现了某种形式的顿悟：即他们对自己所参与活动的合法性或正义性观念发生了根本性转变。我们会发现，脱离恐怖主义的推动力可能就源自稀松平常的世俗的幻灭：比如对日复一日的任务失去兴趣。正如 2009 年的一项研究显示的那样（这项研究针对来源于多个恐怖组织的 29 名前恐怖分子）[20]，人们可能确实脱离了恐怖主义，但不一定放弃自己的基本观点。因而可将这种情况视为脱离恐怖主义但并未"去激进主义"。当然，还有一种情况是，恐怖分子个人已经深感幻灭，而且对自己参与恐怖活动深感懊悔，但由于没有机会脱离，仍然深陷恐怖组织。这类恐怖分子可能已经"去激进主义"，但却不一定脱离恐怖组织。[21]

换一种说法，脱离恐怖主义可能意味着背弃恐怖组织成员共有的社会准则、价值观念、态度观点和"雄心壮志"，这些曾是身为恐怖成员时组织精心打造的东西。另一方面，它也可能意味着该成员继续坚守这些价值、理念，但不再参与实际的恐怖主义活动。

物理脱离

在个人终止参与恐怖主义活动后，即可认定其与恐怖主义实现了物理脱离。这可能包括突然、完全地从恐怖主义运动脱离，或逐步减少参与恐怖主义活动（有时可能是从一种角色转移到另一种角色）。但不能一厢情愿地认为这肯定意味着个人对恐怖组织的忠诚度下降。经常出现的情况是：虽然个体与恐怖主义活动本身实现了物理分离，但他们对恐怖主义的支持并未改变或减少。物理脱离恐怖主义可能包含以下几点（并非必不可缺）：

- 被安全部队拘捕，随后或许被关押（若非上述情况，则可能是恐怖分子个体被组织头目强行调离原有岗位，从事不容易被捕的工作）；

- 由于违抗命令被强行调离：倘若不是立即处决，至少也会被驱逐；当然，如果事出有因（如身体残疾），涉事成员可能被调整至其他岗位；

- 参与更多"其他角色"活动，导致对原有角色忠诚移位（如参与和恐怖暴力活动直接相关的专业活动，例如利用自己的专业特长协助恐怖组织准备相应设备），或深度参与各式政治活动；

- 被强力逐出恐怖主义运动（如由于滥用武器、资金或其他一些不敬行为，虽"罪不至死"，但仍被恐怖组织开除）；

- 个人重心转移（如受到一些外部"诱惑"影响，恐怖分子自行决定脱离恐怖组织）；
- 成为定点清除（即所谓"斩首行动"）对象。[22]

　　将最后一点纳入考虑仿佛有些异乎寻常，但它的确代表了物理脱离的极端形式，对那些以拘捕或清除活跃恐怖分子为己任的人来说，这是一种受其青睐的方式。

　　再次强调：恐怖分子可能继续在恐怖运动中扮演原有角色，但也有可能由于自身境况发生变化，转移至其他角色（如结婚生子后，转而从事一些支撑性、辅助性工作）；他们可能继续参与恐怖主义相关工作，但不会直接发动暴恐袭击。必须承认，虽然恐怖组织内部的角色转移过程非常重要，但我们对其知之甚少。这种角色改变的另一个方向可能源自恐怖组织领导层，后者可能在临近选举前的几个月把重心放在政治活动中，也可能由于前期的暴恐行为突破底线、超越许可范围，引发民众强烈反弹，恐怖组织出于"自身目的"，将重心转移至社会服务。

心理脱离

　　当恐怖分子针对持续涉入或参与恐怖主义的意义和信仰发生动摇和变化时，即可认定其心理脱离了恐怖主义。这种现象可以发生在任何时段，甚至刚刚涉入恐怖主义时，后续阶段也可能出现，甚至包括被捕入狱之后。前述两章告诉我们：为了在恐怖组织内部赢得信任、尊重和一席之地，组织成员必须克服或适应遇到的一系列心理障碍。如果他们未能成功，那么就此会埋下心理脱离的种子，实际上，许多因素仿佛都可以直接或间接地加速甚至诱导脱离恐怖主义。加入恐怖组织的奖赏可能包括巨大的兴奋感、赢得组织地位、拥有目标感和他人的钦佩，以及麦可利和西格尔（McCauley and Segal）[23]所称的"相互团结和同志般的情谊"。考虑到新招募者面临的种种苛刻要求，这些恐怖主义涉入的支撑性条件非常重要。事实上，考虑到加入秘密组织的忠诚度要求，这些特质可能作用非凡。尽管如此，要将持续、深入、专注参与恐怖主义的积极支撑性因素与对应的消极因素相抵并不容易。许多成员离开恐怖组织后撰写了回忆录或自传，其中不少内容深刻地反映了恐怖组织中"密集性的消极因素"。

例如，德国 6 月 2 日运动的前成员迈克尔·鲍曼（Michael Baumann）[24]曾对组织力量带来的负面影响进行了反思：

> 恐怖组织变得越来越封闭。来自外部的压力越大，你抱团抱得越紧。你犯下的错误越多，压力就越发向内释放……终日都是这种令人发狂的专注，到头来所有事情都疯狂汇集，组织完全失去理智：只有机械僵硬的专注，压力山大希望实现目标，就这样一直坚持，越变越糟。

虽然部分恐怖分子默许这种压力，但也有部分人却不愿容忍。一些传闻证据显示，考虑到大家都假定涉事成员会缄默不语，有时这并不是一个问题。比如有恐怖组织[25]从一开始就意识到辨认潜在"退出者"的重要性[26]：比如当火力小组实施行动时，他们总会带 1～2 名新手，让后者为自己提供掩护，并顺带测试他们在压力环境下是否可靠。通过评估压力环境下的行为来测试新手，这种心理测量方式近乎简单粗暴。

然而，对于许多自我疑虑的恐怖分子来说，脱离组织并不容易。毕竟，无论个人处于恐怖主义涉入周期的哪一阶段，恐怖组织都希望取得投资回报，简单地承诺金盆洗手后守口如瓶可能还无法满足他们。德国极左翼恐怖组织巴德尔－迈因霍夫团伙（Baader－Meinhof）的头目毫不迟疑地宣称："任何人一旦进入组织，就必须坚持下去，必须坚强起来。"[28]随后他们又威胁道：怀疑者退出组织的唯一方式就是"躺着出去"。与此类似，法国恐怖组织前成员斯皮尔（Spire）[29]描述称，如果有人"挑战意识形态或时兴观点"，就会被边缘化。斯皮尔详细描述了自己如何努力，试图为"破坏信念"、压迫和各种政治罪行找到合理解释，因为只要一想到被亲爱的同志和同事边缘化，他就会感到"惊恐万状"。[30]意大利恐怖组织前成员阿德里安娜·法兰达（Adriana Faranda）也反思了与成员资格相关的各种压力以及持续涉入恐怖主义带来的消极的社会和心理影响：[31]

> 选择加入——变得行踪诡秘并自此与家人、与自己之前生活的

世界割断联系，这是一个改变自己全部生活和日常行为的重大抉择。它意味着你选择从早到晚用政治问题、组织问题和各种战斗行动占据自己的全部时间；正常的家庭生活从此与你绝缘——文娱活动、电影、宝贝、自家孩童的教育，这些都只会出现在别人的生活中。这些事务被放置一旁，被忽略掉，因为它们已经不复存在。当你把自己从社会移除，从最平凡的事务中移除，甚至杜绝普通的休闲方式，很自然，你也将失去人类最基本的情感。你变得抽象、虚幻。长此以往，你开始觉得自己与众不同。为什么？因为你确实与众不同，你变得封闭、悲伤，因为生活的多数组成部分都已缺失，因为你隐约知道生活本身比政治和政治工作更重要。

另一个可能在后期催化个人动机（无论是心理还是物理）、促使其最终脱离恐怖组织的重要因素是：个体总会失望地意识到，促使自己最初加入组织的雄心壮志和个人理想与日复一日的惨淡现实并不相符。布洛克勒和鲁宾（Brockner and Rubin）[32]提出了"心理陷阱"的概念，用以指代下述情形：恐怖分子认定自己的某些行为（如加入恐怖组织或长期滞留其中）可以获得奖赏（最广义的奖赏），但却发现实现目标的实际过程需要长期以某种方式持续、反复地进行"投资"。这种"反复投资"很可能要求个人持续参与恐怖主义，但在个人看来，其憧憬的远景目标又遥不可及。布洛克勒和鲁宾（Brockner and Rubin）暗示，上述过程有一个无法逃避的阶段：即人们发现自己陷入了"决策上的无人岛"，他们意识到自己已经进行了大量投资，但仍未达成自己的既定目标。此时，个人会站在十字路口，经历决策危机。时间、精力和期望的投资已经十分惊人（尤其是考虑到个人获得成员资格后承受的巨大压力），再结合其他环境因素，如果触手可及的目标仍然无法实现，上述投资自然也就难以维系。另外，退出意味着放弃过往的一切，因而只有当恐怖分子个人觉得物有所值，他才会有归属感和忠诚度。[33]

鲁宾（Rubin）[34]确认了这类陷阱的三个特征：（1）它们有能力引诱受害者，促使其实施社会心理代价昂贵之行为；（2）此类陷阱的设计理念是只允许更多的人群流入；（3）试图逃跑退出只会加剧陷阱的报复。[35]渴望回归曾经的正常生活、有社交、可以自由地逛街或者想简单地谈一

场恋爱，所有这些普通的个人因素，都可能在恐怖主义过程的任一阶段
陡然凸显其重要性（或许源自并可导致特殊心理状态，这显示了以更大
的开放度直面上述可能性），继而至少是诱发心理脱离的开始。组织成
员最初选择的道路最终都会受到这些因素的深刻影响。

在加芬克尔（Garfinkel）[36]和其他学者[37]编写的恐怖分子访谈记述中，
这些因素也非常明显，其中涉及的过程反映了退出角色的社会和心理过
程，伊博（Ebaugh）[38]对此有详尽描述，霍斯曼（Hirschmann）[39]亦首次
正式地确认了更宽泛的相关过程。

杰罗尔德·珀斯特（Jerrold Post）[40]强调了一个事实：团体压力本身
对该团体的决策过程有诸多影响。在大多数有自决能力的团体中，个人
意见常常受到集体决策的限制和延缓。[41]群体思考是一种发生在黏合度很
高的团体中的过程，当这类团体参与关键决策的过程受到干扰时，群体
思考就应运而生了。此时，团体成员甚至会优先展现他们在决策过程中
"上下齐心"，而"客观考量并评估"不同决策方案反倒居于次要位
置。[42]如此一来，恐怖组织对决策方案可能并非最优的可能性只好视而不
见，而这或许导致组织目标无法达成。珀斯特（Post）注意到：一旦出
现这种情况，群体中就会出现一种普遍的"一厢情愿式"思考模式。他
同时强调：出现这种漏洞百出的决策过程其实原因非常简单：当我们加
入某一组织，并通过讨论明晰了观点，自然希望在获得批准后传播、分
享这些观点，借此展示自己对"理想信念"忠贞不渝，并对组织本身忠
诚不渝。[43]

然而，大家经常有这样的认识：一些执念很深的政治理想可能促使
个人最初选择加入，但后来它们常常要让位于个人的性格特点，其重要
性大打折扣。一个令人窒息的组织氛围（实际上多半源于关键人物强势
的性格）常常会招致大量潜在或公开的异见人士。笔者曾在北爱进行过
一次访谈，充分说明了这一问题。访谈展示了各种因素如何相互影响，
交织碰撞：整齐划一、顺从命令、群体思考以及少数族群的影响，都会
导致组织方向的改变，也会使个体成员对自己涉足的恐怖主义运动逐渐
幻灭：

　　　　开会的消息传来，我们都知道又有麻烦了。我们被告知必须参

会，我知道很多人又要被当面训斥了。老大走了进来，大家都安静下来。他绕着每个人走了一圈，要求大家都向他汇报。最后一个轮到我，我必须得开口了。我告诉他我们的武器状况非常糟糕，必须马上采取相应措施，否则只能搬起石头砸自己的脚。更不用提资金匮乏的问题了。我对我们的头儿充满信心，但他有自己不愿意正视现实的法子。所以我对他说，我们需要选一个军需官，让他负责购买和管理武器。你知道的，他对我的提议十分不快，因为正如我在前文所提，他心中的组织观念十分宏大，而且十分自负，在他看来，什么都"没有问题"。会议结束后，一个小伙子上前几步追上我，我并不喜欢这个人，但他竟然上来就和我握手！他说："祝贺你！那件事早就该说了。"如果我不开口，其他人就只字不提。

当我们考虑其他相关议题时，受访者这番话的重要性就随即凸显出来。他所在的组织在 20 世纪 70 年代初就逐渐式微，主要原因就是无法形成有效的政治势力。这名受访者是建立该组织的最初一批成员之一，但后来还是选择离开并最终移民。

我已经离开好几年了，已对整件事情厌烦透顶。我也知道我们得罪了很多人（笑），尤其是当我们可以滔滔不绝地复述来自所向往的路线时。由于情绪不接地气，我们的头儿也给自己带来许多麻烦，自此我再也没有和他一起收拾烂摊子了。我其实也感到非常难受，因为你一直相信，一直坚信这场运动，我想这就是所谓最初的理想吧。我放弃房子，放弃车子，顺带还说服别人放弃农场，到头来为了什么？天天讨论枪支的问题就是因为我们没钱？

经过一段时间，他的幻灭逐渐发展升级。将这个案例与艾里逊·贾米森（Alison Jamieson）[44]对法兰达（Faranda）的访谈一对比，即显示出高度的相似性。法兰达曾这样描述她脱离组织的过程：

这是一个自然而然的过程：并非一次痛苦的跳跃，倒更像是经历了成百上千个微小步骤。这个过程无所不包：推理、思考、评估以及包含不止一次行动、不止一种武装斗争方式、不止一项革命议题的各式问题。它还涉及革命本身：主义、暴力、敌视逻辑、武装冲突问题、问题的解决方案、与权威的关系问题、如何直面现实和面向未来的问题等，凡此种种、不一而足。我并非一次完成痛苦的跳跃。事情的真相并不是我今天是一种人，第二天就变成了完全不同的另一种人。

所有这些记述的共通价值在于，它们都指向恐怖主义脱离过程乃是一个渐进过程，这与最初恐怖主义涉入过程的特点惊人相似。

霍根（Horgan）曾就恐怖主义脱离经历采访过好几个前恐怖分子，其中一位受访者曾离开英国，经巴基斯坦前往阿富汗。他在英国通过似乎与基地组织有关的招募者涉足恐怖主义，其经历和许多"外籍战士"的经历高度一致。他的记述显示，他对恐怖主义的幻灭迅速出现，其速度之快远超现有文献的记载。⑥在后续章节中，我们会看到仅仅一次导火索式的事件如何突然推动恐怖分子心理脱离。奥马（Omar）曾描述自己在穿越巴基斯坦和阿富汗边境时，亲眼看见了年少孩童如何被强迫参与战斗：

> 这是一瞬间发生的事。我们穿过几道门，过了 20 到 25 分钟，大家都上了皮卡车。有好几辆皮卡车和我们相向而行，其中一辆有些特别。两队车辆相会时，双方司机都会寒暄几句。这时，一些年轻人和一些年长者都下了车。这时，我发现一个孩子望着大家，嘴里说着话，身上还在流血。我想……此情景任何人都不会忘记。他年纪太轻了，下车的年长者都有些不知所措。他一只手臂没了，上面缠着些破布。孩子朝我大声喊叫，告诉我这场屠杀还在继续。他**痛斥这些人都是畜生，都是屠夫**！你知道，这时我就开始动摇了。我心想，究竟出了什么事？我知道这孩子来自巴基斯坦，他只是告诉我刚刚发生的事情。他告诉我**这就是刚才发生的事情**。而我正一路前行。我想去接受训练，而我们的车队却被叫停。当我们的车停下时，他们叫我们下车、快跑，但在我们逃跑途中，他们却朝我们射击。我问："是卡车司机吗?"他回答说："不是。是那些埋伏在灌木丛里的人，四面八方都是，全部向我们开火。"我又问："是美国人吗?""我不知道。"他回答说。他就说了这些，这让他心灵严

重受创，那个年幼的孩子。年长者就坐在那里，一句话也没说。后来那孩子转身跑回皮卡车，继续说：**"我正要上车，他们却开走了"**。长者就着头把他提了起来，又把他重新拉了回来。他只说了句：**"我想回家"**。

这次遭遇使他备感愤怒。后来他一直帮助上文所提的长者和孩童，直至最后自己返回英国：

> 离开阿富汗后，我在 36 小时内就回到了英国。那时我非常愤怒，你知道，我原本打算帮助年轻人，帮助孩子，帮助那些无辜民众。然而来到阿富汗，我却看到手无寸铁的年轻人没有经过任何训练就被强行送往战场。他们被送上战场后便只能自生自灭。毫无出路。大部分越境的巴基斯坦民众返回时已经是伤痕累累，或者干脆就死掉了。回来的都是巴基斯坦人，不是阿拉伯人，也不是阿富汗人，回来的都是巴基斯坦人。他们都来自我父母的祖国，我对此深感忧虑和不安。

需要重申的是，关于当代恐怖主义运动的文献记述刚刚开始出现，所以我们仅能谨慎地提出几个因素，这几个因素似乎能够推动心理上脱离恐怖主义：

1. 持续、深度参与恐怖主义带来的负面影响及其结果（如难以容忍的来自团体或组织的心理压力）。

2. 人生重心发生改变〔组织成员感觉自己憧憬之社会或心理状态无法实现（真实的或虚幻的），这或许在个体加入恐怖主义前就已经存在，但多半是获得成员身份后对社会和心理持续投资的自我拷问，因为投资很大，回报很小〕。

3. 幻灭（对其他组织成员、日复一日的常规活动、领导层、行动策略以及宏观战略等都失去信心。）

至此我们看到，恐怖组织不仅要为成员加入提供刺激政策，还要着重强调"实干重于空谈"，[⑯]用以间接促进组织成员持续、长期参与恐怖主义。借用卡洛斯·马里格拉（Carlos Marighella）的话，克伦肖

（Crenshaw）注意到："行动产生先锋"，他将恐怖分子描述为"通常是急不可耐要参与行动的个体"。[47]在组织面临严重困难的时期，北爱尔兰的恐怖头目都必须处理预防个体脱离组织的棘手问题。格里·亚当斯（Gerry Adams）和马丁·麦吉尼斯（Matin McGuinness）曾长期担任爱尔兰共和军运动领导职务，他们亲自参与了围绕1975年在北爱尔兰实施全面停火的谈判。那次停火（或者更准确地说，那一系列小规模停火）并未对共和军实现爱尔兰统一的政治宏愿产生太大影响，但它的确导致了严重的组织压力和民众支持下降（这是当时的反恐政策也难以企及之事）。格里·亚当斯（Gerry Adams）好像已经意识到了这种种压力："当所有斗争都局限于武装斗争时，休战的延长意味着再也没有斗争。此时什么也没有留下，只有困惑、挫败和士气低落，这些都直接源于我所称的"旁观者政治"[48]。这一评论清楚地表明爱尔兰共和军面临的新问题：改变组织工作重点。他们意识到，在新形势下，有必要重新把斗争置于更广泛的前沿议题中，这是自1998年《贝尔法斯特协议》（亦称耶稣受难节协议）（Good Friday Agreement）签署以来风起云涌的诸多事件后，爱尔兰临时共和军（PIRA）面临的又一挑战，也是许多人眼中不满者集中流出、分裂成激进组织"正牌爱尔兰共和军"（the Real IRA）的真正原因。

此处凸显出来的一个经验是：任由组织失去方向是一件危险的事情。基地组织的头目就很注意这一点，2013年年初在他们给默克塔尔·贝尔默克塔尔（Mokhtar Belmokhtar）的信中，我们可以隐约窥见这一点。

心理脱离 = 二级断念 = 去激进化

自2005年起，一套源自监狱的干预措施席卷全球，人们将其统称为"去激进化项目"。[49]这些项目本质上就是各种有组织的活动，宏观上旨在帮助恐怖分子人群降低累犯的风险。每一个项目通常都包含一系列相互重叠的活动，从宗教咨询到职业培训，不一而足。这类项目极少接受任何正规评估（无论是内部评估抑或其他），因此其有效性尚有待商权。然而目前各种恐怖组织的累犯风险一直处于低位，我们尚不清楚这是否与参与去激进化项目有关。虽说如此，大家对"脱离"和"去激进化"的暗指意义依然深感困惑。

拉弗里和米勒（LaFree and Miller）[50]多次重申：犯罪学概念对思考恐怖主义断念问题大有裨益。当然，将脱离恐怖主义视为犯罪行为的"断念"是向前的第一步。此外，一些犯罪学家还区分了一级断念和二级断念。一级断念倾向于"停止"犯罪行为，这通常是一个暂时的过程，一种"不犯罪"阶段。[51]二级断念则暗指一个长期、持续的过程，即马努拉和法雷尔（Maruna and Farrell）[52]所谓的"在个人身份层面有清楚可辨、可以量化的显著改变"。二级断念涉及一个重新定位的过程，要么支撑犯罪参与的观念、信仰和价值观被重新评估，要么被彻底摒弃。幻灭可以引发二级断念，这是降低累犯风险的保护性因素。

虽然我们尚不清楚新身份的确立对长期断念恐怖主义有何影响（或者说考虑到此人已非恐怖分子，新身份自然就是脱离恐怖主义的默认结果），但二级断念的概念至少与心理脱离的提法是吻合的。伊博（Ebaugh）关于角色主动退出的论著进一步强化了这个观点，他指出接受新角色是保持正确的退出方向的一个重要阶段。同样重要的还有，恐怖分子重新融入社会以及累犯率降低过程中的"自助式"努力，[53]这个话题学界还鲜有研究涉及。

去还是留

至此为止，本章的焦点仍是确认可能导致恐怖主义脱离的各种因素。然而，要进一步阐释这个复杂的问题就要考虑离开恐怖主义意味着什么。脱离组织的恐怖分子（无论出于何种原因）可能不一定愿意自己生活的某些方面发生迅速的改变。无论走到哪里，身为前恐怖分子的心理压力都会如影随形，有时这种压力会变得非常强烈，以至于他们只能举手投降。

恐怖组织前成员库尔迪普·辛格（Kuldip Singh）因 1991 犯下的罪行于 2000 年向警方投案。警方报告称，辛格之所以坦白是因为希望在受审后过上新的生活。同年，胡狼卡洛斯（Carlos the Jackal）的前同伙汉斯 – 约阿希姆·克雷恩（Hans – Joachim Klein）也被法庭收审，他在1974年曾参与卡洛斯策划的臭名昭著的欧佩克部长会议袭击，此时距袭击案发生已经整整25年。当年案件发生后，他便开始了多年的逃亡生涯。同样是在2000年，恐怖组织的创始成员重信房子（Fusako Shigeno-bu）在隐匿了25年之后最终在日本西部被捕。

在初始阶段，组织的保护尚不足以保证成员不脱离组织，也无法保证不留情面的执法部门和情报机关将其绳之以法。情报部门经常试着招募一些前恐怖分子，力求劝说他们提供一些证据揭发恐怖主义。这甚至可能成为促使个体脱离恐怖组织的重要因素。反过来，对恐怖组织来说，理解恐怖主义脱离过程可能也有其价值，因为它可以提供参照，确保个体积极参与组织活动。如果我们要将脱离恐怖组织作为一种可行的反恐策略广泛宣传，政府的公信力就显得至关重要。然而一些政府在试图拉拢爱尔兰共和军[54]或意大利黑手党线人时，[55]采用的策略却没有多少战略眼光。

即便整个恐怖组织开始土崩瓦解，成员们各自的脱离道路也大相径庭。有些可能逐渐转向其他非法活动，[56]如果他们在还是恐怖组织成员时就深谙此道（如负责为组织筹款），这就成为一个相对容易的选项。这种情况下，如果遭遇竞争对手威胁，恐怖分子个体可能仍然会使用以往恐怖主义运动中所用的假名。另一些人则可能出现社会孤立和心理疾患（抑郁、药物滥用等），还有一些人则可能找到新的工作，开始健康的生活和崭新的人生。

通常情况下，是否能够获得切实可行的新出路或许反映了以下问题：（1）个人涉入恐怖组织的程度（极少时间参与、兼职或全职）；（2）心理支持和身份确认在多大程度上依赖恐怖组织本身；（3）恐怖分子本人认为对恐怖组织的承诺（或许是终身承诺）是否值得。

对脱离恐怖主义的理解

在这一阶段，要想从个人层面就脱离恐怖主义展开全面讨论还为时尚早。如果说我们确实从上述例子中认识到了什么具体的东西，那肯定是：我们关于脱离恐怖主义的看法可能过于简单，需要从更精细的角度进行考量，其精密复杂程度应和最初推动个人加入恐怖主义的各种因素相当。

上述讨论从多个层面分析考量了恐怖主义脱离：很多情况下，恐怖主义的终结是一个过程，在此过程中，恐怖组织从诞生到经历很长一段时间的发展，再到后来逐步意识到，通过恐怖暴力很难达成自己的目标。很明显，我们此时需要更多的研究，但考虑到缺乏基础数据（数据充足的话，未来就不必仅凭猜测），只能号召学界更加关注这个特殊领域。上述讨论力图展现与考察恐怖主义脱离相关的各种议题，但仍有许多问题需要解答，以下所列研究话题或许代表了这一研究过程的简要开始。它们关注的共同焦点并不是为执法部门或政策关切找出议题，而是认清恐怖主义脱离本身就是一个重要的研究领域，同时阐明其固有的心理原则：

- 从恐怖分子参与单次活动、长期低频参与战术行动、参与战略活动直至参与全部恐怖主义活动等类型出发，考察并评估恐怖分子在恐怖组织中扮演角色的性质和范围。
- 考察恐怖组织内部为应对组织降级（即将解体）采取的旨在让组织成员做好心理准备的各种措施（如果有）。
- 分析恐怖分子文献及训练材料中关于个体脱离的论述。
- 考察恐怖组织成员在暂时脱离有组织恐怖活动期间（如停火期间）的经历，以及恐怖组织为维护自身团结采取的措施（如果有）。
- 考察恐怖组织前成员在组织架构以外的生活。与组织逐步隔离会带来哪些心理影响？这可以在多个层面进行考量：个人、家庭等等。此外，我们还可以将其视为一种机能，考察其在不同的社会、政治和组织环境下对个体产生的不同影响。
- 考察可能导致恐怖分子部分退出某种特定角色行为的各种因素：例如，主动退出实际恐怖行动（如枪击、爆炸等），抑或自愿参与其他活动（如政治、组织、金融活动等）。

- 考察前恐怖分子如何以及在多大程度上表达悔恨，还有他们采取哪些措施（如果有）减轻相应的压力。

- 考察极早期的脱离，即刚刚招募进入恐怖组织后。

- 对比分析非自愿脱离恐怖分子的个人经历（如被关押的恐怖分子，或那些被转移至其他角色，以及受到组织解体影响的恐怖分子）；用相同方式对比分析不同种类的政治极端主义。

- 考察在主动脱离过程中，恐怖组织内部不同角色和功能是否有不同的损耗速率（如筹款者/枪手/炸弹袭击者/组织者/政治代理人）。我们或许会问："在具体组织功能框架下的行为有哪些不同的心理含义？一些角色是不是要比其他一些更容易引发成员自动脱离？"这恰好能起到一箭双雕的作用：它可以将恐怖主义心理研究的性质和方向从原来的为"恐怖分子"本身画像转移至现在的为"恐怖组织的内部角色和功能"画像。

- 比较不同类型涉入方式的脱离（如独狼式恐怖主义/网络恐怖主义/非中央集权组织/等级森严的正式组织）。

结　论

关于这最后一点，我们或许无须惊讶：此处考察的多数恐怖主义脱离实例均源自一些有着非常清楚的组织结构的恐怖组织。即使恐怖主义持续演进，组织结构及其性质［参见利根和夏皮罗等学者的精彩论述（Ligon *et al*[57] and Shapiro[58]）］很可能仍与其密切相关。然而与此同时，我们对非中央集权组织、网络恐怖主义活动和独狼式恐怖主义的脱离机能仍然一无所知。虽然马萨诸塞大学洛威尔分校（University of Massachusetts Lowell）反恐与安全研究中心（Center for Terrorism and Security Studies，CTSS）正在进行的恐怖主义脱离研究包含单一事件的和有自主权的恐怖主义的脱离，但要将这种带有浓厚组织结构色彩的恐怖主义角色脱离推广至上述一般情况还为时过早。所以，我们不仅要清楚自发的角色脱离过程，还要弄清恐怖分子角色承诺的心理基础，这两点都至关重要。[59]

　　我们希望出现更多的访谈数据，但最容易获得的数据仍来自恐怖分子们的自传，我们可以借此建立一个恐怖主义脱离模型。有价值的案例汗牛充栋，[⑩]应当鼓励使用类似资料进行基础研究（笔者在本书开头就提到，这些资料和许多重要的恐怖分子文献都未被充分利用），但在评估源自这些资料的数据价值时也要谨慎。

　　一手研究（尤其是那些通过访谈进行的研究）可能受到一系列不同现实议题的限制。虽然第二章已经讨论过这些议题，但我们仍然需要重申：这种研究可行，一小部分研究者的经验也显示，恐怖组织一般愿意为研究者的方法提供便利，并予以积极合作（但其附带条件是研究者应尽力推广其研究，使其接触更广的受众）。在恐怖主义脱离背景下，我们或许可以把潜在受访者分为几个类型："身体脱离"、"心理脱离"、身体或心理层面的"非自愿脱离"，以及脱离后他们是"深感悔恨"还是"毫无悔意"（最后这个层面要求采访者有一定的提问策略和询问技巧）。事实上，此处我们应当重新考虑丁利（Dingley）关于恐怖主义研究未来可能出现的情形：具有讽刺意味的是，只有当恐怖组织解散之时，访谈才比以往更加切实可行，然而此时我们仍旧拒绝这些机会，理由是它们不再与当代研究相关，因为恐怖组织已经解体。这种做法反映出部分学者极端狭隘和局限的学术眼光。

　　试图用直截了当的简单术语解答人们为何脱离恐怖主义常常会掩盖问题的复杂性及其背后的深刻原因。正是出于这个原因，从概念性和实用性层面上讲，"人们为何脱离恐怖主义"这个问题和"人们为何成为恐怖分子"一样难以回答。脱离恐怖主义可能源自恐怖分子无法掌控的外部环境，就像当初加入恐怖组织时一样，它甚至就和个人做出的其他社交或职业选择一样。如果我们认可恐怖主义是特定时间地点的产物，那么我们就可以将这种思想延伸至恐怖主义决策及影响恐怖分子自我认知的各种过程。[⑪]

　　从个人角度看，脱离恐怖主义应被视为和最初涉入恐怖主义阶段一样复杂，后者我们投入了太多精力，但收效不大。如果未来某个时间，学界呼吁对导致恐怖主义脱离的各种因素进行分类（本书已经做出一些尝试），研究者必须首先承认：无论在恐怖主义参与的哪个阶段，扮演何种角色，影响个人行为的各种因素都是一个动态过程。

参考文献

① M. Taylor, "Is Terrorism a Group Phenomenon?" *Aggression and Violent Behavior*, 15, 2 (2010), pp. 121 – 129.

② J. Horgan, *Walking Away from Terrorism: Accounts of Disengagement from Radical and Extremist Movements* (London: Routledge, 2009).

③ T. Bjorgo and J. Horgan (eds.), *Leaving Terrorism Behind: Individual and Collective Disengagement* (London: Routledge, 2008).

④ W. Rosenau, R. Espach, R. D. Ortiz and N. Herrera, "Why They Join, Why They Fight, and Why They Leave: Learning from Colombia's Database of Demobilized Militants," *Terrorism and Political Violence* (2013). doi: 10. 1080/09546553. 2012. 700658

⑤ I. G. Gjelsvik and T. Bjorgo, "Ex – Pirates in Somalia: Processes of Engagement, Disengagement, and Reintegration." *Journal of Scandinavian Studies in Criminology and Crime Prevention*, 13, 2 (2012), pp. 1 – 21,

⑥ Horgan, *Walking Away from Terrorism*.

⑦ This project, entitled Pathways, Processes, Roles and Factors for Terrorist Disengagement, Re – engagement, and Recidivism, is a three – year research effort, more information on which is available via the website of the CTSS: www. uml. edu/ Research/ CTSS/Research – Projects. aspx

⑧ J. C. Dingley, "Peace Processes in Northern Ireland: Squaring Circles?" *Terrorism and Political Violence*, 11, 3 (1999), pp. 32 – 52.

⑨ J. F. Morrison, *The Origins and Rise of Dissident Irish Republicanism: The Role and Impact of Organizational Splits* (London: Bloomsbury, 2013).

⑩ J. Horgan, "Interviewing the Terrorists: Reflections on Fieldwork and Implications for Psychological Research," *Behavioral Sciences of Political Aggression and Terrorism*, 4, 3 (2012), pp. 195 – 211; A. Dolnik, *Conducting Terrorism Field Research: A Guide* (London: Routledge, 2013).

⑪ R. Alonso, "Why Do Terrorists Stop? Analyzing Why ETA Members Abandon or Continue with Terrorism," *Studies in Conflict and Terrorism*, 34 (2011), pp. 696 – 716.

⑫ O. Ashour, *The De – radicalization of Jihadists: Transforming Armed Islamist Groups* (London: Routledge, 2009).

⑬ A. K. Cronin, "How al – Qaida Ends: The Decline and Demise of Terrorist Groups," *International Security*, 31 (2006), pp. 7 – 48; A. K. Cronin, *How Terrorism Ends: Understanding the Decline and Demise of Terrorist Campaigns* (Princeton, NJ: Princeton University Press, 2009).

⑭ D. Gupta, *Understanding Terrorism and Political Violence: The Life Cycle of Birth, Growth. Transformation, and Demise* (London: Roudedge, 2008).

⑮ F. Reinares, "Exit from Terrorism: A Qualitative Empirical Study on Disengagement and Deradicalization among Members of ETA," *Terrorism and Political Violence.* 23 (2011), pp. 780 – 803.

⑯ A very detailed summary of all of this research is to be found in Chapter 2 of Horgan. *Walking Away from Terrorism.*

⑰ For example, see J. Horgan, *Divided We Stand: The Strategy and Psychology of Ireland's Dissident Terrorists* (New York: Oxford University Press, 2013).

⑱ For example, see J. Horgan and M. – B. Alder, The Future of Terrorist Deradicalization Programs, " *Georgetown Journal of International Affairs*, 13, 2 (2012), pp. 83 – 90; J. Horgan and K. Braddock," Rehabilitating the Terrorists? Challenges in Assessing the Effectiveness of De – radicalization Programs," *Terrorism and Political Violence*, 22 (2010), pp. 267 – 291; A. Lankford and K. Gillespie, "Rehabilitating Terrorists through Counter – indoctrination: Lessons Learned from the Saudi Arabian Program." *International Criminal Justice Review*, 21 (2011), pp. 118 – 133 at p. 119; M. L. Porges, "Getting Deradicalization Right," *Foreign Affairs* (May/June 2010); A. Rabasa, S. L. Pettyjohn, J J. Ghez and C. Boucek, *Deradicalizing Islamist Extremists* (Santa Monica, CA: RAND, 2010).

⑲ J. Horgan, "Leaving Terrorism Behind," in A. Silke (ed.) *Terrorists, Victims and Society: Psychological Perspectives on Terrorism aud its Consequences* (Chichester, UK: John Wiley, 2003), pp. 109 – 130; J. Horgan, "Disengaging from Terrorism," *Jane's Intelligence Review*, 18, 12 (2006), pp. 34 – 37.

⑳ Horgan, *Walking Away from Terrorism.*

㉑ J. Horgan and M. Taylor, "Disengagement, De – radicalization and the Arc of Terrorism: Future Directions for Research," in Rik Coolsaet (ed.), *Jihadi Terrorism and the Radicalization Challenge: European and American Experiences*, 2nd ed. (London: Ashgate, 2011), pp. 173 – 186.

㉒ J. Jordan, "When Heads Roll: Assessing the Effectiveness of Leadership Decapitation," *Security Studies*, 18 (2009), pp. 719 – 755.

㉓ C. McCauley and M. E. Segal, "Terrorist Individuals and Terrorist Groups: The Normal Psychology of Extreme Behavior," in J. Groebel and J. H. Goldstein (eds.), *Terrorism* (Seville: Publicaciones de la Universidad de Sevilla, 1989).

㉔ Cited in Y. Alexander and K. A. Myers (eds.), *Terrorism in Europe* (London: Croom Helm, 1982), p. 174; see also M. Baumann, *Terror or Love? Bommi Baumann's Own Story of his Life as a West German Urban Guerrilla* (New York: Grove, 1979).

㉕ A. Jamieson, *The Heart Attacked: Terrorism and Conflict in the Italian State* (London:

Marion Boyars, 1989).

㉖ M. Jacobson, *Terrorist Dropouts: Learning from Those Who Have Left*, Washington Institute for Near East Policy, Policy Focus #101. January 2010.

㉗ Ibid. , p. 5.

㉘ J. M. Post, "Group and Organisational Dynamics of Political Terrorism: Implications for Counterterrorist Policy," in P. Wilkinson and A. M. Stewart, *Contemporary Research on Terrorism* (Aberdeen: Aberdeen University Press, 1987), pp. 307 – 317.

㉙ A. Spire, "Le terrorisme intellectuel," *Patio*, 11 (1988), pp. 150 – 158.

㉚ Ibid. , p. 150.

㉛ In Jamieson, *The Heart Attacked* (see especially pp. 267 – 268).

㉜ J. Brockner and J. Z. Rubin. *Entrapment in Escalating Conflicts* (New York: Springer – Verlag, 1985).

㉝ M. Taylor. *The Terrorist* (London: Brassev's, 1988).

㉞ Ibid.

㉟ K. Lewin, "Group Decision and Social Change," in T. M. Newcomb and E. L. Hartley (eds.), *Readings in Social Psychology* (New York: Holt, 1947).

㊱ R. Garfinkel, "Personal Transformation: Moving from Violence to Peace," United States Institute of Peace Special Report 186 (April 2007).

㊲ E. g. Horgan, *Walking Away from Terrorism.*

㊳ H. Ebaugh. *Becoming an Ex: The Process of Role Exit* (Chicago: University of Chicago Press, 1988).

㊴ A. O. Hirschman, *Exit, Voice, and Loyalty: Responses to Decline in Finns, Organizations, and Stales* (Cambridge, MA: Harvard University Press, 1970).

㊵ Post, "Group and Organisational Dynamics of Political Terrorism."

㊶ Ibid. , p. 312.

㊷ Ibid.

㊸ M. Crenshaw, "The Psychology of Political Terrorism," in M. G. Hermann (ed.), *Political Psychology: Contemporary Problems and Issues* (San Francisco: Jossey – Bass, 1986), pp. 379 – 413.

㊹ Jamison, *The Heart Attacked.*

㊺ Horgan, *Walking Away from Terrorism.*

㊻ M. Crenshaw, "An Organisational Political Approach to the Analysis of Political Terrorism," *Orbis*, 29, 3 (1985), pp. 465 – 489.

㊼ Ibid. , p. 474.

㊽ Cited in L. Clarke, *Broadening the Battlefield: The H – Blocks and the Rise of Sinn Fein* (Dublin: Gill & Macmillan, 1987), p. 29.

㊾ S. Mullins, "Rehabilitation of Islamist Terrorists: Lessons from Criminology," *Dynam-*

ics of Asymmetric Conflict, 3 （2010）, pp. 162 – 193.

50 G. LaFree and E. Miller, "Desistance from Terrorism: What Can We Learn from Crimi-nology?" *Dynamics of Asymmetric Conflict: Pathways toward Terrorism and Genocide* 3 （2008）, pp. 203 – 230.

51 For a detailed discussion, see Horgan, *Walking Away from Terrorism* （especially pp. 156 – 159）.

52 Cited in Horgan, *Walking Away from Terrorism*, p. 157.

53 CD. Dwyer and S. Maruna, "The Role of Self – Help Efforts in the Reintegration of 'Po-litically Motivated' Former Prisoners: Implications from the Northern Irish Experi-ence," *Crime, Law and Social Change*, 55 （2011）, pp. 293 – 309.

54 D. PJ. Walsh, "The Impact of the Antisubversive Laws on Police Powers and Practices in Ireland: The Silent Erosion of Individual Freedom," *Temple Law Review*, 62, 4 （1989）, pp. 1099 – 1129.

55 R. H. Evans, "Terrorism and Subversion of the State: Italian Legal Responses," *Terror-ism and Political Violence*, 1, 3 （1989）, pp. 324 – 352; Jamieson, *The Heart At-tacked*.

56 For example, see S. Bruce, *The Red Hand: Protestant Paramilitaries in Northern Ire-land* （Oxford: Oxford University Press, 1992）; also see J. Horgan and M. Taylor, "Playing the 'Green Card': Financing the Provisional IRA – Part 1," *Terrorism and Political Violence*, 11, 1 （1999）, pp. 1 – 38; J. Horgan and M. Taylor, "Playing the 'Green Card': Financing the Provisional IRA – Part 2," *Terrorism and Political Vio-lence*, 15, 2 （2003）, pp. 1 – 60.

57 G. S. Ligon, P. Simi, M. Harms and D. J. Harris, "Idea Paper: Putting the 'O' in VEOs: What Makes an Organization?" *Dynamics of Asymmetric Conflict*, 6, 1 （2013）, pp. 110 – 134.

58 J. Shapiro, *The Terrorist's Dilemma: Managing Violent Covert Organizations* （Princeton, NJ: Princeton University Press, 2013）.

59 M. – B. Alder, C. N. Thoroughgood and J. Horgan, "Turning Away from Terrorism: Lessons Learned from Psychology, Sociology and Criminology," *Journal of Peace Re-search* （in press）.

60 M. – B. Altier, J. Horgan and C. Thoroughgood, "In Their Own Words? Methodological Considerations in the Analysis of Terrorist Autobiographies," *Journal of Strategic Securi-ty*, 5, 4 （2012）, pp. 85 – 98; J. N. Shapiro and D. A. Siegel, "Moral Hazard, Dis-cipline, and the Management of Terrorist Organizations," *World Politics*, 64 （2012）, pp. 39 – 78; S. Teymur, "A Conceptual Map for Understanding the Terrorist Recruit-ment Process: Observation and Analysis of DHKP/C, PKK, and Turkish Hezbollah Terrorist Organizations," unpublished doctoral dissertation, University of North

Texas, 2007.

⑥ See especially K. Tololyan, "Narrative Culture and Terrorist Motivation," in J. Shotter and K. J. Gergen (eds.), *Texts of Identity* (London: Sage, 1989), pp. 99 – 118.

第7章　面向恐怖主义行为科学

引 言

尽管恐怖活动造成的后果往往规模庞大、骇人听闻，但是恐怖主义本身依然低调小众，只有相对较少的个人和团体参与。对于参与恐怖活动的个人及他们为自身活动寻找合法性并维持其恐怖活动涉入所依赖的意识形态内容（尤其是何时何地这种意识形态内容塑造影响了恐怖主义涉入和参与）和组织个人都赖以建立意义的更宏观社会政治事件之间的关系，我们仍然缺乏清楚的理解。据萨拉·萨维奇（Sara Savage）[①]称："一种'医学模式'的单一原因解释贯穿于整个原教旨主义和激进主义研究：找出原因，消灭疾病"。但她同时指出："原教旨主义和激进主义不是由离经叛道、误入歧途的个人造就，而是一种源自复杂、多变社会现实的暴力烈焰。"不管能否把恐怖主义涉入过程统称为"激进主义"或其他某个术语，我们都应始终厘清并检测对这一涉入过程运作方式的推测是否准确。

在对麦可利和莫斯卡棱科（McCauley and Moskalenko）关于激进主义的专著《冲突摩擦》（*Friction*）进行评论时，戴维德·戈登斯坦·罗斯（Daveed Gartenstein Ross）[②]暗示上述两位作者的认识存在盲点，因为他们：

> 未能严肃审视宗教意识形态，并将其视为激进主义的可能发生机制。……作者们虽注意到："意识形态可能非常重要……，它能够为暴力找到合理根据。"而他们并不认为自己提供的各种原因可

以被视为激进主义发生的机制。

这个议题的核心可能还隐藏着一个更加深刻的问题，即一般情况下意识形态如何运作，而不仅仅是关注它如何激发或维系暴力。意识形态在恐怖分子发展过程中"发挥着作用"已不成为一个问题，然而意识形态内容究竟如何塑造行为，我们还不得而知。此外，我们对这些互动过程也不清楚，因为该过程既涉及重要的全球性宏观社会议题，也涵盖一些较小的区域性微观议题，后者对日常恐怖主义运作中的承诺、涉入和参与均有影响。简单地说，除非有更多的证据出现，否则学者们就更大、更遥远的因素如何以及何时影响更小、更直接行为这一问题的分歧就一直会存在。克莱恩曼（Kleinmann）③提出："暴力激进主义仿佛是长期意识形态激进主义的终极产物。换句话说，是人的思想观念先激进化，然后才是人的行动"。虽然这在某些情况下是成立的，但它远远无法概括涉入特定恐怖组织的特点。同样，正如我们在上述章节所见，参与暴力行为并不应等同于恐怖主义过程的终点。无论我们如何定义恐怖主义的涉入和参与过程，行为本身（更不用说暴力行为）都不应视为这一过程的单一终点。

这一议题反映了恐怖主义研究中许多亟待解决的重要问题。自 2001年以来，恐怖主义研究的快速发展带来了许多挑战。这些挑战包括我们未能将各种知识与现有的概念体系融合，未能系统地协调研究活动，使其着眼于创建有效的战略机制，更好地理解并管控恐怖主义。造成这种后果的原因之一就是数据收集的长期匮乏。出于夸大的安保限制，不愿分享既有信息；一种对多学科研究的实际功用视而不见的短视；和一种未能将多层面（有时重复）分析融合化一的学术失策。在这个学术竞争日益激烈的年代，为了争得科学研究先机，学者们通常也不愿分享自己的数据资料。总体来说，尽管有一些有限进步，现有的恐怖主义分析仍属于短期的、单一事件驱动的研究，缺乏丰富的细节，政治化特点明显且观点狭隘。与此对应，恐怖主义研究的一般概念发展有限，且学界缺乏必要努力，把经过证实的实证主义知识进行理论吸收，并将其融入应对和管控恐怖主义实践。在笔者写作本书时（2013 年），美国国家安全工作的关键主题就是"打击暴力极端主义"，这正是从 2011 年出台的

《支援当地合作伙伴、防范美国本土暴力极端主义之战略实施方案》
(*Strategic Implementation Plan for Empowering Local Partners to Prevent Violent Extremism in the United States*) 原则中提炼而来。虽然这一措辞有力地强调了防范暴力极端主义的必要性，但是我们仍不清楚这一目标究竟如何实现，或者真正防范的究竟是什么。大家都不愿接受的现实是：作为行为终极产物的后果，恐怖主义已经获得了其特殊地位。换言之，我们只重视恐怖主义的结果，过度地影响我们对恐怖主义过程及其涉入人员的判断。结果，我们对如何扰乱并管控恐怖活动的认知常常被模糊，且大家误认为恐怖主义只有极端的解决办法。

心理学可以做什么

几乎任何与恐怖主义相关的事务都很复杂。因而毫无悬念的是，解读恐怖主义相关事务的严肃工作也很复杂。但恐怖主义的复杂性不能成为研究瑕疵的借口。拿维克托罗夫（Victoroff）2005 年对恐怖主义文献评论中的话来说，学界的涉恐心理研究少之又少，无须验证、操控和数据检测，仅这一点就足以说明我们的研究十分局限。正是由于这些议题，即便是最不同凡响、别具一格的研究，也必须仔细阅读、小心评估。温豪斯（Venhaus）[④]2010 年的研究令人印象深刻，他通过考察 2000 多份访谈记录以及拘押在伊拉克和阿富汗境内的外籍战士个人历史陈述，分析了基地组织涉入背后的各种原因。但他自己也承认，从拘押者身上得来的数据严重受限，信度远低于已获罪的恐怖分子。他进一步称："这些报告的性质、深度和质量大相径庭，也没有控制组或基线研究与前期访谈结果做对比。"

笔者在本书开头就指出，那些希望本书成为一本理解和（或）处理恐怖主义问题实用手册的人可能会失望。此外，在叙述完 6 章之后，一些东西逐渐清晰起来：那些希望看到"恐怖主义心理学"发展潜力的人可能也会失望，或许还会惊讶地发现初期研究缺乏进展。必须要理解这一复杂领域中的学者们所付出的艰苦努力，尽管收效甚微。对此冷嘲热讽或许简单，但我们必须清楚地面对现实：虽然我们能够创建潜在的恐怖主义行为模式，也可以开始将恐怖主义以更加直观易懂的方式显现给大众，但心理研究的进展仍旧乏善可陈。不仅缺乏数据验证我们的模型，也没有数据检验哪怕是最基本的假设。

正如克鲁格兰斯基及其他学者（Kruglanski et al）⑤所言：近年来，恐怖分子行为研究和各种反恐规定都充斥着隐喻。虽然他们将复杂的过程简单化，使政策制定者更易理解，但我们很难为这种类型的分析找到合适的证据。他们时常用精挑细选的插图或例子来支撑特定的观点或隐喻，而不是用全面、系统的数据分析来展示一种理论的发展。要使情况得以改观，答案并不是创作更有吸引力的隐喻，而是重新调整焦点，根据现有规则重组恐怖主义研究，为本学科的方法、理论和概念进步奠基定锚。正是由于这个原因（还有许多其他原因），恐怖主义研究未能自成一派。然而其进步也是显而易见的：犯罪心理学在访谈恐怖主义嫌犯和参与者方面已经开始崭露头角，德维尔尼克和其他学者（Devernik et al）⑥已经开始启动一项重要讨论，测评心理证据在评估恐怖主义罪犯分子中的地位和作用。然而如果要创建各种涉入模式时，我们需要确保这些模式避开务虚陷阱，即那些虽不能证伪但缺乏解释力的所谓"真理"［这是谈及心理学的公众信誉时，斯科特·利林菲尔德（Scott Lilienfeld）讲的一番话］⑦。

因为学者们往往只关注自己的单一领域，将恐怖主义和反恐怖主义结合考察的历史为我们提供了许多有益经验。倘若有意选择忽略这些经验，请至少让我们注意它带来的结果。前几章得出的一个经验是：那些运用恐怖主义手段和受恐怖主义影响的人都对恐怖主义的性质及更宽泛的政治暴力的使用持有前后不一且模棱两可的看法。从本书开篇，我们就看到恐怖主义策略如何充满了各种矛盾：至少从公开可查的活动角度看，恐怖分子常常通过令人发指的暴行，达到其吸引民众眼球的目的。然而，这种方式使得政府很难奢望与恐怖组织谈判，更不用说考虑和解办法了。

类似矛盾在反恐分析中也十分普遍。我们可能非常清楚某些恐怖主义运动的应对措施实际上助长了反政府恐怖主义的支持率。然而，政府却认为反对与恐怖分子交战的观点毫无人性、不可理喻，是彻头彻尾的懦夫行为。当然，要想防止某种行为在未来重现，最简单的办法就是立刻惩罚。但或许还可以找到其他方法，比如：（1）重新引导行为；（2）试图确认核实这一过程中各个节点的支撑力量（参与那种行为带来的可预见后果）。这种观点可能看起来不同寻常，因为考虑到恐怖主义的悠久历史和与其时长不相上下的恐怖主义应对措施讨论，我们已经知道好些不能用来应对恐怖主义（或我们手头正在处理的任何问题）的方式。随后话题突然就变成："我们为何不能用那些大家都认为合适且有充分证据证明有效的方式来应对恐怖主义"，而不是当初的"我们如何打击恐怖分子"。

尽管如此，我们仍可以确认三个可能源自当代恐怖主义讨论的起始点，用来帮助澄清类似问题的答案。这三个起点尤其与推动心理研究的部分议题紧密相关：

1. 涉入恐怖主义的人员在心理上与众不同或很特殊（当我们将"恐怖主义"狭义地视为安放炸弹或参与其他暴力活动时，这一论点总是凸显出来），以及与之相关的话题。

2. "恐怖主义"这个标签具有误导性，它常常以默认的方式歪曲我们的认知和对恐怖主义问题的理解。这与事关起义政治团体武装抵抗的合法性讨论以及任何其他相关道德争论没有关系。相反，它与本书一直强调的概念问题紧密相关：倘若我们在概念上拓展思维，就会发现，"恐怖主义"包含更广范围的活动（绝不仅仅是暴力）和许多自身并非暴力参与者的人员。这意味着我们公开所见只是一系列复杂连锁事件的最终结果。

3. 最后，我们应当坦承：自己所知不多，但我们仍需推定，导致恐怖主义的一个关键原因在于广泛的社会条件和个人对这些条件的看法之间的联系。结合意识形态控制的特质，我们可能更容易理解这一领域。

过度依赖第一种观点使我们总是想找出那些预设的涉入恐怖主义过程人员的"应有的"内部或心理特质。正如在第 3 章所见，这些所谓的"心理特质"在预设恐怖主义暴力"类型"和认定恐怖主义产生原因方面仍然扮演着重要角色。在 21 世纪，性格提法和简单画像都应被视为孱弱分析的避难所：那些令人匪夷所思的心理病态测试曾被当作做出明智的、经得起考验的判断之基础。时间会告诉我们所谓的恐怖主义涉入"高危因素"是否可行［莫纳汉（Monahan）⑧曾就相关议题组织了精彩讨论］，但考虑到前一种观点，要继续这种几乎偏执的努力，我们似乎在浪费许多宝贵的机会。出乎意料的是，因为行为后果而将恐怖分子病态化的做法最终式微，由于缺乏根基，难以卷土重来。

人们认为"恐怖分子画像"的提法基础稍微牢靠，这种说法尤受行政管理者青睐，因为我们相信它能够帮助大家简化一个超级复杂的过程，但不可避免，这容易让我们得出简单化、误导性的答案。但必须意识到，同时怀揣解决恐怖主义问题所需条件的误导性推测（即使不明确）也是相当有害的。从恐怖主义概念和恐怖主义参与者（无论在何种层面）的双重多样性特点（无须提及对这一研究领域的细致考察）就能够清楚地发现：我们试图确认的许多所谓属于恐怖分子的"个性特点或特征"其实并非他们的专属，不能当作标准用来区分不同"类型"的恐怖分子（即使在同一组织中也不行，更不用说横跨不同组织）。此外，恐怖分子进入、经历、脱离恐怖主义的心理状态与其他社会运动相比也并无特殊之处。上述特质的性质和影响范围在不同恐怖主义运动中亦有所不同（如 4～6 章所述）。我们依旧忽略的一个现实是：在一些大规模极端主义运动中，恐怖主义事件本身只是更大范围社会活动的有限缩影（虽说属于影响力极大的公共事件）。

然而我们也发现，专注于行为分析的画像确实为考察恐怖主义提供了潜在的有益途径：尤其是考虑到这一问题的管控。除开极少一部分心理研究未能言明其研究之行为与恐怖主义各个阶段的关系——即这些行为与涉入恐怖主义、参与恐怖活动及最终脱离恐怖组织息息相关。无论给参与这类行为的人加上什么标签，我们关注的核心焦点必须是行为本身及其发展变化的方式。

虽然人们涉入恐怖主义的方式不断变化，但影响恐怖分子发展的潜在心理原则和驱动机制不会变。容易变化的往往是政策制定者的观点和看法：恐怖主义预防和管控措施的焦点和范围在哪里，如何确定。反恐措施很少基于证据或结果这一现实使得人们关注的许多恐怖主义相关行为不停改变，但鲜有学者有意识地关注是哪些因素推动了这种改变（自然，我们推定促成这种改变的是与恐怖组织本身有关的东西，即我们通常所称：恐怖主义仿佛已经改变）。

进一步讲，在司法背景之外，我们最终必须关注的真正问题其实并非"什么是恐怖主义"，而是"不满现状的组织如何改变和影响政治进程"（这或许有些出人意料）。彼时彼地，暴力的工具性特质成为成就这种组织的关键性因素。世界上的任何人都可能使用暴力，甚至是极端暴力。正如我们反复提及的，它可能成为社会进程的推动力。所以，使用暴力只是"工具箱"提供的一种选择，它对某个特定极端组织的效用才是问题的关键。

上述各点清楚地反映了一个反恐怖主义独有的特殊问题。通常情况下，那些使反恐措施优先化的努力与恐怖主义现状，恐怖主义的起源、发展等关联不大。这一点不应被视为对反恐怖主义的公然戏谑和批评（本书根本不涉及这一问题），但事情的真相是：我们很少关注执法和情报部门如何更具战略性地回应广泛的"恐怖主义威胁"（通过这种方式他们能够有针对性地制定反恐计划）。当然，在犯罪学语境下，证据收集并不是恐怖主义独有的问题，但恐怖主义事件发生后随之而来的政治敏感，使得有人建议调整涉及恐怖主义的意义、所用语言和相应规则，从另一角度讲，针对恐怖主义采取的措施确实与打击盗车犯罪大不相同。2012 年美国驻利比亚班加西领事馆受袭后引发的政治余波充分证明了这一点，此外，美国情报部门部分雇员大肆收集他国元数据引发的论战也是一例。

我们面对的是一个棘手的难题：在许多方面，用政治进程应对恐怖主义几乎完全无效。所以，问题的解决办法好像身在别处：比如依靠情报部门或执法部门（或者依靠恐怖分子声称代表其利益的群体组织）。于是一个恶性循环出现了：警方将打击恐怖主义视为分内之事，并借此获得越来越多的资源和越来越重要的社会地位，但他们最终却发现自己也无法解决恐怖主义问题。由于执法部门不能坦承他们无法解决恐怖主义问题，寻求解决方案的努力便被推后至结构系统层面（这正是我们的弱点所在）。换句话说，恐怖主义最终仍是一个政治问题，因而我们常常看到，反恐失利的挫败感有时甚至可以让政府承认：防范恐怖主义（与管控其造成的后果相对）在某些方面极其困难，甚至根本不可能。这让我们再次看到，我们如何用词，就反映了我们如何看待问题，就已经证明我们自己打败了自己。如果我们希望有效地打破这一恶性循环，我们必须准备挑战让我们颇感心安的一个传统观点，即安保措施是解决恐怖主义最合适的办法。这绝对不是，也不应该是。

所以我们必须优先考虑防范措施。如果反恐讨论的总目标是预防恐怖主义，那么它的起点一定是首先接受：只有了解我们面临的恐怖活动处于恐怖主义进程的哪一个阶段，才能更好地理解恐怖主义（这正是从4～6章所述之分析性原则中得出的结论）。出于同样原因，清点被俘或被杀的恐怖分子人数并不能如实反映广泛的反恐斗争。杀死恐怖主义嫌犯（或者恐怖分子）、侵犯人权或腐化政治进程只能使政治暴力愈演愈烈：因为极端组织会以此为借口，维系恐怖主义动机和合法性。但如果说预防恐怖主义代表一个宏大目标，那么预防激进主义就代表一个异乎寻常又问题多多的焦点研究。

激进主义还是恐怖主义

正如我们在第4章所见，今天只要我们研究恐怖主义，就一定会遇到"激进主义"研究。这个问题的一个核心假设是：我们有必要找出研究对象中的激进分子，因为他们会促成暴力行为或掌控暴力行为的实施范围。根据这一假设，个人先成为激进分子，再变成恐怖分子。如果我们控制住激进主义，我们就或多或少掌控了恐怖主义（尽管实际上我们可能根本不知道这一点如何达成）。此外，恐怖袭击一次又一次的成功实施，反映出我们根本无法百分之百地预防恐怖主义。于是另一种观点开始流行并逐渐根深蒂固起来：我们必须加倍努力，将恐怖主义扼杀在诞生之前。于是，我们开始转而关注激进主义。不加分辨地一律重视激进主义，乍看起来仿佛值得肯定，但事实上这不符合实际并可能导致严重误判。用大体由政治话语主导塑造的先发制人策略主导反恐斗争，我们便无法有效地分辨激进分子和恐怖分子，其实两者的区别是可观察、可发现、可预测的。

本书中一个暗含之意就是呼吁学界重新关注什么构成了恐怖行为，而不是更宽泛的什么构成了"激进主义"。我们并不缺少将此问题概念化的各种隐喻，但笔者坚信，缩小焦点（而并非将其扩大）才能最终激发预防、干扰、最后管控恐怖行为的更大的实际潜力。正是这一中心论点为"涉入、参与和脱离"的恐怖主义核心过程奠定了基础。与此类似，集中焦点可以帮助我们更好地提升对恐怖主义心理研究途径的理解，推动相应的学术努力（如果能帮助我们找出哪些心理途径研究恐怖主义更有效则更佳）。

我们不能想当然地推定：新表达（如独狼式恐怖主义）一定代表着新情况，时间才能说明一切。但或许可以更多地思考前述分析得出的部分结论，这些结论正好反映了以前描述的恐怖主义过程。例如，从第4~6章的分析中，我们发现：

- 有清晰明了的方法可以找出恐怖主义各个环节中之危险性和风险评估的关键点：最初涉入恐怖主义阶段（第4章）；持续涉入恐怖主义（专注、持续参与恐怖主义相关活动）和参加恐怖主义事件阶段（第5章）；以及脱离恐怖主义阶段（第6章）。我们可以将这些视为思考风险因素的基础。
- 我们清楚并理解态度转变、思想和行为的重要性，并将其视为恐怖主义涉入和参与升级的影响因素。这些因素深深根植于各种社会、群体和组织的影响，可促进专注、持续的恐怖主义相关活动，并阻碍更广泛的非恐怖主义范畴的社会活动。（仍不清楚的是态度和行为之间的方向与关联问题，这是"激进主义"问题的核心。）
- 现在可以清楚地查实恐怖主义相关活动和其他形式的合法、非法的社会政治活动之间的关系及其性质。

例如，我们可以努力查找基于实证的恐怖主义涉入风险因素。但也必须承认：从其性质上讲，这些因素可能倾向于笼统的概括，预测能力相对较低。

恐怖分子动机的突出特点就是其复杂性。再次强调，那些企图用一种概括性解释来涵盖所有恐怖分子的努力毫无意义。任何人类行为我们都不能如此解读，更不用说恐怖主义涉入了。从本质上看，虽然涉及更宽泛概念的答案乍看起来好像颇具吸引力，但我们最终收获的启发其实并不多。正如吉森斯·迈泽（Githens–Mazer）所述，"很明显，使用实证主义研究和原始数据（访谈、调查、民意普查等）没有被视为发表激进主义研究成果的必要条件：在我们调查的107个文献中，只有46个进行了自己的实证研究"。而且令人遗憾的是，那些使用实证数据的绝大多数研究并未提供"激进主义"的定义。如今的所谓"恐怖主义涉入高危因素"只不过是一种学术理解上的幻觉罢了。套用特赖恩（Tryon）⑨关于公众怀疑心理学讨论时的话，虽然许多模型都包含各种成分因素，它们却未能提供任何适当的有效信息：

> 这种"列表式"模型唯一的"贡献"就是放大我们的学术幻觉。虽然"箱箭走势图"模型比"列表式"模型提供的信息更多，但他们迟迟不谈这类归因式因果联系实际上是如何工作的。他们的主要"贡献"也是放大我们的学术幻觉。

其他许多原因也证明，基于过程的恐怖主义研究方法十分有益。尽管我们还没有完全放开，无法更全面周详地考虑这种方法带来的更广泛的社会和政治影响。这或许是因为这种途径有些地方显得过于清楚直白（实属后见之明），这种直接分析在很多情况下反而显得难以捉摸。采纳这种方法作为研究途径，我们马上就可以从心理学角度看到画像、个人背景和涉入恐怖主义方式的不同，可以发现这些因素都可能成为影响反恐行动效果的原因（从恐怖分子角度看，这些因素对于维持内部团结、增强凝聚力发挥着关键的心理作用，尤其是在面临来自外部不断出现的危险、威胁和压力时）。

恐怖分子行为的宽泛过程模式并不否认背景差异，但其真正的价值在于它让我们看到拥有不同背景和特点的不同人群，如何通过不同方式参与恐怖主义过程，再经由不同方式走完这一过程。这是未来研究的一个关键议题，它与黑格海默（Hegghammer）⑩分析外籍战士动机时找出的区别不谋而合。尽管如此，正如上文所述，从更实际的角度来看，这种模式可以帮助我们厘清恐怖主义各个阶段的不同，更好地把握政策焦点。

其中一个例子来自先前讨论过的"恐怖事件周期"相关话题。在第5章，我们找出了恐怖主义事件的一般途径和逻辑。通过进一步细致甄别，我们又发现了一些循环特质（但对我们很有帮助）。比如，尽管可以确认恐怖主义事件的部分特征与其他形式犯罪活动（如入室盗窃）的发生、演化极其相似，但针对相关事件的后续分析却不一定出现在事件末尾：它不仅是恐怖事件"侥幸逃脱"的一部分，还对是否参与恐怖活动的最初决定起着关键作用。我们可以看到它是影响决策过程的因素之一，这一过程均发生在恐怖袭击（及其他后续事件）之前。我们还发现，这在自杀式恐怖袭击中尤其突出，因为此情景下再分析逃脱就没有实际意义。

有一点对心理研究有潜在贡献的政策评估方案需要加入：个体恐怖分子心理特质的相关议题可能也与招募者的人员选择和其他更广泛的组织话题相关。但很明显，在恐怖事件周期框架下的袭击类型分析中，它几乎不起作用。这是需要进一步细致考察的概念。具有讽刺意味的是，这是凸显通过个体性格解读恐怖主义局限性的有效途径，然而当我们再结合恐怖事件分析来考虑时，它便失去了实际价值。这可能就是我们面临的实际状况。

恐怖分子"参与恐怖事件"和"可能参与恐怖事件"（即参与恐怖事件倾向性）之间的区别，在恐怖事件周期框架下可能欠缺，但在宽泛社会分析中非常明显。无论何种原因导致个人习得、引发或出现犯罪或恐怖主义倾向，我们对其关注的焦点都会假定那些促使个人准备或已经涉入恐怖事件的先决条件已经出现。因此，与之相关的是实际恐怖事件表达或实施的过程，而并非恐怖活动的源头以及个体恐怖分子涉入恐怖活动的过程。

"可能参与"和"实际参与"的区分，标志着重要的理论进步，它使得我们得以通过不断变换的事件和场景，而并非通过人员（后者常被视为不准确或无法企及，属于个性驱动理论的目标）来思考如何制定政策、进行实践。在片面强调激进主义的背景下，这一议题已经变得极其混杂，令人倍感困惑。

我们还需要进一步推定：由于每一起恐怖事件都有其特殊、具体的环境背景（如第5章所述），所以对恐怖主义事件进行分析时，要做到"一事一议"。很明显，"恐怖主义"的现有类型过于宽泛，实际意义不大，这一点在上述分析中已经说得很清楚。还可能出现的情况是：恐怖运动的一些积极分子在目标选择上投机取巧，他们可能涉入一系列非法活动，而并非简单地参与某个孤立的恐怖主义活动。话虽如此，特定恐怖事件出现的过程必然非常特殊，甚至独一无二，因为它与特定的环境、场景紧密相连。这对于行动计划的演化发展具有重要影响：简单地说，就是一种办法（反恐策略或计划）不能解决所有问题。与此相关的另一个议题是：是否存在集合组团式的恐怖主义事件？如果出现这种情况，所涉恐怖事件是否个个性质独特，完全独一无二？这类问题使我们意识到，必须对恐怖主义事件进行个案研究，力求在恐怖主义事件周期类型框架下确认这类事件的共同特征。

虽然有迹象显示我们已经开始批判性地审视和研究恐怖主义的各个维度，但是角度问题仍反映出各式恐怖主义超乎寻常的复杂现状。我们面临的另一个显而易见的重要挑战就是各类研究分析的整合：例如，宽泛的社会或结构议题如何与较小的个人话题结合。一方面，我们手头有一系列仿佛随时都能引发社团或族群冲突的社会政治议题；另一方面，推动我们行动的个人特质却相对弱小，而且我们经常曲解它们之间的关系：有时是源于不必要的学科对立，有时是源于对不同角度的误解（学界内外都有）。任何人，哪怕对恐怖主义心理学只有短暂的兴趣，可能都会推定个人特质肯定很重要。

如今，大部分恐怖主义研究的驱动力量已经可以预测：考虑到可能引发冲突的社会条件范围广泛，为何仍只有少数人参与恐怖主义？有意思的是，我们极少提出相反的实证主义问题：为什么大多数人并未参与恐怖主义？提出基本问题时稍微变换方式，便可以产生关于研究对象的不同议题和挑战。当然，显而易见的是，这些问题的答案仍然取决于我们如何划分恐怖主义活动的层次和范畴（如谈论基地组织/下载一些激进的杂志/实际制作炸弹/在公共场所安置可引爆的炸弹）。从某种程度上讲，这种想法并不新鲜（犯罪学家也会同意），但就我们对恐怖主义的传统思路而言，这个想法很新颖。并非所有个体都会遵循涉入周期，循序渐进成为恐怖分子。事实上，我们经常花费大量的时间和精力，试图确认某些"特殊"案例（例如那些在极短时间内成为恐怖分子的人员，或者那些极少暴露于恐怖主义行为环境，似乎没有经过"涉入"过程，直接进入"参与"阶段的人员）是否会使特定理论失效。

在谈及自己在写作《精神变态者测试》（*The Psychopath Test*）一书的研究经历时，作者乔恩·罗森（Jon Ronson）⑪惋惜地提到了"托尼"的例子，后者是英格兰布罗德莫精神病医院的一名精神病患者。托尼声称自己偷偷混进了精神病医院（为了躲避被捕入狱），办法是告诉人们自己疯了，并假装精神癫狂。托尼告诉罗森，这一切之所以能成功实施，是因为自己曾读过连环杀手泰德·邦迪（Ted Bundy）的传记。他告诉罗森，自己很清楚该怎么说，结果演得太逼真，他真就被送到了布罗德莫。托尼说："这里面的误解太深了，我真不是精神病。但要说服人们相信你精神正常实在太难，让他们相信你疯了倒很简单。"罗森对托尼的话很感兴趣，他为此还专门参加了一个短期课程，培训如何查找精神病态行为。课程结束时，罗森承认自己开始反对根深蒂固的偏见：

> 所以每当托尼告诉我一些看起来神志清醒的事情，我就告诉自己：好吧，我还是别把它放进自己的书里。我竭尽全力想把他装进贴有"精神变态者"标签的盒子里。我拼尽全力想把他定义在疯狂边缘。然后我突然意识到：天哪，这正是我 20 年一直在做的事情。其他所有记者也都这么干。我们拿着笔记本满世界跑，我们在等待精品佳作。然而这些精品富矿往往就是我们访谈对象的人格最表层。我们如中世纪僧侣般小心翼翼地将其缝合，却把最正常的东西丢在了地板上。

罗森通过培训变成了一个"精神变态观察者"，不过他也承认："你不能用人们最疯狂的一面去定义他们。托尼是什么？他是个半心理变态。这个世界并不喜欢灰色地带，但托尼就是一片灰色地带。灰色地带正是你发现复杂性的地方。"

这再次与许多新近出现的恐怖分子性格画像不谋而合。瑞普利（Ripley）[12] 曾评论那些试图破译我们在恐怖主义心理学上取得了多大进步的学术努力：研究越深入，研究成果越混杂难懂。在找寻那个无处不在的经典之问（即谁是恐怖分子）的答案时，瑞普利发现：

> 纽约市警察局 2007 年的一份研究报告得出结论称：潜在恐怖分子是一群过着普通生活的普通人。人们不会因为贫穷、受压迫或笃信宗教自动加入恐怖组织。他们加入恐怖组织仿佛是为了找寻生活目的、兴奋感或社会地位。他们仿佛是在与孤独对抗。当然，这也不一定。

这与 J. M. 博杰（J. M. Berger）[13] 对美国本土恐怖分子的精彩分析遥相呼应。

> 将这些人归结简化为漫画式人物，从不侧耳倾听只是一味妖魔化他们，当其言语与我们的预期不符时直接无视他们的行为方式，这些做法固然简单，但效果堪忧。仔细倾听、客观判断、同时坦承他们的故事，这些做法并不是为他们开脱罪责。

瑞普利和博杰的观点被广为接受。如今，学界鼓励研习恐怖主义的学者们不但要将自己的研究发现和政策制定者分享，还要和其他政界人士、本地及中央执法官员、国家安全部门内部的专门（或第三方）分析机构以及武装力量分享。任何学者，哪怕只花极短的时间和上述听众交流，都会迅速知晓：事情的复杂性往往是清楚明了的。恐怖主义产业充满了自封的研究者和专家，他们急于四处展示自己的观点，仿佛这些观点有理论基础一样；或分享自认精到的（令人印象深刻的）隐喻，仿佛这些隐喻有实际数据支撑一样。为了推动高质量恐怖主义研究的发展并时刻谨记瑞普利"混杂难懂研究发现"的关切，我们的挑战并不是回避"更好"的研究所具有的复杂性（这类研究的基础至少应当是论证严密且十分注重数据支撑）。对恐怖主义学术研究者来说，我们面临的挑战可能是如何用简单易懂的方式呈现复杂晦涩的研究成果。只有正视复杂性，我们才能逐步理顺、厘清恐怖主义对上述不同部门的意义，使他们真正受益于研究成果。

　　从实用角度看，如果无法找到清晰的恐怖分子画像，那么这对执法部门来说究竟意味着什么呢？如果恐怖主义涉入过程还是如上文所述一样复杂，那么这对于试图逆转招募过程的努力究竟意味着什么？当然，这些问题并非恐怖主义研究者的专属，但应当意识到：恐怖主义研究、学术界和公共政策三者的关系正呈现出愈发重要且相互融合的趋势。

恐怖主义研究、公共政策和学术界

　　这场讨论所勾勒的图景让人压抑。那么，我们该如何负重前行呢？要找出部分解决方案其实并不难。在笔者看来，管控恐怖主义的办法和理解恐怖主义的办法（如果这两者可以暂时分离）都取决于对研究目标的优先化。我们究竟想做什么？倘若一个政府的首要目标就是消灭恐怖分子，那么其影响就变得显而易见，正如我们从无人机项目上集中看到的一样。

　　令人遗憾的是，即使在心理学领域，我们仍在沿用非此即彼的方式讨论恐怖主义。这个问题仍旧被视为两个极端：要么神秘莫测、极其复杂；要么简单清楚、一目了然。通常情况下，影响采纳何种观点的是我们接触了何种信息，特定的世界观总是深深根植于成长背景、所受教育或训练。一次演示或一份文稿中的某个单词或短语可能就会让当事人背离一种信仰，抛弃一个政治观点，或改变一个学术视角，考虑到现有恐怖主义研究产出的汗牛充栋的各式材料，相应地，我们也很容易贬低他人贡献，或者出于无知或偏见，认为他人贡献与研究主题无关。同时我们还发现，这一议题的核心是价值评估问题。为了查明学术研究质量并制定未来中短期情报分析议程安排，学术界和政策制定者双方都应展示其实际应用能力和彼此相关性。在一项旨在描述荷兰恐怖主义的研究中，[⑭]作者注意到：由于恐怖主义的复杂性，那些有相对充裕时间详细分析这一现象后续影响的研究者工作相对轻松，而那些必须实时应对这一现象的执法组织或权威部门工作相对紧张。这一点说得很公允，但它却可能具有误导性。回溯式分析的有效性和可靠性，可能与其在实时事件中收集的数据性质及其局限性密切相关。

学术分析往往远离日复一日的紧迫现实，如监视恐怖主义嫌犯或将看似毫无联系的事件节点连接起来。这个事实不应被视为我们需要跨越的沟壑断层。对实战型反恐团体来说，学术研究的真正价值必须首先经由其内在独立性体现，尤其是在数据收集和后续分析方面。相互关照带来的好处很难如此清晰地呈现在我们面前（对双方均是如此），但如果恐怖主义学术研究只是"按部就班、听从号令"，它便不一定会给应对恐怖主义的实战型反恐团体带来更多的好处。我们亦可推论，这正是那些在国家安全部门工作的人希望学术研究者完成的（虽然大多数情况并非如此）。

学者们负有双重责任：一是要向大家展示他们的分析与现实世界紧密相关；二是要让大家（尤其是情报分析员）认识到他们日常收集、分类、存档的各种信息的重要价值。事实上，对可靠、有效信息的价值重视起来很可能是高效合作的核心。通常情况下，限制信息共享的一般是相互不信任或彼此怀疑，有时也可能是过往经验贫乏或出于国家安全考虑。尽管如此，大多数时候它还是与权力和控制紧密相关，此时，对双方均有利的话题又是：在各方彼此融合升级的背景下，社会团体如何从中获利？

学术界可能需要带个好头：学者们应当充分阐明理论和恐怖主义分析的关联契合，而那些直面应对恐怖主义的人们必须相应地通过适当方式坚持言明自己的需求和关切。简而言之，除非他们清楚彼此的想法和需求，并愿意知晓彼此实际能给予对方的东西，否则没有一方能从中受益，社会大众也无利可图。

结　论

已故学者保罗·威尔金森（Paul Wilkinson）常说：恐怖主义实在太重要，我们不能将其假手于政客。今天，他的这番话格外具有现实意义。对学术研究者来说，以自己特有的方式接手恐怖主义的时间已经到来，这种方式或许是我们原来想都不敢想的。此外，我们还应当批判性地评估从心理角度所做分析对此话题的贡献。笔者希望，本书能成为在客观、独立、数据驱动的恐怖主义行为研究领域进行有效、持续学术投入的一个范例。我们任重而道远，但令人欣喜的实证恐怖主义行为研究正在缓慢、有力地发展。话虽如此，除非恐怖主义心理研究开始系统化发展，否则我们仍难以获取足够证据或掌握适当角度，借此合理、可靠地指引（或许更准确的用词是：挑战）政策制定。

最后，我们必须澄清：本书某些章节详尽描述的研究和其他问题并非无法超越。当今的一些具有相当局限性质的心理研究也并非浪费时间。这就是说，如果我们能从自己所犯的错误中汲取经验教训，能花时间思考知识系统中巨大空白带来的影响，我们就没有浪费时间。让我们引用提奥（Teo）[15]在谈及心理学作为一门学科的方向性问题时所说的，富有深意的名言来做总结：心理学这门学科的关键特征是"为复杂议题提供合理解释"，而不是"科学解释"。身为恐怖主义研究者，想要做得更好，不仅要承认这一点，更要悦纳这一点，要坦承现今学术努力的局限性。只有通过这种方式，才能占据更有利的位置，影响和指引我们研究领域的未来方向。我们的研究尚不能作为范例：因为研究仍处在合理描述的层面，且并不急于做出任何解释。不过这才是我们所应聚焦的重点，至少现在应当这样。

参考文献

① S. Savage, "Four Lessons from the Study of Fundamentalism and Psychology of Religion," *Journal of Strategic Security*, 4, 4 (2011), pp 131 – 150.

② D. Gartenstein – Ross, "A Blind Spot: Jihadi Radicalisation and Religious Ideology," Books. *Pragmati: The Indian National Interest Review*; November 2, 2012. Retrieved on February 10, 2014 from: http://pragati. nationalinterest. in/2012/ll/a-blind-spot/.

③ S. M. Kleinmann, "Radicalization of Homegrown Sunni Militants in the United States: Comparing Converts and Non-Converts," *Studies in Conflict and Terrorism*, 35, 4 (2012). pp. 278 – 297.

④ J. M. Venhaus, "Why Youth Join Al-Qaeda," USIP Special Report 236, May 2010.

⑤ A. W. Kruglanski, M. Crenshaw, J. M. Post and J. Victoroff, "What Should This Fight Be Called? Metaphors of Counterterrorism and Their Implications," *Psychological Sci-*

ence in the *Public Interest*, 8 (2008), pp. 97 – 133.

⑥ M. Dernevik, A. Beck, M. Grann. T. Hague and J. McGuire, "The Use of Psychiatric and Psychological Evidence in the Assessment of Terrorist Offenders," *Journal of Forensic Psychiatry and Psychology*, 20, 4 (2009), pp. 508 – 515.

⑦ S. O. Lilienfeld, "Further Source of Our Field's Embattled Public Reputation," *AmericanPsychologist*, 67, 9 (2012), pp. 808 – 809.

⑧ J. Monahan, "The Individual Risk Assessment of Terrorism," *Psychology*, *Public Policy*, *and Law*, 18, 2 (2012), pp. 167 – 205.

⑨ W. W. Tryon, "Emergence vs. Reductionism," *American Psychologist*, 67, 9 (2012), pp. 806 – 807.

⑩ T. Hegghammer, "Should I Stay or Should I Go? Explaining Variation in Western Jihadists' Choice between Domestic and Foreign Fighting," *American Political Science Review*, 107, 1 (2013), pp. 1 – 15.

⑪ J. Ronson, "Strange Answers to the Psychopath Test," TED: *Ideas Worth Spreading*, August 2012. Retrieved on December 30, 2012 from: www. ted. com/talks/jon_ronson_strange_answers_to_the_psychopath_test. html.

⑫ A. Ripley, "Reverse Radicalism," *Time*, March 13, 2008.

⑬ J. M. Berger, Jihad Joe: *Americans Who Go to War in the Name of Islam* (Washington, DC: Potomac Books, 2011).

⑭ C. J. de Poot, A. Sonnenschein, M. R. J. Soudijn, J. G. M. Bijen and M. W. Verkuylen, *Jihadi Terrorism in the Netherlands: A Description Based on Closed Criminal Investigations* (The Hague: WODC, National Police Services Agency, 2011).

⑮ T. Teo, "Psychology Is Still a Problematic Science and the Public Knows It," *American Psychologist*, 67, 9 (2012), pp. 807 – 808.